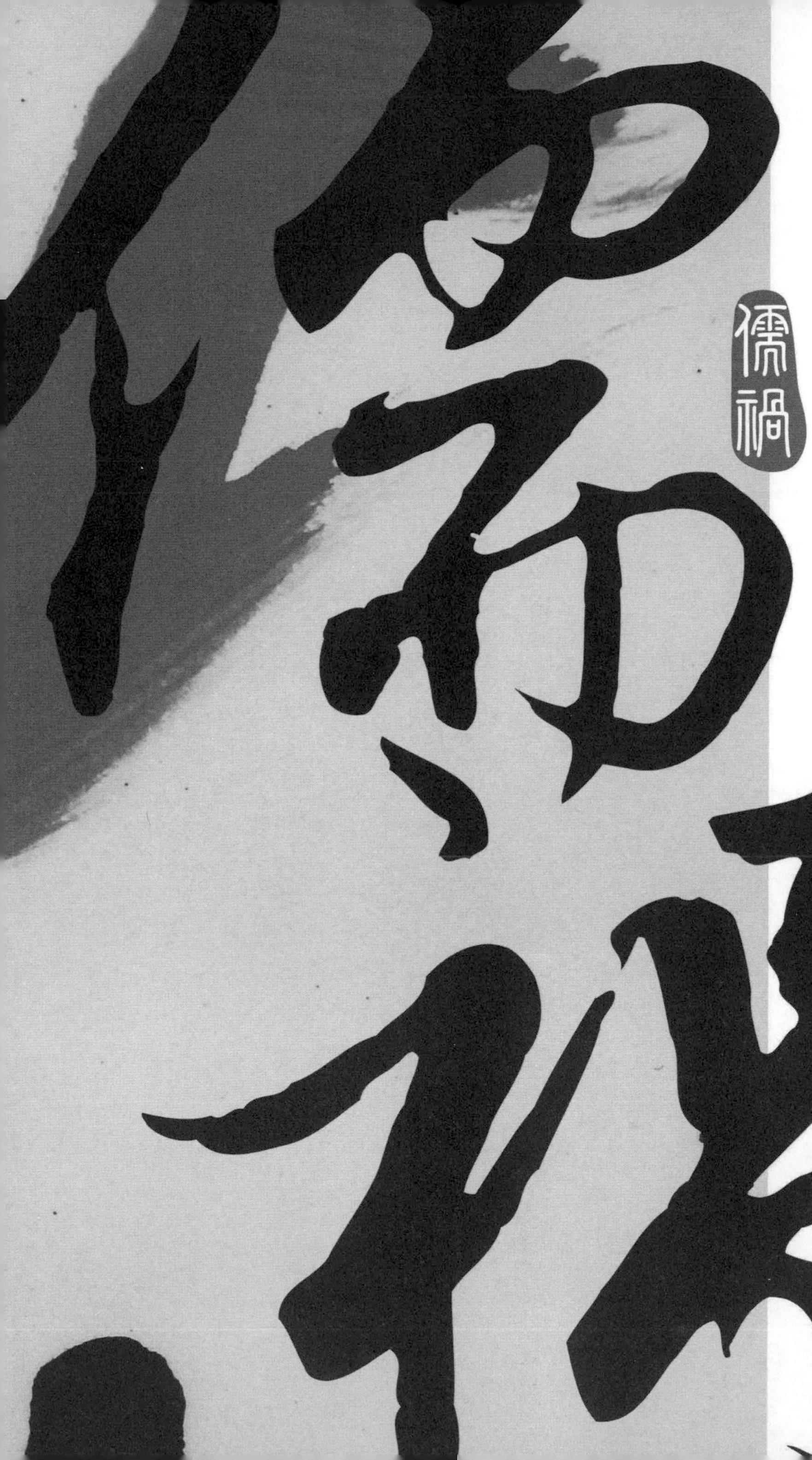

黃文雄 原著

蕭志強 漢譯

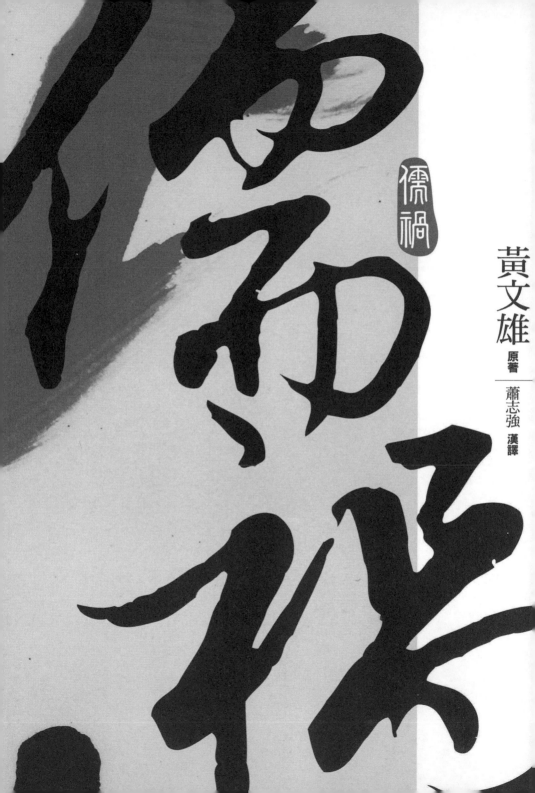

自序

人的價値判斷，並非萬人皆同、萬國皆準、萬世不易。自古人類追求眞善美，難以兼得。西洋以眞，中國人以善，日本人以美爲最高的追求目標。

中國人自古重仁義，不但經常滿口仁義道德，以仁、義取名的亦不少。但也有人疑問說：「爲何仁義都寫在書上，社會卻找不到？」何以在中國，現實社會裡找不到仁義道德？其理由不少。

何謂「仁義道德」，孔孟都沒有定義，爭論了兩千多年，也得不到結論，頂多是「見仁見智」而已。英國的思想家穆爾指出：「善是無法定義的，如果強行定義，那是最大的錯誤。」仁義是什麼？孔、孟答不出來。仁義在同時代也遭受許多的反擊和反譏，老子甚至主張「絕仁棄義」，莊子則反譏「盜亦有道」。到了近代，梁啓超明白指出中國只有「家族道德」，沒有「社會道德」。

道與德本來不同範疇。道是公的，德是私的。倫理與道德也不相同。按照一般西洋人的倫理道德觀來說，道德是屬於宗教的內涵。沒有宗教教育，何來道德教育。現今的中國人「欲望最高，道德最低」的說法，不但民間學者如此主張，連國家領導人也如此慨嘆。理由是來自近代太平天國的「禁孔」、捻軍的「倒孔」、五四的「打孔」、文革的「批林批孔」的結果嗎？

百餘年前的美國傳教士明恩溥在中國傳教三十多年，說在中國人身上找不到「良心」。為什麼中國人沒有良心？這是一個値得探討的課題。宗教是從內心的信仰出發的。但儒家的道德教育卻是外在的強制，所以教化訓育的結果，僅能得到或塑造僞善者或獨善者。

儒家思想本來就是充滿矛盾又脫離現實，欠乏思想的魅力與競爭力。所以在「百家爭鳴」前夕，孟子就慨嘆「天下非楊即墨」。古代中國有黃河文明所塑成的、以「人爲」爲主軸的儒家思想，和長江文明所育成的、以「自然」爲主體的老莊道家思想。爲何自漢武帝獨尊儒家以來二千多年，歷朝皇權一直死抱儒家，改革開放後又不得不祭出孔子學院？最基本的社會背景是，中國的大地「自然」已被吃光，不得不死抱「人爲」的儒家。

中國自獨尊儒家以來，六朝時代雖然儒家一度消失，被佛教所取代，可是到了宋代，理氣之學興起，儒家陰魂不散，以朱子學、陽明學陰魂附身，死灰復燃。中國人在儒家教化下，理性和悟性被剝奪，失去良心和良知，成爲稻草人。

上述情景，筆者稱之爲「儒禍」。被儒家思想荼毒二千多年的中國人，如何取回已喪失的良心呢？懇請一讀本書。

二〇一三年七月十九日 黃文雄 識

目次

2 早期各種對儒教思想的批判

3 儒教倫理學的偏頗與災禍

4 儒教道德的失控與歷史悲劇

5 朱子學與陽明學——其傳統與異端

6 江戶儒學與支那儒學的差異

7 西洋人眼中的儒教

8 儒教文化與中華文明的因果關聯

9 儒教思想的性格

10 儒教倫理學的失控發展

11 重新思考道德教育

12 儒教與佛教所形成「心」的文化

13 儒教優勢地位的動搖

終章　現在是非了解儒教災禍不可的時候了

序章——你對儒教了解多少？

◎儒教[1]精神基本上就是否定創造性的價值

傳統中國人認爲，做學問不需有任何思索與創作，他們不重視創造性思考，只在乎模仿古人，而最早提倡這種「思索無益」想法的，就是孔子。《論語・衛靈公》：「子曰，吾嘗終日不食、終夜不寢以思，無益。不如學也。」

可見，孔子乃是思索無益論者，他提倡「述而不作」的讀書主義，受此主張影響的學者，幾乎都是畢生埋首古詩、學古人講話。比如，漢代最著名學者鄭玄[2]與宋代理學集大成者朱熹，其著作頂多注釋古典，並未建構新的思想體系。

曾長駐中國也是歐洲屈指可數中國通並且英譯四書五經的傳教士詹姆斯・雷格，在其所撰《中國的宗教》（一八八一年）中明確指出，儒教有很明顯的尙古主義色彩，其理想與目標無非是希望回到野蠻時代。

儒者光說不練，對國家實無貢獻，唐朝末年被後梁太祖大量屠殺，其境遇遠比秦始皇「焚書坑儒」[3]更悽慘。到了元代，科舉制度廢除，儒者曾被貶爲「娼妓以下」、只勝乞丐的第九階級。文革時代紅衛兵鄙夷讀書人爲「臭老九」，由此而來。

古代中國文人受重用，是位居士農工商四民之首的士大夫階級，也是歷代王朝官僚人才庫，但並非沒有雜音，反而有許多儒學者受激烈批判，畢竟其頑固的尚古主義太離譜，容易被社會改革派輕視，成爲攻擊的箭靶。

中國知識分子與讀書人幾千年來一成不變，都把人生最重要目的放在做官，官途亨通就得意洋洋，下台則只能執筆寫史書。求取功名也就是科舉尚未及第者，只能寫小說，所以，自古以來中國重視史書而不重視小說。換言之，歷史堪稱「大說」，虛構的作品只是「小說」，寫不著邊際作品的小說家，因此被抱持現實主義的知識圈看不起。

1 **儒教** 乃孔子所創的思考與信仰體系。西元前開始流傳於中國，傳播東亞，持續擁有超過二千年的影響力。具有學術內涵，因此又稱儒學；根據其重點主張，又稱「名教」與「禮教」。此外，創始者乃孔子，因此又稱「孔教」或「孔子教」。從思想哲學角度，一般又稱為「儒教思想」。

2 **鄭玄**（一二七～二〇〇年）中國後漢經學者。山東高密人，字康成，廣泛掌握今文尚書與古文尚書兩派經學，師事於馬融。遭黨錮之禍波及，蟄居專心注釋經典，集漢代經學大成，是眾所公認的訓詁學大家。著作有《毛詩鄭箋》、《三禮注》等。

3 **焚書坑儒** 西元前二一三年，秦始皇鎮壓儒教徒思想言論，除了民間所需醫藥、占卜與農事相關實用書，全國書籍都燒毀。隔年，始皇更坑殺約四六〇名批判政府的學者（儒者），嚴厲管控學問與思想。

中國自古有文人相輕、喜好互鬥的傳統，包括唐朝「牛李黨爭」[4]、宋朝「新舊黨爭」、明朝「東林黨爭」等等，知識分子聚眾成黨，不斷相互鬥爭，王朝多半因此覆滅。

一直到二十世紀，中國人才終於省悟，原來中華文明衰退主因，就是毫無創造性、只知注釋古典作品或針對注釋進行再注釋的儒教，於是就出現五四運動所謂「打倒孔家店」口號。

可以說，從辛亥革命[5]到文化大革命[6]，打倒儒教一直是中國文化運動的核心課題。其中，反右派鬥爭與文革過程中，讀書人一再成為祭旗對象，甚至被貼上「臭老九」標籤，貶爲最卑賤的階級。文人被輕視、攻擊到如此地步，這樣的歷史事實無非彰顯其本質大有問題。

儒教思想抱持的尚古主義[7]，壓抑中國人的進取精神；其所標榜的德治主義，更摧毀法治社會秩序，成爲社會亂源，數千年來中國正因爲以儒教這種超保守思想爲「國教」，才一再失去社會改革契機，變成毫無創造性與現實合理性的「超穩定社會」。總之，中國社會就是因爲籠罩儒教氣氛才逐漸窒息，進入文明彌留、要死不活的狀態。

所以，馬克思說中國根本就是「活化石」。他把中國社會比喻爲「被小心保存在密閉棺桶中的木乃伊」，中國儒家尚古主義及其所形成的中國文化，當真是「千古不爛」啊。

4 **牛李黨爭** 牛僧孺（七七九～八四七年）乃唐代中葉宰相，字思黯。李德裕（七八七～八四九年），出身河北省寧晉縣趙郡屈指可數的名門，字文饒，是門閥貴族代表，與牛僧孺所率領的新興科舉官僚多年纏鬥、勢不兩立。

5 **辛亥革命** 一九一一年中國爆發的滿清革命。成功之後，一九一二年孫文在南京就任臨時大總統，宣佈共和，國號「中華民國」。當時仍掌握清朝北洋軍的袁世凱，不願與革命政府開戰，雙方談判達成共識，孫文辭去中華民國臨時大總統，由袁世凱代替。清朝皇帝退位，改行共和。但不久袁世凱政權獨裁，企圖恢復帝制，孫文等人為實現民主革命理想，發動反袁世凱鬥爭（二次革命、三次革命）。

6 **文化大革命** 中共建國後毛澤東擔任主席，但「大躍進」一敗塗地，人民餓死超過千萬人（估計二千萬～四三〇〇萬），被迫辭去國家主席，為了奪權而於一九六六年發動長達十年的權力鬥爭。毛澤東動員瘋狂崇拜他的「紅衛兵」打擊異己，不支持或反對毛澤東的中國人都被紅衛兵嚴厲拷打、沒收財產、遊街示眾甚至殺害，全國亂成一團，與內戰無異。許多被紅衛兵定義為「反動份子」的民眾遭處死，人數起碼二千萬，詳細數字多年後卻仍是謎。總計大躍進政策失敗犧牲者與文化大革命冤魂，估計達七千萬人。

7 **尚古主義** 一味尊崇古代文物制度的想法。以古為尊，忽略現實，缺乏反省、批判與進步性格。

法國哲學家傅柯也有一針見血的比喻，他說中國文化根本就是「被保存在福馬林的胎兒」，永遠都是原汁原味的保守與幼稚。德國哲學家赫德[8]認爲，中華文明一言蔽之，堪稱「被用蠶絲綑綁，用象形文字描繪並塗上防腐香料的木乃伊；中國人腦袋所思所想，無非是冬眠老鼠體內的循環，一成不變」。赫德對中國的這種看法，顯然也影響了後來的黑格爾與馬克思。

不過，即使社會主義遭逢崩解危機，中國文人除此之外還是沒有其他可依憑的思想與理論，當然也不可能突然創造出什麼「社會主義新文明」。他們重新呼喊，打口號宣稱要創造所謂「儒家文明第三繁榮期」，卻根本是虛幻至極、時代倒錯。

總之，中國想讓儒教復活，終究徒勞無益，即便共產黨大會每次都決議建設「社會主義新文明」，也絕不可能有成果。

8 **赫德**（Johann Gottfried von Herder，一七四四～一八〇三年）德國哲學家、文學家。反對康德的理性主性，認為文藝與思想是奠基於民族、歷史與風土，與人類自由創造精神特別是語言、詩關係密切。著有《人類的歷史哲學考》、《語言起源論》等。

第一章——

儒教的形成及其發展史

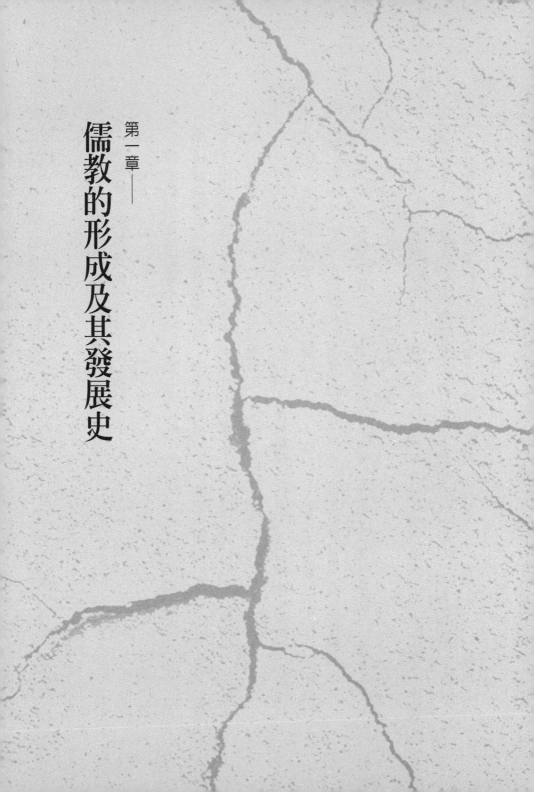

①《論語》是誰寫的？

儒家始祖孔子（西元前五五一～前四七九年）出生於相當今日山東省的魯國，改革開放後中國政府曾在山東省推出「孔子四千年大展」，但其實山東政府搞錯，孔子眞正的故鄉並非山東，而是河南。因爲孔子祖先是宋國之人，當時宋國位於今日河南省，魯國也就是山東省，不過是孔子的第二故鄉。

至於宋國，其實是被周朝所滅的殷人後裔組成的國家，建立國家主要是爲了延續祖先祭祀。孔子過世前不久親口告訴弟子子貢，說自己並非周人，而是殷人後代。隱藏自己故鄉數十年之久，正反映孔子多麼重視祭拜祖先，祖先崇拜思想早已根深蒂固。

《論語．子罕篇》提到，「吾少也賤」，《史記．孔子世家》則說孔子出身「貧且賤」，毫無身分地位，甚至居無定所。

後來他周遊列國到處求職，企盼各國國君重用，只是夢想雖大，卻不被認同，潦倒落魄終其一生。可見即使吹噓才能過人，也無法掩飾孔子反時代、落伍的事實。

孔子生前費盡心機找工作，卻一再碰壁，持續「失業」。《史記．十二諸侯年表》

提到，「孔丘求七十餘君，無能用之者也」。白話講就是，遞了七十幾次的履歷表，也做了面試，卻從頭到尾不被錄取，眞是有夠窩囊。

認爲自己「懷才不遇」的孔子，把滿腹怨言化作各種批判社會的言論，以此做爲教材，後來弟子們記錄成書，便是《論語》的由來。

周朝進入春秋時代，早期西周帝王的高度權威與權力衰頹，孔子認爲這是他的機會所在，於是提出復興古禮也就是重建周禮的論述，希望以此思想架構恢復西周的傳統秩序，《論語》也不斷批判現行體制，「君不君、臣不臣」、混亂不堪。

孔子認爲自己有責任撥亂反正，因此提倡意思籠統、定義不明的「仁政」，希望君王以此做爲政治根據，開創新王朝統一天下。孔子甚至懷抱「捨我其誰」的野心，夢想及天子位、統治天下，但他畢竟只是一介浪人，不可能成爲天子，該夢想像朝露那樣早早幻滅。

但即使如此，孔子仍不死心，他召集甚多弟子，非難攻擊社會道德墮落，宣稱應成立有理想道德的國家，只是說的容易，國家社會發展沒那麼簡單，應該怎樣就怎樣。更何況那是個殺伐不斷的亂世，僅憑孔子大話連篇，就想讓世界恢復和平、政治和諧，根本是癡人說夢。客觀而言，孔子只會光說不練，沒有足夠強大的物理力量，怎麼能讓自立爲王的諸侯交出權力，乖乖合組國家？

孔子終究要失望的，過世前不久，他對弟子們說出種種悔恨，說完七日便過世。風塵僕僕周遊列國，卻到處受漠視甚至迫害，如此不得志，孔子心中充滿怨恨，也是可想而知。

在孔子之前，中國就有一批原始儒教經典，也就是所謂的「五經」，其中最重要的是《尚書》[1]。

《論語》成立過程是，孔子過世後門徒記錄他生前講的話，孫弟子收集、整理成早期的「孔語錄」。之後過了百年或者更久，才出現較完整的書籍面貌。總之，《論語》是孔子門下眾孫弟子的集體創作，其書名應該是漢代，也就是孔子過世二百數十年才定下來。

最初，人們只稱它是《傳》，到了漢宣帝（在位西元前七三～前四九年）時代，孔子子孫孔安國的弟子扶卿，改書名爲《論語》，從此定案。

《論語》並非一開始就完整，漢代有所謂《魯論》、《齊論》、《古論》三種版本，現代《論語》二十篇，許多重複、杜撰，一般認爲前十篇與後十篇應是不同時代成立，江戶儒學者伊藤仁齋率先提出這項看法，至今頗受學界支持。換言之，《論語》乃是不同作品合編一冊，而且既然孔子過世約七百年才有「完整版」，其內容也就是孔子講的話，恐怕就有許多添油加醋。

不過到了十二世紀的宋代，理氣之學風行，到了蒙古人的大元時代，才將集其大成的朱子學解禁，明朝政府將《論語》列入「四書五經」[2]之一。在那之前，元代蒙古人政府回復科舉[3]以後才將《論語》定爲「科舉考試」必修。

1 **尚書** 四書五經之一，《書經》古名。原是中國官職名稱，亦即「尚書省」，從後漢一直存續到元代。以唐朝為例，中央設三省六部，三省為中書省、門下省與尚書省。中書與門下兩省制定、整合政策，然後由下設六部的尚書省負責執行。前漢尚書隸屬於少府（掌管皇帝私人財產），負責協調上奏事宜。

2 **四書五經** 儒教最重要的九種聖典，四書即《大學》、《中庸》、《論語》、《孟子》，五經則是《詩經》、《書經》、《禮經》、《易經》、《春秋》。孔子時代只有《詩經》、《書經》、《易經》內容完整，漢武帝定「五經博士」，才有「五經」名稱。其中《禮經》漢代時為《儀禮》，後來改成《禮記》。此外，宋代朱子學興起，系統化訂定儒教經典，將《大學》與《中庸》從《禮記》獨立出來，加上原本就已完整的《論語》、《孟子》，合稱「四書」。

3 **科舉** 中國實施上千年的公務員任用資格考試。始於隋代，唐、宋兩代完備，之後持續實施到清帝國末期（元代曾中斷）。儒教一向獨尊讀書人，輕視工商業，宋代之後中華帝國更偏重文治主義，科自從漢武帝「獨尊儒家」，中國二千多年來，歷代王朝不斷給予孔子各種追封，以我個人學生時代經驗爲例，台灣政府稱之爲「至聖先師」。不過，基本上到了十九世紀後半，孔子在中國人心目中的地位開始有了變化。

比如，太平天國出現激烈批孔主張；北方農民集結抗暴組成的「捻軍」，也曾攻佔山東省阜邑（曲阜），搗毀大片孔子時代以來被保存良好的孔氏家族宗廟與墳墓。到了五四運動[4]，特別是文革「批林批孔」運動[5]，孔子更成中國首惡，眾矢之的。只是才不到幾十年，儒教在中國又蓬勃發展起來，甚至有人推出「孔子學院」，變化之大恍如隔世。

近代以來各方對孔子的評價，毀譽褒貶不一，有人尊爲「聖人」，有人認爲他只是不得志、書空咄咄的鄉下老師，更有人認爲孔子鼓動言論，與詐騙集團無異，是肖想掌握天下的政治野心家。

在我看來，不久前有人成立所謂「孔子和平獎」，打算和諾貝爾和平獎互別苗頭，眞是滑稽至極。在中國這個數千年來充滿殺伐戰爭的國家，眞要推出「和平獎」、祈求世界和平，爲何不推崇具有行動力的和平主義者墨子[6]，卻選擇孔子？當前中國政府的唐突行狀，倒是眞多。

關於孔子生平有各種不同說法，司馬遷所著《史記・孔子世家》，應該是唯一可信史料。根據《史記》所載，孔子是雙親「野合」所生。對「野合」各方有不同說法，記得我高中時代國文老師很喜歡說「野合而生孔子」。

也有人認爲，孔子是老二，母親好像擔任女巫，是從小沒有父親的單親家庭。如前

舉考試成為出人頭地，即使不是唯一也是最優先的選擇。科舉考試偏重古典作品，越到後來越重訓詁學，缺乏思辨與創新風格，中國學術發展完全停滯，最後一九〇五年清帝國末期廢除。

4 **五四運動** 一九一九年五月四日中國知識界在北京發起的反帝國主義運動。導火線是第一次世界大戰後，戰勝國召開巴黎和會，中國代表團以戰勝國身分出席，要求取消列強在華各項特權，日本帝國主義與袁世凱所訂立「二十一條」不平等條約無效，並歸還大戰期間日本從德國手中奪去的山東各項權利，但中國這些要求全被大會拒絕，對德和約並明文將德國在山東特權全部轉讓日本，北京政府打算在「和約」上簽字，引發示威抗議，要求拒絕簽署巴黎和約（凡爾賽條約）。

5 **批林批孔運動** 文化大革命期間的鬥爭運動，打擊對象是孔子及孔子所提倡的儒教，以及試圖復興儒教的林彪。但識者指出，毛澤東希望以批林批孔運動，鬥倒當時掌握大權且民間聲望崇高的周恩來。

6 **墨子** 生卒年不詳，戰國時代魯國（也有人認為是宋國、楚國）思想家。墨家始祖。姓墨，名翟，據說是工匠之子。曾就學於儒家，後來認為儒家主張「差別愛」（仁），改提倡無差別的博愛主義「兼愛」理論，呼籲各國追求和平。反對戰爭，勢力足以和儒家分庭抗禮。

述，孔子並非周人，而是殷人後代，也不是貴族出身，因此必須打拚努力，才能出人頭地。

孔氏一族至今延續七十幾代，我學生時代「孔德成」被中華民國政府認定為孔子直系子孫。更早中國姓孔的名人，則有娶宋氏三姐妹長姐宋靄齡為妻的孔祥熙（二姐宋慶齡乃孫文最後一任妻子，宋美齡則是蔣介石第四任老婆），陳伯達寫《中國四大家族》，指出當到行政院長的孔祥熙，乃民國時代孔氏一族最具代表性人物。

有人認為，孔子直系子孫可能高達六十萬人，甚至一百三十萬人。根據官方認可的族譜，孔子一族超過二百萬人，廣義的孔子子孫恐怕還要增加幾倍，總數接近千萬。事實上，金氏世界紀錄機構已認證，擁有超過二千年完整傳承的孔子祖譜，是「世界最長祖譜」。

不過，中國並非姓孔的最多，陳、林、李、蔡、王等大姓，有的個別人口近一億，所以許多中國人誇口，他們一個姓氏就比世界上許多民族人口還多，這種類似民國初年文人梁漱溟的言論，仍屢見不鮮。

但越來越多人不喜歡「孔子子孫」招牌。主要原因除了孔子不再具備利用價值，早期孔子直系子孫插手偽造經典，「孔門」招牌其實也並不光采。在此情況下，中國大張旗鼓向國際推銷「孔子學院」，終究是「掛羊頭賣狗肉」。

②西洋人對東洋聖人孔子的評論

西方人對東方首度出現高度興趣，主要是馬可波羅口述的《東方見聞錄》風行一時。後來大航海時代，西方人也開始注意到東洋思想，開始探討。當然，在那之前西洋人對東方並非全無認識，相反的，早期有陸海兩道絲路，後來更有蒙古軍團西征與鄂圖曼土耳其盛世，西洋人很早就有「黃禍」的危機意識。

至於孔子，雖然有人認爲，足以和古希臘哲學家蘇格拉底、柏拉圖與亞里斯多德等哲人並駕齊驅，但大體而言，孔子與儒教在西方評價不高。

《論語》早在十六世紀末就被西洋傳教士譯成拉丁語，目前也有歐美亞非各種語言譯本，但終究不像基督教、伊斯蘭教與佛教經典受重視，魅力不足。所以，中國政府在世界各國成立「孔子學院」，耗費鉅資拍攝《孔子》電影（譯按：男主角為著名港星周潤發），市場反應卻很冷淡。當然若深入討論，還有許多其他原因。

比如，儒教教祖孔子的言論，基本上屬於「勸善懲惡」，這樣一味說教的電影，哪個異教徒會覺得有趣？也難怪黑格爾[7]看不起《論語》，認爲那只是「市井尋常可見的通俗道德主張」。

近代中國思想大師梁啓超一針見血地指出，中國早期沒有社會道德，儒教倫理學不過就是扮演家族與宗族倫理學教材角色。確實，中國社會不存在稱得上是「道德」的東西，文化評論家柏楊講得更絕，「中國人的道德？那是用來寫書用的吧，書上滿滿，現實一點不存在」。

③被用幻象神格化的孔子

「談仁義者謂之狂」，是法治國家秦國的最佳寫照，在當時，儒者都被視爲狂人。不久秦朝覆亡，爭奪天下的戰亂經年累月，中國人喪生無數，堪稱「百死一生」。戰亂過程中，儒教學者依舊穿著華麗，冠冕堂皇地宣揚主張，常被批判「搞不清楚狀況」。最著名例子是，漢高祖劉邦建國不久，某次取來儒者之冠（帽子），當作小便便斗使用。

儒家中心思想是禮與孝，孔子說「三年不改父志，可謂孝也矣」，他認爲，治理天下和盡孝道一樣，維護先人思想主張乃是第一要務，這是孔子所謂「孝治政治」乃至於「德治政治」的核心課題。

依此思考邏輯，儒家思想主張厚葬、久殤，視之為國家大事。不過，儒家厚葬主義早就遭受墨家嚴厲批判，社會財富盡耗在死人身上未免浪費，徒然降低生產力。

只可惜，前漢（西漢）將儒教定為國教，中國遂變成死人支配活人的國度。孔子時代的死人當然不可能了解現代，也不曾見過。既然孔子以及之前的死人無從根據現代狀況修正其主張，我們當然要問，為何兩千多年前死人的主張，還要做為現代人的行為基準？

即便中華人民共和國成立，儒教厚葬思想仍殘存在許多角落，比如，被認為是孔子故鄉的山東省，每年高達六十萬人土葬，若用來製作枕木，可鋪設二千公里鐵路。此風不改，恐怕中國會變成處處墳塚。

7 **黑格爾**（G. W. F. Hegel，一七七〇～一八三一年）　德國觀念論代表性哲學家。主張一般人的精神與思考參雜異質的他者，因而迷失自我，若能與他者和解，就能創造更高層次的自我，掌握終極絕對真理。黑格爾提倡非常有名的哲學思辨方法——辯證法。

周朝政府規定，「士」以上身分者，須具備「禮、樂、射、御、書、數」，所謂「六藝」的教養與才能。

後來，孔子進一步針對六藝的內涵與價值進行詮釋，寫了闡述眞理的「六經」，也就是「詩、書、禮、易、樂、春秋」。不僅如此，他用禍福、吉凶與符瑞等預言形式寫了《緯書》[8]，說明他對六經的看法。附帶一提，所謂「經」，就是織布時的縱線，「緯」則是橫線。但學界已證明，雖然一開始有人認爲緯書乃孔子所作，但其實作者另有他人，只是假托孔子名義上市罷了。

這不是什麼大不了的問題，重點是，緯書出現後，孔子開始被神格化。

根據緯書之一《春秋演孔圖》「論語撰考」記載，孔母與天神黑帝合體生下聖人孔子。這簡直是聖母瑪利亞處女懷胎神話翻版，但卻和前述孔子乃父母「野合」所生的傳說不同。

中國人喜歡將偉大人物塑造成天賦異稟或者具備奇相、異相。比如，發明漢字的倉頡，據說有四隻眼睛。

《春秋演孔圖》提到，孔子身長十尺、頭頂凹陷，背駝如龜，上半身長而腳短。又說他垂手過膝，眼睫毛竟有十二種顏色，且腰粗十人才能合圍，簡直是難以想像的怪獸。

漢代是中國史上緯書最風行的時代，正因爲是神聖盡被摧毀的世俗時代，宗教沒落，緯書這類迷信大行其道。不過，可能也是因爲中國人自古宗教意識淡薄，信仰既不堅定，自然容易流於迷信。

總之，孔子被神格化了，於是，堪稱儒教正統神學的公羊學派學者，大張旗鼓推出僞書，漢代僞經僞書群魔亂舞。

就是在此時代背景之下，儒家思想成爲漢王朝國教，孔子也化身爲漢朝守護神。首先是前漢武帝排斥黃老思想，尊儒教爲國教，然後公羊學派推波助瀾製造緯書，協助後漢光武帝、明帝與章帝穩固新政權。內容神秘荒誕的緯書，在後漢光武帝時代獲得官方背書，但到隋煬帝時代，終究還是被禁。

當時孔子已成爲所謂的「先聖」，其弟子顏回則是「先師」。之後唐玄宗時代，孔

8 **緯書** 中國前漢末期到後漢初期出現的書籍，對應於經書，有易緯、書緯、詩緯、禮緯、樂緯、春秋緯、孝經緯等。緯書與儒教經義連動，進行預言，斷禍福、定吉凶，後來被認為破壞儒家思想、造成紊亂而被禁。大都已燒毀，只剩極少數流傳。

子進一步被追封，賜號「文宣王」。

企圖一統天下而不果，生前不斷對弟子發牢騷的孔子，終於晉身為「王」。唐朝之後的宋元兩朝乃至於各朝代，都不斷追封孔子王號。

所以，今天我們看到孔子廟，主神孔子著帝王衣冠，南面而坐，就連號稱「孔門十傑之首」的顏回，也獲得公爵身分。顏回之外還有四名孔門弟子被追封侯爵，曾參等六十七名弟子追諡伯爵，孔門師生重要成員，非王即侯。

孔子最死心眼想要實踐加以復興的，無非是《周禮》提到的周朝思想與做法，但即使到處宣揚，仍無法實現。卻沒想到，西元八年篡奪前漢、建立新王朝的王莽，反而達成孔子未竟目標。王莽建國的理論基礎是儒教，視儒教為國政指南。畢生挫折、政治主張從未實現的孔子，其夢想倒是在王莽手中化為現實了。

提到公羊學派儒者大量偽造儒教典籍，這其實是中國人的傳統。早在春秋戰國時代，中國人就深信「兵不厭詐」，諸子百家學者，也經常把所寫文章偽託古人作品，大肆宣揚。

醉心公羊學的戊戌維新[9]領導者康有為認為，經書提到，夏、商、周三個朝代文明高度發達。其實這是孔子的主張，但並不存在那種狀況，康有為卻因此堅信，中華文明燦爛發展，得歸功於孔子。他甚至主張，「六經」都是孔子所作，孔子堪稱上天降臨人間的「聖王」。康有爲還寫《新學僞經考》與《孔子改制考》，認定孔子乃是萬世之師與社會改革者。

抱持如此信念，康有爲找上青年皇帝光緒，仿效日本明治維新，推動戊戌維新，其關鍵做法，便是所謂的「託古改制」。

再怎麼荒唐無稽、胡說八道的主張，只要宣稱古人所言，就可不必負責。這是中華文明最大特徵之一，戰國時代所謂諸子百家爭鳴，早就愛引用或僞造古代聖王傳說，往自己臉上貼金，提高自己身價。

孔子常對學生們說，「不患人之不己知」（不怕別人不認識我）、「知德者鮮矣」（能了解像我這樣有德者的人，其實很少）。總之，孔子自認爲「有德者」，而有德者承受天

9 **戊戌維新** 清朝鴉片戰爭敗北後，又遭遇兩次英法聯軍、清法戰爭與日清戰爭挫敗，一八九八年部分維新派人士發動改革，希望學習日本明治維新，達到富國強兵。但行動方針為「中體西用」（維持支那傳統價值與思維，只學習西方先進硬體）。主其事者為康有為等人，主張廢除君主專制，改行君主立憲，獲皇帝（光緒）支持，但遭遇西太后（慈禧太后）為主的保守派強力反擊，一百天便失敗收場。西太后重新執政，光緒帝則被軟禁。

命，理當代天統治萬民。

後來孔子漸漸變成「至聖先師」。意思是做為有德者的「聖人」，他是人民表率，地位堪比統治萬民的天子。這是儒教統治主義的出發點。

到了戰國時代，孔子弟子之一子夏帶頭成立的學派，主張應讓孔子升格為等同天子的「聖人」。他們到處宣稱，孔子所編著《春秋》，已提到新王即將誕生，取代周朝統率天下。這個學派就是世稱的公羊學派，但其言行主張看在墨子眼中，卻與詐騙集團無異。墨子抨擊公羊學派，認為他們用孔子的名號，剽竊歷代君王所建立的功業。

④王莽的儒教國家為何敗亡？

追根究柢，儒者原本是抱持尚古主義的超保守派集團，其立場反對任何社會改革政策，最重要的思想與主張乃是道德說教，重視表面功夫。他們絕不對現行政治社會制度提出批判，因為他們沒有具體的政策理念，這是儒學者的最大弱點。

當前中國國家領導人也是相同毛病，其實已經完全拋棄社會主義政策，卻仍大聲嚷嚷「四大堅持」。所謂「四大堅持」，乃是一九七八年中國共產黨黨大會所通過的政治路線基本原則，包括「堅持社會主義路線」、「堅持人民民主專政」、「堅持中國共產黨領導」及「堅持馬列主義、毛澤東思想」。明明沒有任何具體政策，卻還是每次開黨大會就大肆決議，說要「創造新社會主義、創造新文明」。有嗎？中國共產黨這些年來有創造任何稍稍稱得上是「新文明」的東西嗎？

話說，漢武帝連年對外征戰，導致人口減半，前幾代皇帝所累積的國家財富消耗殆盡，武帝被迫採用董仲舒的「賢良政策」，改革國政。

但董仲舒所謂「賢良政策」，不過是選拔有德性、孝順父母親的人出任官職，最後入選的，卻是有錢有閒能讀書識字的地主階級與豪門子弟，農民仍受全面榨取，土地兼併橫行，大地主與豪族反倒擁有更大勢力，逐漸獨霸一方。

漢朝基本上是農耕帝國，建國之初推出重農抑商政策，但到了武帝時代，社會發展商人逐漸抬頭，武帝更改祖法，任命商人爲官，貿易商桑弘羊、製鹽業者東郭咸陽、製鐵業者孔僅，位居高官，實施鹽鐵與酒專賣政策。

儒者的主張也有部分道理，比如，農業確實是國家根本，若不重視根本而與民爭利，就是本末倒置。

儒者主張「商爲末、農爲本」，政府應抑商，他們抨擊桑弘羊財政措施顚倒本末，鹽鐵專賣無非「與民爭利」。有些儒者甚至主張，應廢除貨幣經濟，這便是歷史上著名的「鹽鐵論」（鹽鐵論爭）。眾所周知，爭論到最後，桑弘羊被下獄而死。

儒教尚古主義極端古怪，漢元帝時代做過御史大夫（司法與監察最高主管）、後來成為宰相的儒教官僚貢禹，抨擊漢代開始發達的貨幣經濟，認為那是諸惡根源。他宣稱，要恢復古代傳說聖人堯舜[10]的太平政治，必須禪讓，而其前提是，先得回到太古時代以物易物的原始經濟模式。

繼武帝及帝位的宣帝，很早就看出儒教道德政治的盲點，發現兒子也就是太子傾心儒教，特別加以糾正。儒者只會讀書、讀死書，缺乏區分理想與現實的能力，是一群滿腦子都是古代美好想像的笨蛋。國家治理工作交給這種人，不大亂才怪，發現醉心儒教的太子講不聽，宣帝慨嘆，「亡吾家者其唯太子乎？」

不幸被宣帝「儒教亡國論」說中，那太子即位就是後來的元帝，天下果然被外戚王莽篡奪，前漢滅亡。王莽建國，以其封地「新都」為名，國號「新」，並非希望「萬象一新」，才取這樣的名字。王莽幾乎全盤照用漢朝統治方法，而且更重用儒者。

王莽建立了中國有史以來純度最高的「儒教國家」，其重要政策包括禁止土地與奴隸買賣，推出壓抑商人等國家社會主義政策，希望實現儒家理想。只是超現實、偏離人心的政策，很快造成天下大亂，政局沒有「耳目一新」，王莽王朝更是一代就壽終正寢。

說王莽主義是國家社會主義，其實也不像馬克思列寧主義式社會主義、只是空想，而是有許多措施，堪稱是比中華人民共和國還早兩千年、在中國所實施的人類最大國家社會主義實驗，但終究還是失敗。

諷刺的是，王莽努力打造的儒教國家很快垮台，但他所建立的儒教儀禮，包括國家祭典等等，卻繼續被中國統治者沿用，到清朝末年持續實施，甚至存在於今天的中華民國體制。

⑤佛教的流入與儒教衰退

漢代和之前中國王朝最大的不同點之一是，國家統治者不是那麼重視宗教，是個世

10 **堯舜** 中國古代傳說中的帝王，據說以德服人實施仁政，被儒家視為帝王典範。傳說中堯置太鼓於朝廷之上，鼓勵臣民擊鼓諫言。舜帝立木板於朝廷，讓臣下書寫諫言。

俗化時代。至於儒教文化，基本上可說是一種政治文化，哲學、宗教、文學與藝術所佔比重則很低。而且，儒者抱持自我中心的中華思想，總是看不起夷狄[11]，來自夷狄的宗教——佛教，引不起他們的興趣。

不過，三世紀的六朝時代，天下長期大亂，儒教思想衰退，老莊思想[12]進入全盛期，人們內心充滿疑問，對探索人生意義的宗教特別關心。在此氣氛下，儒教所主張的王道與德化理論，完全失去市場，反倒夷狄引進的佛教，備受民眾歡迎，成爲心靈糧食。

即便當時的知識分子也紛紛放棄「治國平天下」理論，沉浸於探討個人生命價值、人生意義的哲學，否定老莊「玄學」與儒教「道德」價值，轉而接受結合道教「無」與佛教「空」概念的佛教。

到了四世紀的東晉時代，中國人大致已能完整理解佛教，充分消化吸收，距離佛教傳入中土，已經三百年。不過，來自印度的佛教能被抱持現實主義的中國人接受，也是因爲中國佛教走現實化、世俗化路線。

佛教在中國風土生根發展，到了隋唐時代，漸漸形成具有獨自特色的佛教內涵。類似發展模式也可見於日本，早期佛教進入日本，呈現「土著佛教」風貌，也是經過七、八百年，才形成豐富完整的鎌倉佛教。

佛教進入中國之前，老莊的「道」與「無」思想就已流行，人們熟悉老莊，卻不了解佛教所言何物，因此，早期佛教經典漢譯，總是將「空」譯爲「無」，「涅槃」譯爲「無爲」，「菩薩」譯成「道」。換言之，一開始中國人透過老莊的思想掌握、理解佛教。

佛教思想主張之中，影響中國人人生觀最大的，大概就是「輪迴之說」。佛教認爲，人生不只現世，還有無數前世，以及無數的死後來世，而前世、現世與來世三個世界，具有相互因果關係。據研究，大概六朝時代的中國人，受佛教影響，很多都確立了

---

11 **夷狄** 或「四夷」，古代住在中國四周的異民族總稱（蔑稱）。古代中國大陸統治者自稱「中華」、「中國」，根據「中華思想」，蔑稱四周未歸順朝廷的異民族為東夷、北狄、西戎、南蠻，總稱「戎狄」或「蠻夷」。

12 **老莊思想** 誕生於中國的思想，道家代表性人物老子與莊子合稱「老莊」，「老莊思想」是道家中心思想。始盛於魏晉南北朝時代，強調「道」。「道」有時與「天」同義，有時位階高於「天」。「道」有各種解釋，「道家」乃因「道」得名。道家重視《老子》、《莊子》、《周易》三本書，稱為「三玄」。研究這三本著作的學問有時稱為「玄學」。玄學創始於三國時代魏王弼，西晉郭象等人宏揚光大。

「三世」觀。

他們開始相信，現世行爲善惡會影響來世禍福，因果會報應。強調仁義道德理論的儒教思想，沒有這種主張，因此獲得更多的注目與擁護。

中國人原本只有現世思想，前世與來世觀都不存在，就連儒教教祖孔子也宣稱「未知生焉知死」，主張「敬鬼神而遠之」，可見在重視世俗的儒教徒眼中，現世就是一切。

佛教「三世觀」不僅補儒教思想不足，三世應報思想，也讓儒教道德規範充實，因此普獲中國人認同。

六朝與隋唐時代的文學藝術與宗教，擺脫儒教一味宣傳政治與道德的習性，逐漸呈現世俗化氛圍，人們不再那麼關心天下國家，反而在乎日常生活與俗民想法。正因爲拋棄儒教「修身齊家」、「治國平天下」的沉重負擔，不再被按理說士大夫才應注重的政治道德框住，人們接受佛教信仰與思維，文學藝術也滿地開花。

確實，是佛教讓中國人發現，更值得關心的是眾生。是佛教讓中國人相信，救眾生救貧民與救世濟民的重要性，更進一步的，中國人信奉救濟眾生之神，也就是阿彌陀佛。鼓吹信奉佛教可往生極樂淨土的淨土宗，備受歡迎，後來進一步形成地獄觀。

第二章——

早期各種對儒教思想的批判

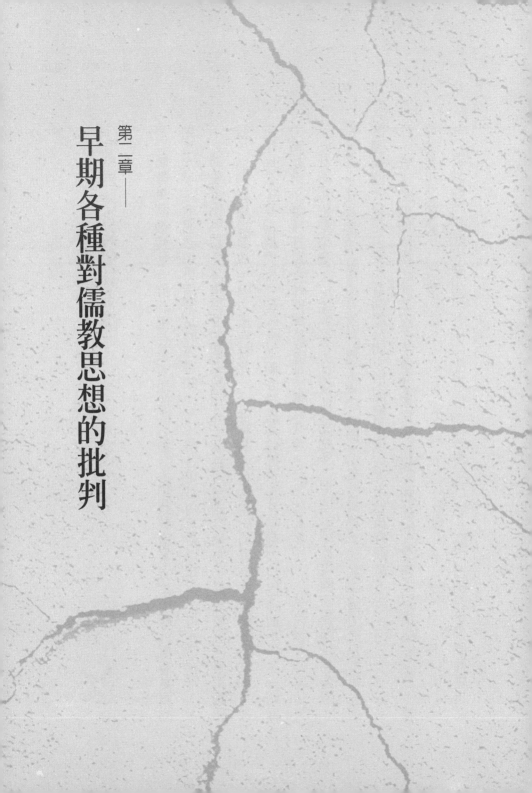

①戰國時代的儒教思想

儒教集團最初是一群葬儀社業者組成的公會[1]。周代葬儀業者比一般人擁有更高的知識水平，他們必須具備豐富的葬禮知識，了解各地習俗，否則沒辦法把工作做好。

終生宣揚「禮」之重要性的儒教教祖孔子認爲，所謂「禮」，最重要意涵是維護傳統，而非破壞或修改「社會既存秩序」。他舉列古代聖王包括堯舜、商湯、周文王、武王與周公，認爲他們是「聖人」典範。維護傳統即可，孔子強調自己述而不作，一切努力都是爲了延續往昔美好的風俗德性，傳之久遠。

孔子祖先是宋國人，宋乃殷人子孫所建國家，但他出生於魯國。魯國是「公國」（譯按：周代諸侯國依等級高低分為公國、侯國、伯國、子國、男國），並非小國，而是文化先進的諸侯國。只是魯雖和齊同屬公國，但國勢不振，後來竟被齊消滅。

孔子之前的中國，並非沒有大思想家與政治家。比如，孔子極力推崇的管仲[2]，曾協助齊桓公稱霸。

春秋時代思想家輩出，孔子率先提倡「禮」與「仁」，認爲這兩者是人們最應具備的兩種德性。他到處宣揚這種主張，並有多達七十二個所謂「賢人」弟子，因此被後代尊爲大思想家與教育先師，也算合理。世界各國教祖型聖者，都有相同作風，耶穌基督與佛陀，也有許多弟子、孫弟子協助其傳道。

不過，孔子的思想主張乃至於後來戰國時代孟子提倡的「仁義」，並非當時社會的思想主流，與孔子大約同時代但思想主張完全對立的老子，反而更受歡迎。老子宣稱「大道廢有仁義」，就是因爲人們忘了更重要的道理才會重視三綱五倫，因此最好「棄仁絕義」，回歸「道」。不只孔子不得意，孟子同樣遭受莊子強力的挑戰。

孔子主張不被市場認同，沒有國家願意相信他的仁義理論，春秋五霸也沒人實施孔子力倡的「王道」，都是以武力爭取制定天下秩序的盟主。

---

1 **工會**　中世紀到近世西歐都市工商業者建立的職業別組織，如商人工會、手工業者公會等。這些「同業工會」堪稱早期西歐封建體制的產物。

2 **管仲**　名夷吾，字仲，受春秋時代齊桓公重用，推富國強兵政策，桓公稱霸天下。最初追隨齊公子糾，公子糾繼承王位落敗被殺，管仲被捕，鮑叔牙出面相救，推薦管仲給齊桓公任宰相。管仲治國以安定國民經濟為主，建立社會倫理，政策淺顯易懂，頗得民心。管仲富可敵國，德政受民眾愛戴，是中國「名相」之一。

春秋之後的戰國時代，中國更是「百家爭鳴、百花齊放」的盛況，以孔子為師的孟子也是其中之一。他的思想主張仍無法在激烈競爭中勝出，畢竟脫離現實太遠，根本就是生錯時代，幾乎沒有人氣，只能失落感嘆「天下不歸楊則歸墨」。在此所謂「楊」，指楊朱，他抱持極端利己主義，主張「拔一毛而利天下不為也」。「墨」則是墨子，也就是墨翟，他認為儒家主張的「仁」侷限於家族之愛，太過狹隘，遠不如他的「兼愛」（博愛）。墨子是一群木工組織的領導人，他們一面工作，一面到處宣揚自己的主張，非常活躍。其博愛主義令人敬佩，比如，俄國大文豪托爾斯泰[3]就盛讚不已。墨子不只挑明批判孔子「仁」的主張，還點出孔子最大矛盾是，嘴巴說「不語怪力亂神」，卻鼓吹祭祀鬼神（祖先），豈不矛盾？

到了戰國時代末期，韓非[4]提出「文人以筆亂天下，武人以劍亂天下，故應以法糾之」的主張，成為後來秦始皇統一天下的理論基礎。

總之，長達數百年的春秋戰國自由競爭時代，孔孟儒教思想打不開市場，無非是因為其所抱持的尚古主義脫離現實太遠，難以被接受。

孔子的思想主張盡是空理空論，即便賣力推銷，仍不獲各國主政者青睞。相對的，孫子、吳子兵法乃至於蘇秦與張儀的縱橫學，以及韓非子等法家，都屬「實學」（實用之學），乃國是國策所不能或缺。

自由競爭無法脫穎而出，儒學只能靠「獨尊」的強迫手段才得以獲得實踐機會。但既然支持儒教的君王都是獨裁統治，豈不證明孔子企望的「德治」（人治）只存在於傳說的「聖王」，現實絕不可能成立？

3 **托爾斯泰** 俄羅斯人重要姓氏之一，該姓氏有三位世界名人，如下：

(1) 雷夫・托爾斯泰（一八二八〜一九一〇年）十九世紀末二十世紀初俄國世界級大作家，代表作有《安娜・卡列尼娜》、《戰爭與和平》等。

(2) 亞雷克希・君士坦奇諾維奇・托爾斯泰（一八一七〜一八七五年）十九世紀俄羅斯作家。代表作《白銀公爵》、《塞雷布里奴一公爵》等。雷夫・托爾斯泰的堂兄弟。

(3) 亞雷克希・尼可拉耶維奇・托爾斯泰（一八八三〜一九四五年）二十世紀前半俄羅斯重要作家。作品有《走過苦惱》、《阿爺利塔》等，常被誤認為亞雷克希・君士坦奇諾維奇・托爾斯泰。

4 **韓非**（？〜西元前二三三年左右）中國戰國時代末期思想家，《韓非子》作者。韓公子師事荀子，集法家思想大成。曾任韓使者赴秦，受李斯讒言所害，死於獄中。韓非一生充滿悲劇，出生就重度口吃，無法順暢說話，下決心「那就寫文章雄辯滔滔」，發憤努力，成為名震天下的政論思想家，主張「人性本惡」。

②太平天國時代的批孔

許多人批評秦始皇「焚書坑儒」的惡行，確實，從儒者與道學者立場，秦始皇此舉罪大惡極。

但是儒教人士卻讚揚武帝排斥諸學、統制言論的「獨尊儒術」，這不是兩套標準嗎？

沒有國家強制介入，儒學思想難以存活，春秋戰國自由競爭時代，這種狀況就很明顯。後來漢朝國力衰退，進入思想家各憑本事的六朝，儒教隨之沒落，取而代之的是佛教全盛發展、道教抬頭。若孟子生在六朝，恐怕也要酸溜溜地批判天下「不歸佛則歸道」。

當然，六朝到五代亂世期間，佛教曾遭受「三武一宗」之禍；儒者也曾被大肆屠殺，思想家有志難伸。此外，後來蒙古人創立元朝，一度廢除科舉，將儒者貶抑為僅高於乞丐而低於娼婦的社會第九階級。

不過，後來蒙古人發現，治理中國仍得利用儒家的統治主張；後來滿洲人征服中國建立清朝，如法炮製。

孔孟思想。

正因爲有這樣不堪的歷史，標榜「討胡」的太平天國，尊崇基督教思想，激烈批判

公認人類史上最大內戰的「太平天國之亂」，據說喪生人數高達五千萬人甚至八千萬（佔當時中國人口五分之一）。領導人洪秀全[5]加入基督教組織，是屬新教系統的「拜上帝會」（太平基督教）。中國歷代王朝末期常出現類似宣揚「太平」的宗教組織，其原型大概是古代道教的太平道思想。總之，所謂「太平」，是中國人的烏托邦想像，「天國」則是西洋烏托邦，因此，鴉片戰爭後一度統治中國南半部的太平天國政權，其實也是「中體西用」政權呢。

當然，在中國儒教思想家與西洋基督教思想家眼中，太平天國闡述、追求的「天國烏托邦」，都屬異端。

「拜上帝會」要求信徒只能崇拜「上帝」[6]（當時很多中國人大概是以為他們在拜傳統的

---

5 **洪秀全**（一八一四年一月〜一八六四年六月）中國宗教家與革命家。本名洪仁坤、洪火秀，出生廣東省廣州福源水村，後來搬到官祿土布村。客家人。信仰基督教，成立教團，名為「拜上帝會」，自稱天王，起兵反抗清朝統治。攻下南京，建立「太平天國」，史稱「太平天國之亂」。

6 **上帝** God，基督教唯一神。居天上主宰萬物，又稱「天帝」。此外，地上主宰者乃「天子」。

「天帝」），除此之外的神都是邪神、妖怪，不可崇拜。正因奉聖經爲信仰根本，洪秀全認爲，孔孟、道教乃至於基督教之外的諸子百家經書，都是妖言惑眾，必須消滅，禁止民眾買賣、收藏。

太平軍金田村起義之後，就直接罵孔子爲「孔丘」，批判孔孟提倡的「綱常名教」[7]，認爲清朝官僚皆「活妖」，儒者則是爪牙，必須嚴懲。後來太平天國滅亡，中國民眾對基督教反撲，出現擊殺基督教徒的義和拳亂，以及所謂的「北清事變」（庚子事變）。

倒是一九一九年中國爆發五四運動，許多人高喊「打倒孔家店」。後來文革「破四舊」[8]與「批林批孔」運動，孔子被蔑稱爲「孔老二」或「孔丘」，情況頗似太平天國時代。

太平天國軍所到之處仿秦始皇「焚書坑儒」，禁孔子經典、聖人牌位與書院、學堂、孔子廟，改做馬房與屠宰場。

只可惜，太平天國「革命」終究無法帶來眞正的「太平」，中國超過兩千年獨裁統治的人倫秩序，也未恢復「平等」。畢竟要君臣、親子與男女等完全平等，就人類發展史而言，也是非常困難的。比如，法國大革命雖高喊自由、平等、博愛，革命者所作所爲卻與此矛盾；即便到了近現代，主張「平等」的社會主義國家，其社會也和「平等」距離遙遠。

比如，太平軍起義之初認爲人類都是「兄弟」，主張「男女平等」，但建立南京（天京）政權後，天王洪秀全就不再對臣民「稱兄道弟」，反而一八五一年恢復原本極力攻擊的一夫多妻制。

中國歷史文化有兩個根本要素，那就是差別待遇與暴力統治，讓人倫秩序得以成

---

7 **綱常名教** 三綱乃君臣、父子、夫婦「三道」，五常則是仁義理智信，兩者合併成為儒教的核心倫理道德。「道德」有天然與人為之分。天然道德乃人心所共有，如自由、平等與博愛。人為道德則是根據社會生活習慣建立的規範要求，比如「綱常名教」。天然道德是真正的道德，人為道德則是偽道德。中國相傳千年的道德乃是社會生活習慣所形成的人為道德，並非天然道德，「綱常名教」尤其矯情，不只不自然，也不是人們願意發自內心實踐的道德規範。

8 **破四舊** 紅衛兵口號，也就是「打破舊思想、舊文化、舊風俗、舊習慣」。紅衛兵手高舉毛澤東語錄，狂喊破四舊口號，席捲中國，與暴動無異。穿牛仔褲的年輕人可能被當街包圍、割破褲子，老商店物品與珍貴古蹟大量被搗毀，中國人受暴死傷無數，劉少奇與鄧小平等政壇掌權派被貼上「反革命份子」標籤而垮台。毛澤東為紅衛兵撐腰，寫信給清華大學附屬中學紅衛兵，鼓吹「造反有理」。

立，而儒教思想就是在這樣的風土之中滋生、茁壯。太平天國主張平等與博愛的革命思想，具有反儒教、反中國色彩，這樣的政權難以在中國立足，即便洪秀全天王宣揚「天下一家，人類都是兄弟」，太平天國仍只存在十五年，就灰飛煙滅。

諷刺的是，中國自古高舉「太平」、「平等」的內亂與改革者，都失敗收場。包括黃巾之亂，以及六朝末年打出「太平」、「平均」旗號的農民叛變，乃至於南宋鍾相提出的「均富論」、「等賞賦」，以及楊玄之亂、明朝要求「均平」、「賞賦」的李自成之亂[9]，都是著例，甚至可以說，現今社會主義中國雖宣稱實施「共產」，但充滿不平等與差別待遇，仍無法擺脫中國社會的劣根性。

儒家思想主張的人倫秩序，其實就是在充滿劣根性的社會逐漸形成，是支配劣根性社會的倫理主張。

③清末革命派對儒教的批判

西風東漸，中國人面對西方挑戰，首先必須處理一個課題，那就是中國人如何看待西洋近代價值體系，特別是民主主義與民族主義。

太平天國革命處理「討胡」，也就是「滅滿興漢」的民族問題，失敗收場。後來清朝洋務派官僚推出「洋務運動」（富國強兵的自強運動），同樣因清法、日清戰爭挫敗，加上戊戌維新曇花一現，中國思想界便進入應改革或革命的思想論爭。

維新派處理民族問題，主張「大中華民族主義」，各族融合，和宣揚「滅滿興漢」的革命派對抗。至於皇帝制度是否存續，立憲君主派主張維持，和主張推翻帝制、走共和的革命派刀鋒相對。

當然，維新派並非鐵板一塊，康有爲極力主張保皇、尊孔，首席弟子梁啓超的孔子觀點卻大不相同，影響許多革命黨人。

梁啓超掌控《新民叢報》，威震一方，唯一能和他思想論戰的，是主掌《民報》、光復會出身的國學大師章炳麟。和孫文等革命浪人不同，章國學涵養深厚，是備受尊敬的輿論領袖。

與康有爲尊孔子爲中國古典文化開創者不同，梁啓超認爲，孔子的貢獻在於傳承古

---

9 **李自成** 中國明代末期農民叛軍領導者。延安府米脂縣（今陝西省延安）人，發動叛亂攻進北京，建立「大順王朝」，稱帝只短短四十一日。

代某些文化，但也不過是拾老子牙慧的諸子百家之一，沒必要獨尊儒教，要掌握學問眞理，應廣求諸子百家。

康有爲認爲，荀子主張的「性惡說」乃孔子眞傳，寫《左氏傳》攻擊公羊學的劉歆，則是導致孔教微言大義無法流傳的元凶。章炳麟則極力推崇荀子，認爲他思想水準超過孔子，劉歆更是孔子死後超越孔孟的思想家。

清朝末年國力衰退，中國思想界批判儒教之風愈盛，就連維新少壯派梁啓超都反對「保教」（保護儒教），章炳麟更帶頭批儒革命。

章炳麟指出，漢武帝獨尊儒教，令知識分子熱衷追逐榮華富貴，孔教變成當官謀財跳板、政治附庸，中國政治會如此扭曲，就是因爲儒家毒害蔓延，腐蝕了中國人的思惟能力。

清末政府抱持揚忠君、尊孔的教育宗旨，維新派高喊政治改革，實際上卻是政治保皇、文化尊孔，成立「孔教會」，企圖將孔教國教化。反之，革命派激烈批孔，和維新派勢不兩立。

比如，康有爲主張，中國不應使用以基督誕生爲元年的西曆，而應以孔子誕生爲中國元年；革命派批判這種看法，「康梁一意保教，以孔子生誕爲紀元，我輩則以保種

（保存種族）為宗旨，故以黃帝誕生為紀元」。

即使要參考黃帝開國神話訂定中國開國紀元，計算方法也頗多爭執，革命派所屬雜誌，彼此便有不同主張。比如，章炳麟透過《民報》宣稱，「中國開國已經四千六百零三年」。

④無政府主義者的儒教革命論

除了革命派章炳麟和康有為等保皇派以及尊孔維新派針對儒教激烈論爭，革命派內也出現新興勢力，那就是無政府主義者。

這派人士走激進路線，實施暗殺爆破，不只令其他革命派深受苦惱，革命陣營因此鬧分裂，就連社會主義運動者也與之對立。比如，中國共產黨早期領導人陳獨秀，就是因為持無政府主義主張被迫退黨。

中國無政府主義人士分別在東京與巴黎創辦《天義》與《新世紀》刊物，集結成二大集團。他們攻擊儒教，成為後來五四運動與文革「破四舊」、「批林批孔」反孔理論先驅。

無政府主義者不只希望推翻滿人統治、建立漢族政權，還希望發動超越民族的無政府革命，排除諸惡元凶的政治強權。

在中國二十世紀初年輕的無政府主義者眼中，支撐清朝專制政治的意識形態，無疑正是宣揚「綱常名教」的儒教。確實，清朝爲了維護「家產」，不斷尊孔，給予孔子「文宣王」、「大成至聖」種種稱號，排斥異說。歷代王朝都有類似做法，所以，思想家君衍認爲，「至聖」既是歷代獨夫民賊（惡劣的獨裁統治者）給的封號，當然一文不值。劉師培更抨擊，孔子和專制政治長期狼狽爲奸，絕不能讓所謂的「聖人孔子」繼續君臨中國思想界。

康有爲盛讚孔子是追求自由的神聖者、偉大教育家，其思想乃人類文明進步的根源，這些話聽在無政府主義者耳中，只覺得肉麻、噁心，青年無政府主義者，乾脆稱尊孔儒者爲「賤儒」。他們認爲，賤儒大賊，竟吹捧滿人功德，根本就是認賊作父，以異族爲天帝，這是漢族當了二百六十四年亡國奴的原因所在。

總之，無政府主義者反孔，主要是因爲孔子學說爲清朝統治提供有效服務，甚至可以說中國人受兩千年專制毒害，都是孔子思想放毒所致，若不根除孔子之毒，國族絕無希望。其中，高亞賓甚至控訴，「三綱之說是殺戮民族的利刃」，他批判儒家綱常名教不遺餘力，認爲三綱完全是僞善的道德。

同派的李石曾指出，「最虛僞的道德就是君禮、臣忠、父慈、子孝、兄友、弟恭、妻貞、長幼有序、貧富天定等主張」，所有綱常名教，都是政治迷信。無政府主義者主張戳破僞道德，而在那之前，得先打倒一切強權。

照李石曾的說法，掃除當前獨裁政權，得從打破道德觀下手。特別是儒教綱常倫觀，正是獨裁的護身符，愚化國民的僞道德。

此外，有些近代西洋思想對中國知識界發揮影響力，其中包含所謂的「近代論」。在那之前，中國傳統思想包括儒道人士，只有「三世觀」，認爲天下之發展乃是從據亂世到昇平世，然後進入太平世，從亂世走向太平。

康有爲指稱，根據「三世觀」理論，清末中國相當於昇平世，中國君民應合作，實施立憲君主體制。康有爲宣稱，從君主專制過渡到君民立憲，最後走向民主政治，屆時天下太平，君主的歷史任務也告一段落。總之，康有爲主張，君權逐步釋出，民權自然提升。

當然，維新派康有爲也看到，西歐之所以強盛，宗教革命是主因之一，所以，他主張在進步史觀基礎上，推動孔教的宗教革命。他認爲，孔教思想仍擁有「自由」、「進化」成分。

李石曾說，「中國何以不能隨舉世運行進化、總落於人後，無非是因爲思想尊古而薄今」，而儒教思想本質「厚古薄今」亦即「尚古主義」，正是罪魁禍首。

李石曾認爲，「今人所言雖與古人相異，內容卻盡爲古人餘唾」。確實，儒者好用古典，愛用陳腐言詞，難怪無政府主義者看不起宣稱孔教可拯救世界、充滿虛妄幻想的康有爲。

儒教批判者吳稚暉（敬恒）有一番精準譬喻，他說，過去數百年孔教成爲清異民族削弱反抗勢力的神器，是破壞漢民族戰鬥力的精神鴉片。

所以，中國無政府主義者主張，中國人追求幸福得先發動「孔丘革命」，改造傳統文化。唯有放棄不合時宜的中國古經典與違背時代潮流的傳統文化，才能從政治法律與綱常迷信中解放出來，重獲自由。

他們強調，孔子無非是壓抑、破壞自由的專制指標。

第三章——

儒教倫理學的偏頗與災禍

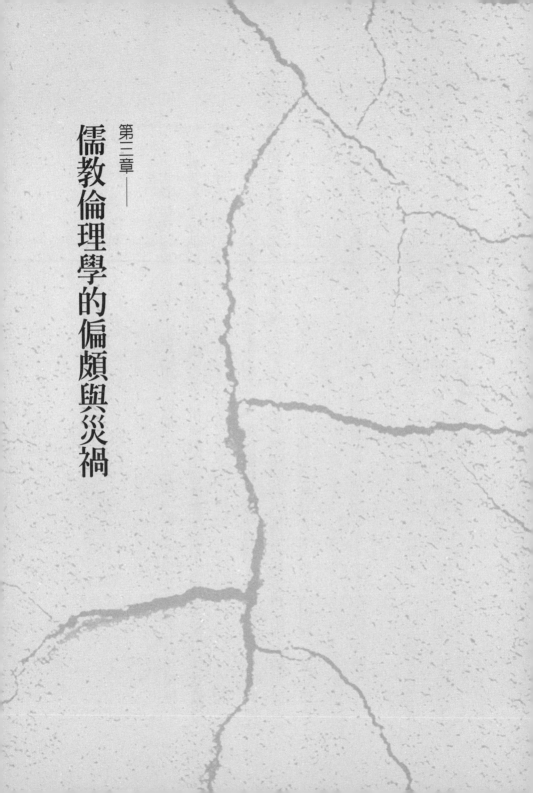

①「仁」是空想的人間愛

中國春秋戰國時代，諸子百家第一位提出「仁義」道德思想並且極力向諸侯推銷的，就是孔子。他廣收門徒、宣揚主張，扮演政治經濟顧問公司、智庫角色，希望獲得諸侯青睞。

周王朝進入春秋時代，王朝勢力衰退，諸侯崛起，激烈競爭，富國強兵主張因此備受重視。當時思想界百家爭鳴，以孔子爲例，爲了閃躲、抵擋其他思想派別攻擊，提出所謂「克己復禮」、「仁」道主張，希望回歸周初封建社會，以尚古爲理想，鼓吹復古主義。

《論語》不斷提到的「仁」，是公認的儒家中心思想所在，但「仁」是什麼，孔子卻未曾明確定義。

他有時說，仁等同「正義」，有時說仁是「有愛心」、「孝順」的代名詞，或者說仁是「克己復禮」、「愛人」、「恭、寬、信、敏、惠」等等。總之，針對「仁」，孔子的詮釋變化多端，幾乎沒有任何人能清楚掌握。

中國文獻首先出現「仁」這個字，大概是《詩經》與《書經》提到「不如其仁」與「恩且仁」，意思很簡單，就是百姓希望過好日子。

但到了孔子，「仁」變成「愛人」、「忠恕」。孔子把「忠恕」定義成己所不欲、勿施於人。當然，這和佛教「布施」思想不同；孔子極力拉抬「仁」的思想位階，認爲那是最高的倫理道德。孔子甚至認爲，天下統一就是「仁」，所以，即便管仲的政治手段充滿瑕疵，孔子卻獨讚其有功於天下統一，可稱之爲「仁」。

孟子同樣把「仁」當作論述重點，強調「仁者人也」、「仁者人心也」、「惻隱之心仁之端也」等等。到了唐朝，韓愈認爲「博愛之謂仁」，已經和墨子「兼愛」（博愛）思想沒有兩樣；顏之推的家訓（顏氏家訓）更有「慈仁」說法，和佛教思想相似。

確實，就善惡而言，「仁」是屬於「善」的德性，但要定義「仁」並不容易，不僅孔子做不到，英國思想家穆爾（一八七三～一九五八年）也說「善是什麼」不易說清楚，勉強加以定義，反而會犯下大錯誤。

孔子重「讀書」，厭惡實驗與考證，認爲思索無益，從思想之中無法找到可靠的生活規範，而只能從古代書本尋找「先例」。這種主張可稱之爲先驗主義者、思索無益論者，堪稱反哲學、反思辨的實用主義[1]元祖。確實，固執於古例與祖訓，會完全剝奪人們的創造力。

「仁」的具體內容爲何，其道德規範如何實踐？儒教歷來的詮釋，道德規範與仁關係爲何？然後，道德規範相關知識在仁的規範中扮演何種角色？

儒教針對仁的各種知識作用並沒有清楚說明，那麼爲何儒教認爲「仁」是道德根本？

相關問題《論語》沒有任何說明，也不清楚儒家學說的道德基礎是什麼？

儒家做學問真的只有學習古人，幾乎都只在注釋古書，二千餘年來只強調這部分，「仁」的涵義也一直爭論不休，唯一結論是「見仁見智」。「仁」由不同人做出不同詮釋無妨，警察和小偷都可以是「仁」，彼此承認對方價值，不否定彼此。

② 提供獨裁者獨裁統治理論依據的「義」

和其他所謂「四維八德」相同，儒家所謂「義」的倫理規範，內涵同樣空洞。

「義」是什麼？這個問題中國人恐怕都答不出來吧。主要原因是「義」這個詞擁有非常多的涵義，而且附屬於「禮」而存在，缺乏主體性。

「經禮三百、典禮三千」的「禮」，意思很清楚，相對的，「義」這個字，核心概念可引申出非常多意涵。比如，「義」與「道」概念結合成「道義」；與「德」結合成「德義」；與「禮」結合成「禮義」；與「理」結合成「義理」；和「勇」結合則是「義勇」，其他還有「仁義」、「節義」、「俠義」、「義烈」……

關於「義」的定義，首先《禮記．表記》提到，「義者天下之聖也」。《國語》則說「義者文之理也」，《白虎通。情性篇》提到「義者斷決」，《荀子．議兵篇》則說「義者循理」。此外，孟子說「羞惡之心，義也」，韓愈說「行而宜之謂之義」，朱熹說「義者心之制，事之宜」，「義者，天理之所宜也」……「義」的定義變化多端。如此容易與其他德行、概念進行連結，相互依存，涵意變化多端也是理所當然。

此外，《中庸》提到，「義者宜也」。這句話非常含糊，什麼是「宜」（適當），其

1 **實用主義**（英文pragmatism）源自德語pragmatisch，又譯為「工具主義」、「實際主義」、「行為主義」。發展自英國經驗論，認為不可能重複體驗的事物並非真理，真理的判準是實際經驗，能根據經驗判斷，才是真理。實用主義用非哲學式手法探討神學與哲學問題，風行一時。

實非常主觀。甲認爲「宜」的事物，乙未必認同。今天「宜」的，明天未必可按讚。更何況不同的人、不同時代，價值判斷不同，人們容易主觀，很難訂出客觀的價值標準。什麼稱得上或稱不上「義」，根本沒有統一答案，「義」這種倫理規範，不可能有超越歷史、絕對的答案，而只能根據特定歷史條件或範圍，由人們主觀詮釋，不同民族與階級，會有不同的看法。

中國儒家的「仁義」、「道德」意涵籠統，和基督教的「正義」與伊斯蘭教的「大義」非常不同。

③有關仁義的詮釋與論爭

孟子將「仁、義、禮、智」四種德性，分別解釋成「惻隱之心」、「羞惡之心」、「辭讓之心」、「是非之心」。當時楊朱利己主義與墨子博愛主義極端對立，成爲中國思想界注目焦點，爲了爭取曝光機會，孟子提出這樣的理論。

孔子口中的「仁」與孟子的「仁義」，人們都可發自內心、省察而產生。反之，荀子認爲「禮」須由外強制形成。至於老子的「道」，與孔子的「仁義禮智」差異在於，孔子偏向人為規範，老子則始終堅持自然法則，他稱許自由奔放，超越無限時間與空間的道理。

孔子認為，社會紊亂根本原因是喪失仁義道德，要糾正混亂，須先重建仁義。

老子的方法與此不同。在他眼中，「仁義道德」正是社會混亂元凶，唯一的解決方法是拋棄人為的仁義道德，回歸自然。

「大道廢有仁義，智慧出有大偽，六親不和有孝慈，國家昏亂有忠臣」堪稱老子哲學的出發點，也清楚說明仁義產生的社會背景。

老子極力批判道德至上主義，指出萬物根本眞理是「自然」，稱之為「道」，放棄美醜與善惡也就是「絕聖棄知」，就可「民利百倍」（幸福一百倍）。

莊子用「竊鉤者誅，竊國者侯」（偷東西判死刑，偷了國家卻可成為君主）這句話諷刺當上君主，就可宣稱自己擁有仁義道德，他斷言，所謂「仁義道德」與「聖人智慧」，都是「偷」來的。

莊子對「仁義」激烈批判，講了一個「盜亦有道」的故事。

話說，「盜跖」是古代著名大盜，手下問他：「大王，我們做強盜的，也有道德嗎？」盜跖的回答是——

「所有的社會圈圈都有道德，黑社會也不例外。就以我們強盜來說，能事先精準判斷哪戶人家藏有金銀財寶，堪稱『聖』；偷東西一馬當先，是爲『勇』；偷完最後離開現場，堪稱『義』。能正確判斷該不該下手偷竊，是爲『智』，偷來的東西分得公平，豈非『仁』？這五種道德不能齊備，斷然不可能成爲汪洋大盜。」總之，依盜跖的邏輯，要做成功的強盜，得具備相當德性。

墨子批判孔子所謂的「仁」，根本是一種差別待遇，也是社會紛亂元凶。他認爲，眞正追求和平共存，必須提倡超越階級與個人的人類愛，所以他宣揚「兼愛交利」的利他精神。這可說和法國大革命的「博愛」精神與基督教博愛精神類似。所以，俄國文豪托爾斯泰讚揚墨子這種「兼愛精神」。

唐代思想家韓愈認爲，儒家的「仁」概念與墨子博愛接近。宋朝理學家程伊川以「理」代替「仁」，分爲兩類，也就是「專言之仁」與「偏言之仁」。

朱子看法是，「仁」乃心之德、愛之理。清末戊戌政變領導人譚嗣同，則將「仁」詮釋成「仁學」，主張廢除一切差別待遇，追求世界大同。

到了二十世紀的五四運動乃至於文革後期批孔運動，中國思想界試圖從完全不同的角度摸索、建立新社會主義道德，但終究沒有成功，後來還是回歸儒教思想。

李澤厚在他所著《孔子再評價》之中，分別從血緣基礎、眞理原則、人道主義與理想性格等角度，詮釋孔學思想的「仁學」。

確實，即便「仁」詮釋成「循理」，當事人仍得具備足夠的判斷力，能了解時代狀況，否則所謂「循理」，就會墮落成遵循傳統、遵循權威、遵循命令、遵循既有秩序。

④義只是次要性的道德要求

從「爲禮不本於義、猶耕而弗種也」（《禮記》）、「禮之所尊、尊其義也、義生然後禮作」（郊特性篇）可以了解，禮乃是義的實踐成果，言行舉止必須遵照禮的規範，便可達到「義」也就是「宜」的要求。

基本上，中國人社會生活用來判斷「宜」與「不宜」的標準，多半是「禮」，要求人們尊重階級秩序，確認身分上下區別。由此進一步的倫理判斷，便是「義」（什麼事情是好的，什麼事情是不好的）。

只可惜，儒家心目中的「禮」，無非是爲了維護傳統社會的主從關係與生產關係，穩定既有封建社會支配與被支配階級的固定關係，是維持社會秩序的形式規範。這樣的禮從「義」出發、以「義」為起點，因此也可視為「義」的具體化成果。其結果，儒家「義」與「禮」兩種倫理規範，其實是從內外（實質與形式）兩個角度，全面壓迫、拘束人們的社會行為，如此支配性的意識形態，無非是一種奴隸的道德。

在中國，不論律法、制度、道德還是教育，都被視為「禮」的一環，即便儒教思想家一再宣稱「義者宜也」，實際上卻對社會變化與時代進步視而不見，反而認為他們所定義的倫理道德乃是超越歷史的眞理。在此情況之下，儒家所說的「義」，當然就會陷入故步自封、落伍於時代發展之後。

儒家進行相關討論之際，都一味地宣揚主觀、普遍且形式的原則，具體實踐的方法，卻全無準則，人人有不同詮釋，結果變成只知為傳統秩序辯護，扮演掌權者化妝師的角色。

儒家心目中的「義」，具有非常強烈的主觀主義性格，根本就是支持極權統治的差別待遇。

「何謂人義？父慈、子孝、兄良、弟恭、夫義、婦德、長惠、幼順、君仁、臣忠，十者謂之人義。」（《禮記．禮運篇》）「貴貴、尊尊、賢賢、老老、長長，義之倫也。」（《荀子．大略篇》）由此二定義可以了解，儒家認為，人與人必須先確認彼此

「差別」，才可能產生「義」。君臣、父子、夫婦、長幼等等，都有其身分所應做的事，這種觀念合理化，就是「義」。照此邏輯，士只能扮演士的角色，農只能扮演農的角色，男人扮演男人，女人扮演女人，不同民族必須扮演不同角色。講極端一點，根本與南非過去實施的「種族隔離政策」[2]無異。

孟子闡述「義」時提到，首先必須「遵從兄長、敬重長上」，他強調，「父子之間有仁、君臣之間有義」，是人間典範。他把「義」視爲規範君與臣、主與從的原理，認爲君只能當君，臣只能當臣，具體地用各種「禮」加以固定，成爲「貴貴、尊尊、……」的倫理規範。這是如假包換的差別主義與權威主義。

當然，那也反映孟子心目中將階級社會完全合理化。

按照孟子的邏輯，臣子與百姓豈非得永遠不論是非地服從君主統治？

⑤經常得被迫二擇一的「義」

2 **種族隔離政策**（Apartheid）二十世紀末之前南非共和國白人長期的政策，將該國黑人、印度裔、巴基斯坦裔等亞裔居民以及亞裔混血後代，都視為低等居民，實施隔離差別待遇。

「義」除了具有壓抑人們慾望、要求人們「遵從天理」的境遇主義性格，還常要求人們做二擇一的決斷。

《禮記・表記》早就指出，「厚於仁者，薄於義」，認爲義與仁難以並存，《論語・憲問篇》則說「見利思義」，意思是人們應壓制慾望，不要一切向利看齊。而萬一利與義衝突必須抉擇，《左傳》的看法是，應「大義滅親」。也有儒者認爲應「殺身成仁、捨生取義」。這是自我否定生命價值、追求死亡的犧牲主義。孔子在《論語・里仁篇》提出君子（讀書人、士大夫階級）與小人（手工業者、庶民、農民、家庭奴隸）對比，宣稱「君子喻於義，小人喻於利」（君子較能了解義的道理，小人只知道賺錢）。

墨子看法不同，他認爲，最大多數民眾的最大利益就是「義」，和近代英國邊沁[3]等的功利主義，沒有兩樣。

孟子常用強烈對比的方式討論「仁義」與「利」。在那之前，孔子對「仁」的闡述非常有限，意思籠統，孟子認爲，如此將無法和楊子的個人主義以及墨子的博愛主義區隔，有效地與之對抗。他強烈主張，義與仁不同。

整體而言，「義」的內涵在中國歷史上，一直有各種不同的解釋。就時間點而言，「義」這個字在經典上出現時間稍晚於「禮」與「仁」，大概是春秋戰國時代。與

「利」大約同時出現。最初「禮」指人們所應遵循的上下、主從倫理規範，簡單講就是地位低的人必須做各種動作表達對高地位者的尊敬。

中國歷史上「義」大體上是「禮」所規範、所形成的，乃社會生活行動準則，目的在於合理化、維護封建社會的權威主義與傳統主義，長期扮演爲專制獨裁體制服務的角色。

後來中國社會出現具有近代色彩的國民運動，蔣介石卻推出反時代的「新生活運動」這種精神性的復古運動。此時，「義」莫名其妙被定義爲「正正當當的行爲」，只要「正當」即可。當時東洋與西洋都出現有史以來規模最大、全球性的法西斯潮，蔣介石政權將「義」曲解爲「慷慷慨慨的犧牲」，純化爲「唯犧牲主義」。當然，「義」淪落到爲法西斯主義倫理學辯護，與其說是法西斯所需求，不如說是「義」本身思想貧困所致。

3 **邊沁**（Jeremy Bentham，一七八四年二月十五日～一八三二年六月六日）英國哲學家、經濟學家與法學家。提倡功利主義，認為行為善惡基準並非理性與客觀真理，而應該是經驗中的愉快或不快。功利主義是英國產業革命時期代表性思想，在那之前貴族特權階級高高在上，邊沁宣揚「功利性原理」，認為人人生而平等，在人類思想史上具有劃時代意義。

日本方面，自古傳承儒家思想與倫理觀，一向喜歡強調「義」這種理念，因此有《太平記》這種古典文學（譯按：十四世紀中葉軍事小說，描寫鎌倉幕府滅亡與日本南北朝時代戰亂）。這本作品之中與「義」有關的辭彙，據說超過三百三十個，可見日本南北朝是個「義」氾濫的時代。

武士道經典、山鹿素行所著的《山鹿語類》，強調「尊義」的重要性。日本另有一位學者，對「義」的看法和傳統儒學不同，認爲「義」與「利」內涵相近，這便是皆川淇園。

皆川是江戶儒學代表性人物、思想界領袖，在他看來，「義」非常具有實踐動力，「義與利其實非常相近，是義的，自然就有利」（《淇園答要》卷中），亦即，「義」並非超越利、抽象的概念，而是和「利」這種現實利害密切連結。當然，過度重利，不可能「義」，但他不贊成把「義」詮釋成「不可得利」。

伊藤博文（譯按：日本明治時期政治家，四度出任首相）左右手、伊藤內閣外相陸奥宗光，早期曾經是被下獄的政治犯（譯按：一八七七年西南戰爭爆發，陸奥加入反政府一方），後來他在仙台獄中翻譯了功利主義者邊沁的《道德與立法諸原理序說》，該書問世，被推崇爲「利學正宗」。陸奥在書中指出，把孟子的「義」反過來理解，就能了解邊沁功利主義的涵義。

另外，《虞美人草》（譯按：夏目漱石所著，成書於一九〇七年）與《金色夜叉》（譯按：尾崎紅葉所著，一九〇三年）等明治時期小說，也都反覆探討「利」與「義」。可見不贊成義須「不近利」的，不只皆川淇園，承認人們可以有追求利的慾望，正是「義」的本質所在。

⑥日本人如何看待仁義道德

中國人多半認爲「仁」與墨家的「兼愛」（博愛）成對比，前者是「有等級、差別待遇」的愛。相對的，日本人認爲，「仁」應該就是「愛」、「博愛」或者「慈悲」。日本人總說「醫即仁術」，「仁術」可解釋成「不愛錢」。亦即，病人是否送紅包不重要，窮人甚至還要免費醫治，這才是「仁道」。

來自中國的仁義倫理規範，並非一到日本就被日人接受，而是經過儒學者特別是江戶儒學發展，才在日本社會生根，形成具有日本特色的倫理學，而江戶儒學最重要議題之一便是「仁義是什麼？」

程朱[4]亦即「宋代理學」盛行，對儒教中心思想「仁」有兩種解釋，即「尊言之仁」與「偏言之仁」。日本儒者山崎闇齋（一六一八～八二年）著《仁說》與《仁說問答》，將朱子的「仁乃愛之利、心之德」闡述為「仁乃生之性」、「未表現之愛」。淺見絅齋（一六五二～一七一一年）認為，朱子之後能掌握其「仁說」主旨的，只有明朝薛文清與朝鮮李退溪；但稱得上青出於藍，講「仁」最清楚的，則是其師山崎闇齋（阿部吉雄，《日本朱子學與朝鮮》，頁三三六～三三七，東京大學出版會，一九六五）。

關於仁義的見解，儒學者有很大的歧異，尤其江戶儒學者伊藤仁齋與貝原益軒最明顯，益軒曾激烈批判仁齋的儒學主張。

仁齋指出，仁義和忠信涵義不同。他認為，「忠信」對於做學問很重要，忠信堪稱可搭配各種漢藥的「甘草」，益軒的比喻則拙陋不當。忠信無非是仁義本質所在，脫離仁義不可能有「忠信」。

若無忠信，不僅無法實踐仁義，仁義本身也會變成虛妄，仁義與忠信關連密切，仁齋認為，掌握「仁」之理易，實踐則難。

與此相反，益軒認為，「仁」絕非易解，因「仁」之根源乃天地生成萬物之理與天地大德，了解仁之理即可掌握「道」，但認為並不容易，認為仁易解的人，其實不了解眞正的「仁」。

仁齋認爲，在朱子心目中，「仁」與「恕」是一樣的，不過有生熟難易之別，至於孟子所謂「恕」，乃追求仁的捷徑，一般人當然是自己沒有的才會「追求」，所以，仁是仁，恕是恕，一旦掌握「仁」，「恕」就會跟著實現。但必須先有恕，才能達到仁的境界。仁齋指出，朱子所謂的仁與恕，並無生熟難易之別。

益軒卻抨擊仁齋以上論點淺薄輕率，甚至健忘。他強調，仁與恕一體，頂多只有自然所致或努力所致之別。若仁恕彼此有別，豈非仁義禮智信「五常」之外另有「恕」的「常」？

在益軒看來，仁義乃人之道，須有「忠」這種心法始能維持。無此心法，仁義陷入過與不及，仁流於姑息，義流於殘忍，即使有仁義，亦不可能成道。所以，「忠」乃天下至理。

4 **程朱** 程顥、程頤與朱熹，都是南宋儒學大家，合稱「程朱理學」，認為人性就是真理，就是善，只不過出生後氣質清濁，而有聖與凡之別，但若能持聖行，窮理致知，充實人格與學問，即可恢復純真本性。宋代理學由朱熹集大成，後來傳到日本，成為江戶幕府「官學」。程朱理學又名「宋學」、「道學」。

針對程明道「仁者持天地萬物而為一體」的仁說，仁齋認為實行上有困難，流於高論卓說，於道不利。

益軒認為，理學特色在於區分眞儒與俗儒之學，程子學說重點在闡述仁者之志乃公平無私，這種以萬物為一體的理學，即便聖人恐怕也未必能完全實踐。但也不能說這種萬物一體的說法虛誕。亦即，不可因為無法親身實踐，就說別人的理論皆妄言。

日本心學始祖石田梅岩對「仁」有如下見解，「心安是仁也。仁者天之一元氣也。天之一元氣生養萬物，得此心乃學問之始之終。在呼吸之間，以心養性為我任。少似行仁愛，合於義則安樂也」（性理問答），認為「仁」乃安心與天之一元氣。

朱子詮釋「仁」為「愛之理」，「心之德」，徂徠則說「使人長，使民安之物」，仁齋說「仁者道也」。

日本攘夷派國家神道創始者平岡篤胤（一七六六～一八四三年）提到，「率性之謂道」，又說「人生而自具仁義禮智之眞性情」，認為每個人天生具備自然德行，不必刻意追求某些心法與悟道。

江戶儒學與考證學代表人物之一的太田錦城，長期苦惱「仁到底是什麼」的問題，最後得到答案。讓太田錦城豁然開悟的，乃是孔子一句話「道有二，唯仁與不仁耳」，太田悟到，所謂「仁」，不過指「善」罷了。

「學經四十年，眞乃積力久矣，初以能解此義。」（《仁說三書》）

可見，「仁」確實容易理解，即便優秀儒學者終其一生努力思索，頂多得到「仁就是善」的結論。

江戶儒學者和中國儒教、佛教不同，明顯傾向自然主義，承認天生自然的性向。太宰春台說，「願學而成爲諸子百家曲藝之士，不願成爲道學先生也」（《徂徠學則》）。江戶儒學全盛時代重要著作之一《先哲叢談》（卷二）指出，大儒山崎闇齋在世時，曾公開問一大群弟子，「若中國以孔子爲帥，孟子爲副帥，率數萬兵馬攻打日本，吾等學習孔孟之道者，何以因應?」弟子們沒有人能回答，紛紛請闇齋開示。

闇齋說道：「若不幸遭此災，唯有穿上鎧甲、手持武器一戰，擒孔子、孟子以報國恩。此即孔孟之道。」我想，這就是闇齋等江戶儒學者與朝鮮朱子學者差別所在。可能也是受日本「國學」影響，江戶末期日本人已建立近代國民國家精神的強大基礎，其中也有源遠流長的「大和精神」。

無論從儒學學到多麼深刻的仁義道德，面對緊急狀況，日本人總是採取民族主義立場，這便是「大義的名分」。

所以，我們不可忽略這項事實，對於日本人而言，所謂「仁義」，不過是說說而已的理想與主張。

⑦「武士文化」所建立「公」的思想論理

漢民族是非常重視人際關係的實利主義民族，其社會倫理規範的核心課題是個人及親近家族。所以，道德問題以君臣、父子、夫婦為核心，關心的課題是個人vs個人的利己主義道德規範，卻欠缺利他精神。忠孝也是，即便屬道德實踐，也終究偏向利己主義，以個人為中心。

針對中國儒教，日本曹洞宗開祖道元禪師有非常一針見血的批判，「佛陀不擇時所，與眾生共立同一境地，唯盡力救濟眾生耳，孔子之說則無此」。

賴肖爾博士指出，日本近代化成功乃因日本倫理學是目標志向型。相對的，中國社會之所以停滯，乃因中國倫理觀是身分志向型，人們只關心自己出人頭地，飛黃騰達。

「忠」是「公」的倫理，「孝」是「私」的倫理，漢民族自古清楚忠孝不能兩立，但儘管如此仍一味的鼓吹忠孝倫理。

平重盛（一一三七～七九年，日本平安後期武將）也說，「盡忠則不孝，盡孝則不忠」。中國人鼓吹忠孝的同時，通常強調應以「孝」做爲最高道德律，以孝爲最優先。韓國人這部分觀點也和漢人沒有太大差異，甚至更強烈。

當然，日本人也有「孝」的倫理，只是內涵與中國人差異頗大。戰前日本「支那通」村上和行先生清楚看到這點，出生於福岡市甘木町貧民窟的村上沒就學，直接到商店當學徒，後來成爲新聞記者與劇作家。

中國《孝經》強調，「孝者初仕於親，次仕於君，終於立身」。「立身」乃「孝」的最高目標，所以，中國人奉公的觀念偏利己性，大部分人因此被綁在家庭桎梏中，更何況「忠孝難兩全」，兩者一旦衝突，必須二擇一，韓國人比中國人更多選擇「盡孝」。比如，常有軍事將領回去「守孝」，放棄作戰任務，直到二十世紀初「日韓合併」（一九一〇年），仍有部隊統帥服孝慘敗的例子，最有名的是一九〇七年，韓國義兵最高統帥李麟榮離開前線奔喪。

反之，日本文化支柱乃「武」的文化，以武做爲倫理基礎的文化，更重視「公」的倫理，忠優先於孝。武的倫理與忠的倫理結合，成爲日本人精神文化基本原理。

西洋人所謂loyalty與日本人的「忠義」頗爲類似，其基本精神乃封建領主與騎士間的經濟契約，是在give and take關係上建立的社會倫理。武士道與騎士道分別由「忠孝」和loyalty發展而成。

⑧彼此對立的佛教倫理學與儒教倫理學

印度人基本上並無類似中國講究孩子單向孝順父母的倫理，親子間的倫理規範乃是「愛」，而且是相對性概念，不講求絕對付出。印度人沒有「孝」的觀念，但很重視「戒」（sila）。佛教有所謂「五戒」說法，但也和漢人的五倫不同。

中村元在《東方民族的思維模式》一書中指出，漢譯佛典把「戒」理解成單向付出的倫理，翻譯為「孝」，就連「不可說謊」戒律，也篡改成「孝順」。

原始佛典呈現古代印度主奴的權利與義務關係，主人對於奴僕必須「五仕」，奴僕對主人則須「五愛」。漢人並沒有類似的倫理。

一般性倫理規範，印度人認為奴僕對主人盡忠乃理所當然，主人則須愛護奴僕。原始佛教提倡「敬」、「仕」的概念，認為主人對奴僕應有較崇高的精神。和佛教相反，儒教德目強調下對上片面的絕對服從。所以，從儒家思想的角度理解佛教「慈悲」與「愛」的概念，會完全誤解，漢譯佛典便將應該是上對下的「敬」與「仕」篡改爲「教授」。

此外，中國人發現佛典完全沒有闡述漢人最重視的「孝悌」，刻意僞造《父母恩重經》與《大報父母恩重經》。

宋儒反對佛教，乃因一旦出家可能絕子孫，邵雍抨擊佛教，「佛氏棄父子之道，豈自然之理乎？」

印度人認爲尊敬父母很重要，但只限於在世，人死後前往天國或下地獄，主要根據是在世期間行爲善惡。他們沒有漢人在世必須孝順父母，父母死後仍須盡孝的觀念。正因爲中國人認爲人得對過世的祖先盡孝，道教才有「太乙救苦天尊」這種神明，道士協助作法，打破地獄救出亡者。

父母親死了成爲鬼神，仍須盡孝，「不孝有三，無後爲大」（《孟子．離婁篇》）。與此不同，明治以後的日本人認爲只需對活著的父母盡孝。

此外，佛典並無關於「忠孝」的詮釋。

佛教與儒教思想最大的對立在於，佛教否定人倫價值。日本儒學者林羅山所寫的《惺窩先生行狀》指出，藤原惺窩主張「釋氏既絕人倫，又滅義，此異端所以也」（佛教沒有「仁」的說法，又不講「義」，乃是異端）。

激烈的排佛論者山崎闇齋，也抨擊釋迦棄父出家獨處山林，乃絕人倫、自私的行爲（《闢異》）。

但隱溪智脫（一七〇四～六九年）撰寫《儒佛合論》，持不同看法，認爲儒教倫理的「孝」，一味地對君子表達敬順，佛教則除了敬服，還用各種方法引誘人們走向正法。換言之，儒者的孝有盲點，必須毫無分辨地對長輩敬孝，並不妥當。

反之，佛教徒甘於清淡生活，但仍不忘反哺之心，亦即努力追求明心悟道的同時，仍積極協助父母親，讓他們遠離地獄，往生極樂淨土、得不退轉境地，以此親恩。

總之，智脫認爲，佛教徒所追求的孝，比只重視孝順現世父母的儒者更周全，不只現世，就連過去世、未來世的父母，也必須對其敬孝（表達對雙親的愛）。這確實是更優質、更純眞的道德。

⑨孝爲何是中國倫理學的根本

中國人堪稱是全世界最世俗化的民族，信仰心非常薄弱，但他們卻特別重視

「孝」，甚至可以說對於中國人而言，「孝」已經是宗教。而且，孝順倫理觀在中國已形式化、形骸化，就連父母親葬禮也極端重視外在形式。

中國人的喪禮非常鋪張、浪費，有些人即使傾家蕩產，也要把喪禮辦得風風光光。墳墓越大越好，才算盡孝；甚至有人爲了買上等棺材而賣妻、殺子。類似這樣極端的社會行爲，當然會對國家存亡造成不良影響。

宗族制度又稱「宗法家族制度」，是經歷數千年歲月固定化的家族生活模式，背景條件是農村。農村生活特別是農業生產，當然不可能一個人完成，若無奴婢，就得全家團結努力，因此宗族非常重要。

中國很早就形成這種以家族爲單位的國家，「國家」正是家族擴大而成，馬克斯・韋伯稱之爲「家產制國家」。中國人說「國家」，既是「國」，也是「家」，非常傳神。中國歷代王朝都不例外，都是一個家族、一個姓氏掌控天下，因此每次改朝換代，都得發生「易姓革命」[5]。

---

5 **易姓革命** 孟子等儒學者的政治理念，根據五行思想，認為王朝必將交替，天子失去德行、天命轉移，就須由其他姓氏擔任天子。古代中國人相信，天子承天命統治天下，天子失德，天命就會轉到

中國人的家族關係是，一個人飛黃騰達，整個家族跟著沾光，所謂「一人得道，九祖升天」或「一人得道，雞犬升天」，講的就是這種高連帶關係。不過，相反的，也可能「一人有罪，誅其九族」，政治上犯錯，可能連九族都被殘忍誅殺。

唐太宗、宋太宗與明世祖，都是從兄弟或親戚手中搶下帝位，雖然後來都成爲中國歷史上屈指可數的明君，但殘殺兄弟與親戚家族的殘酷，卻令人毛骨悚然，被屠殺的敵對勢力可能都高達數萬人。

家族榮枯盛衰綁在一起，這是中國歷史發展鐵則，個人沒有自由生存空間。這種社會模式幾千年來沒有太大變化，到了中華人民共和國時代，家族模式仍維持，即使實施改革開放的今天，也有號稱「太子黨」的中共高階黨幹部與政治官僚家族，靠特權企業大撈特撈。

我念小學時的蔣介石時代，台灣社會不斷被灌輸「總統是我們的大家長，軍隊是我們的家庭」，此類軍歌到處高唱，連一般民眾都能朗朗上口。台灣民眾至今仍有總統是全民「大家長」的觀念。就邏輯而言，家長是家族領導者，爲了有效整合、領導家族，就須強調「孝」這個德目，當作家族成員的生活規範。而當一家一族的家長成爲一國之長也就是王侯或天子，「孝」進一步擴大爲「忠」，忠君愛國因此成爲全民生活規範。

與此不同，日本人最重視「忠」這種「公」的倫理，而不是「孝」這種「私」的倫理，也就是「忠」優先於「孝」。此外，「武」的倫理與「忠」的倫理結合，成爲日本人精神文化的基本原理。

⑩「忠與孝」能通過現代思想劇烈變動的考驗嗎？

若忠與孝兩種價值觀面臨衝突，到戰前爲止的日本人多會以忠爲優先。反之，儒教思想傳統「忠孝」倫理規範雖強調「忠孝一致」，但最優先的其實是「孝」。

《論語・學而篇》說，「其爲人也孝弟，而好犯上者鮮矣，不好犯上而好作亂者，未之有也」，強調孝乃忠之本，也就是「忠孝一致」。

中國人自認爲，孝乃貫穿天地人、超時間超空間的宇宙最高原理。

在中國人心目中，「孝」不只是對於父母親的愛，還代表孩子必須絕對服從父母權力，也就是，孩子乃父母的私有物。

其他人手裡，王朝隨之更替，和日本皇室「萬世一系」成為對比。

孩子必須「孝順」父母，父母掌控家族，這種觀念擴大應用到最大的「家」，也就是「國」，君主成為天下人的父親，人民是其子，必須絕對服從，「孝」變成了「忠」。

論語之中最努力實踐「孝」的人物，大概就是曾子。日本江戶初期儒學者中江藤樹持類似曾子的孝道倫理觀，他寫了一本《翁問答》，主張人生最根本道理乃是「孝」。藤樹所定義的「孝」倫理，不只「孝順父母」，甚至是宇宙萬物最根本的「本體」與「太虛」所在，是一種無始無終、永遠的存在，萬事萬物都根據這種原理誕生，萬事萬物本身就含有這種道理。

照藤樹的看法，孝就是「愛敬」，絕不可輕視父母；能親身實踐，就是「立身行道」，完成宇宙萬物的本體（太虛）與天道本體（神明）。藤樹強調，為人處世，必須秉持這種原理，亦即，「敬愛」乃萬人適用之道德。

貝原益軒在其所著《慎思錄》中說，「野狗與狼都還知道報恩，一個人如果忘恩負義，豈非連野狗與狼都不如？」

確實，無報恩之心，不可能成就忠孝德行。一個人是否堪稱「君子」，最重要的是知不知道、能不能報恩。不過，從「報恩」角度理解、詮釋忠孝，並非儒教自古傳統，而是相當程度受佛教思想影響。

日本早在「貞永式目」（譯按：鎌倉幕府一二三二年制定的基本法典）第五十一條規定，「忠主，孝親」，將道德律入法，戰前教育勅語（天皇對臣民有關教育的訓示），也常有類似的要求。

大部分東洋人認爲，過去西洋人沒有「孝」的倫理，但新渡戶稻造指出，西洋人說不定還比日本人更重視孝順。

思念父母、孝順父母，人同此心，西洋人也不例外，所謂「忠義」，反而是人爲的道德規範。既是「人爲的」，就有強制成分，但唯有出自眞情，才是眞正孝道。亦即，道德不能停留於理論，最重要的是發自內心實踐。

新渡戶稻造認爲最可貴的道德如下：「好的德行應保存，包括孝順父母、疼愛孩子、重視親族，乃至於愛國心等等，都希望人有禮貌，謹言愼語，在我看來，西洋人爲人處事並不馬虎，禮儀非常周到，我們也應好好保持自己的美德。」

日本著名國學者本居宣長批判「仁義禮讓孝悌忠信」等儒教倫理乃忽視人性的教戒，所謂儒教倫理不過是僞善道德，「根本沒有人會眞心實踐」，頂多只是「人云亦云，爲了顧面子不得不跟著說」。宣長的意思是，再怎樣用國家力量樹立儒教倫理的權

威都無益，人們若非眞心實踐這種道德，不僅無效用，還會有害人倫。「其教之害誠多，無益也。」（《葛花》）

基本上，所謂聖人之道，無非是用強制方法統治難以治理的國家，然而「忽視人性、嚴格強求並無益」，偏離人性、否定人類慾望的德行，都是「虛僞」。

就維持日本固有社會秩序而言，強調忠孝一致的國民道德乃是非常必要，開國維新之後，日本政府於明治十三年（一八八〇）修改教育令，將修身科列爲諸科目之首，要求「學生必須清楚了解仁義忠孝」，此乃以儒教道德做爲教育基本方針。明治十五年（一八八二），由明治天皇侍講元田永孚（一八一八～九一年）執筆的「幼學綱要」，發佈全國各小學，強調「忠孝」乃「人倫最大義」。

明治二十三年（一八九〇）發佈「教育勅語」，開宗明義說，忠孝乃「我國體精華」，教育根本所在。

不過，後來大西祝[6]抨擊「忠孝乃道德根本」的說法値得商榷，若忠孝是諸德根本，具有絕對最高位階，邏輯上就能包含各種德行，亦即由忠孝衍生出所有德行。

同理，若所謂「忠孝」即是遵從「君父之命」，這樣的思想非常危險。因爲，君父命令不可能超越善惡、永遠正確，感情用事的要求與主張，根本不可能永遠合理明確。

文革之後中國人對「忠」這個字的理解有了變化，效忠對象從英明領袖、黨，變成個人慾望。特別是一胎化政策實施後，流行所謂「四二一症候群」，祖父母四個人、父母二人專門寵孩子一人，「孝」的涵義完全顛倒。北韓方面，舉國一致強制效忠國家領導人。稍不同的是韓國（南韓），仍堅持「孝」最重要。看過鄰國的例子，我們不禁困惑，眼前日本所謂的「忠孝」傳統倫理，果眞能通過時代考驗嗎？

⑪只知虛僞掩飾的儒教文人

中國與韓國號稱「文人之國」，乃因過去長期實施科舉，文官居國家主體，而出任官職前提是會舞文弄墨。韓國官吏有所謂「兩班階級」的身分制度，階層區分文班與武班，但實際上獨尊文班，武班不受重視，有名無實。該國政府統治國家的原則是，官吏

6 **大西祝**（一八六四～一九〇〇年）哲學家與政治評論家。出生於岡山縣，東大畢業，主編「六合雜誌」，與姉崎正治創辦「丁酉倫理會」，批判當時日本流行的功利主義與進化論，提倡批判主義與理想主義。日本爆發內村鑑三不敬事件，大西祝挺身批判井上哲次郎等人。著有《西洋哲學史》等。

會寫文章最重要。同理，中國科舉雖有文武兩科，武科不被重視，政府並未積極培育軍事人才。

以唐代爲例，科舉實施不久，文人地位大幅提高，傑出詩人紛紛出任要職。到了科舉巓峰期的宋代，詞這種文學形式盛行全國，文人社會地位崇高。

因爲上述歷史，中國與韓國另稱「文化國家」、「文明國家」，但其實是誤解。表面上看起來，中國統治者不重軍事而在乎文化，是愛好和平的國家，但事實不然。

文人其實反而好戰。明朝被清朝消滅，朝鮮最著名的朱子學者立刻要求朝鮮政府出兵十萬，協助重建明朝，一派正氣凜然、捨我其誰的氣勢，但光說不練，不久爆發「丙子胡亂」（一六三六年）戰爭，清皇太極（太宗）率滿蒙八旗軍攻入半島，朝鮮部隊不堪一擊鳥獸散，只剩一群文人高喊「平胡亂」。

可見，和了解戰場狀況的武人相比，宣稱「文章乃經國大事」、只會舞弄文筆、操縱人心的文人，反而更好戰。歷史上一再證明，文人過度自信，而且更反動，斯文掃地。元代蒙古人王朝將漢族、南人列爲最下階級，廢科舉，文人特別是儒者，失去傳統當官管道，社會地位低落，淪爲「臭老九」。

⑫「大同思想」無非儒教企圖回歸原始社會的不切實際烏托邦

道教宣稱，天道以一千三百二十年爲一周期，周期結束天下大亂。兩千年前形成的這種道教天道周期論，竟與兩千年後流行的西洋文明周期論，非常相像。根據後漢大學者鄭玄的歷史觀，周文王乃受天命取代商朝而建國，從當時的甲子年（西元前一一三七年）開啓新歷史周期，一千三百二十年後也就是西元一八四年，是「末世」，屆時天下大亂，中華文明將壽終正寢，歷史「結束」。

剛好當時發生黃巾之亂，道教派別之一「五斗米教」教徒宣稱，「蒼天已死，黃天正立，歲在甲子，天下大吉」，認爲他們建立「千年王國」的時機來臨。

和道教循環史觀略有不同的儒教思想，同樣持二千年週期的歷史循環史觀，認爲古代唐虞三代（夏商周）治世，是最理想的時代，秦之後兩千年中華帝國，則屬墮落，未來則希望「天下大一統」、「大同世界」，中華再生。

大同世界指天下「太平」。孟子「三世觀」認爲，歷史從「衰亂世」發展到「升平世」，然後進階到「太平世」。衰亂世天下大亂，只要中國統一，就會進入「升平世」，諸國與夷狄，逐一被中國統一，仁義遍行天下，形成一個世界國家，便是「太平世」。

「大同世界」這種中國烏托邦思想，三千年前周代初期就已出現，孔子繼承這種想法，煞有其事地描繪理想的未來世界。

《禮記．禮運篇》開頭強調，「大道之行也，天下爲公，選賢與能，講信修睦」，結尾則是「是故謀閉而不興，盜竊亂賊而不作，故外戶而不閉，是謂大同」，這個章節非常有名，幾乎中國文人都背得出來。

孫文喜歡把「大同篇」開頭的「天下爲公」掛在嘴邊，三民主義的民生主義，因此又稱爲大同主義。

其實，「禮運篇」開頭的「大道」，指老莊之「道」，其所描繪的大同世界，乃道教回歸自然的小國寡民。總之，先有「大同思想」，後來又有陶淵明「桃花源記」的烏托邦，這種小國主義思想不斷擴張，形成以世界主義爲理想的大同思想。

近代儒學者最強調大同思想的，大概是戊戌維新領導人康有爲。他所著的《大同書》，對「大同世界」有如下描述：

（一）去國界，大地合而爲一

（二）去級界，民族和平相處
（三）去種界，人類彼此平等
（四）去形界，人人保有獨立
（五）去家界，人人皆天之民
（六）去產界，生產事業歸公
（七）去亂界，世界太平

令人驚訝的是，不只康有爲等儒學者，建立共和國的孫文，也抱持這種中華帝國時代的烏托邦想法，甚至連建立社會主義國家的毛澤東，同樣無法擺脫「大同世界」的幻想。追根究柢，所謂「大同思想」，指一切平等、同質，期許世界像原始社會村落共同體的和平，堪稱老莊思想回歸自然的自然主義思想。

近代烏托邦思想多半被視爲「未來學」，其中之一的馬克思主義，全面否定過去價值，近代思想似乎都有這種特徵。

十五世紀義大利文藝復興的主流思潮，則完全不同。

日本明治維新有別於近代西洋革命思想，抱持類似中國的革命思想，主張「王政復古」。中國方面，除了秦朝商鞅政治改革完全否定過去，王莽儒教王國以古代周易爲範本，後來王安石改革乃至於戊戌維新，也都強調復古。

中國人極度美化的烏托邦「大同」思想，其實不是未來學，反而希望回歸原始世界、回歸祖先年代。這種思想主張和期盼打造伊甸園的基督教不同，倒是和馬克思主義概念相通，堪稱馬克思主義的思想原型。

中國知識分子的「大同世界」指出現「天意」、「天力」或「聖人」，於是「地球東西南北合而爲一」，「天下諸教歸於一源」，於是實現「大同」、「大一統」。這種「大同世界」首先是想像、描繪中國古代「三代」（夏商周）是個君民共主（君主與民主制度融合）的理想世界，中華帝國充滿光明。戰後日本天皇制的「君民共主」，堪稱中國人「大同世界」的實踐。

照儒學者看法，「天主（基督教）、天方（回教）、儒教」三大宗教之中，中國聖人孔子之教「至高至大」。所謂天下大一統，無非「同文、同倫、同教」的至福千年盛世，亦即儒教統治天下。

「中國已經強大了，今後將由中國人主導世界」、「近代以來價值基準都由西洋人決定，這部分中國人絕對不能認同」、「中國話應取代英語成爲國際通用語」、「全世界民眾都應來孔子學院唸書」等等所謂「中國大國崛起」的吶喊[7]，無非儒教的天下大一統思想所致。

毛澤東「人民公社」思想運動可視為追求「大同世界」的政策，「人民公社」解體，意味著「大同世界」這種中國人共同幻想的幻滅。

但中國人「棄小異而就大同」的平等、同質思想，不僅孕育了「全體主義」思想，同時也是中華帝國君主獨裁專制政治的思想架構。

中國歷史上不曾出現「大同思想」的反命題，也就是「大異思想」，此堪稱中國人最大的悲劇。當然，僵硬化的中國思想有此結果，也是理所當然的「歷史歸結」吧？

與全體主義的中國思想不同，西歐民眾更重視「大異」，而不是「大同」。他們非常尊重個性，不希望受外在強制，彼此尊重對方的自由意志。西歐早擺脫獨裁統治，形成自由社會，民眾充滿活潑創造力。與西歐社會進步發展的社會原理相對照，便突顯追求「大同世界」的中華世界與追求「大異世界」的西歐世界，完全不同，而正因為社會

7　**吶喊**　原指戰爭威嚇敵人的巨大吼聲。不過，後來漢語「吶喊」也有發洩不滿與心中沉悶情緒的意思。

原理差異，東西文明幾百年來發展成完全異質的文化。

基督教、猶太教與波斯教都有「世界末日論」，認爲人過世後上「天國」，須先接受神的最後審判。反之，前往「大同世界」，不需有任何考驗或要求。

儒教「大同世界」和基督教伊甸園乃至於淨土極樂世界不同，它既非天上，也不屬來世，而是存在於現實世界，現實就可能是「桃源鄉」。這種思想從三千年前誕生，就已具備現實、世俗與今世色彩，不必等到來世，現世即可實現「大同」。

「大同世界」乃「一切都同一的世界」，人類相互競爭的原理在此都不存在，處於靜止狀態。那是死氣沉沉的狀況，也可說是文明發展衰退，人類歷史結束的世界。缺乏多元與異質性，這種思想文化當然不可能大放異彩。

總之，大同思想是遠在二千多年前《禮記・禮運篇》首倡的古代思想，雖然二千多年來成爲中華帝國一君萬民獨裁體制的理論基礎，但其實完全不合理，但爲何即使二十世紀，這種不合時宜的思想主張仍是共和體制與共黨的思想基礎，持續存在於中國社會，實令人費解。

只要中國人繼續重視這種「大同思想」，預言中華文明必將持續沒落，絕對合理。

第四章——

儒教道德的失控與歷史悲劇

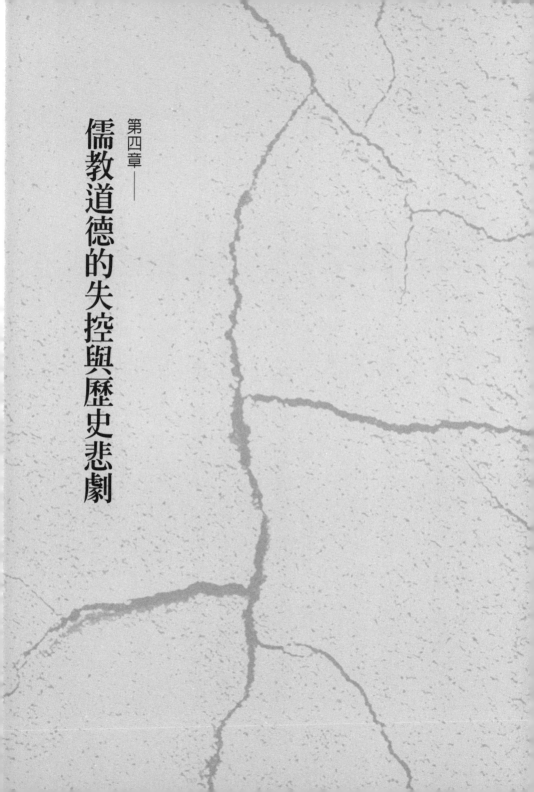

①周文王狠食長子伯邑考是紂王給的考驗嗎？

「只有凡人吃人，聖人不會吃人。」

這是中國人自古以來的「食人觀」。殷王朝最後一代國君紂王，爲了考驗西伯昌（周文王）是否眞如傳言所述是「聖人」，殺死人質西伯長子伯邑考，煮成羹湯賜給西伯昌。

《史記・殷本紀》記載，紂王烹醢[1]九侯，把鄂侯做成「脯」（肉乾）。西伯昌聽聞此事不禁嘆氣，崇侯虎將此事密告紂王，紂王一氣之下將西伯軟禁在羑里。

《史記・正義》對此事有所評論。

「文王長子伯邑考，初爲殷人質，仕於紂王，紂王將伯邑考煮成羹，賜給文王。聖人應不食子，文王卻食用，紂王批評西伯哪是聖人？他連吃了自己孩子做的羹湯都不知道呢。」

殷朝末期，西伯昌臣屬於中原盟主殷朝，但勢力漸強，成爲殷朝一大威脅。文王姬昌賢能，甚至有「聖人」稱號，紂王便找理由加以幽禁。

中國先秦時代和日本戰國時代非常類似，流行政治人質，西伯昌長子伯邑考因此成爲殷人質，以維繫殷與西伯君臣的同盟關係。當然，封建體制沒落，「人質」制度也會消失。

《封神演義》記載了紂王殺伯邑考的過程。

伯邑考死前痛罵：「暴君，你不是人，我即使不能生而吃你的肉，死也要變成厲鬼，啃你的靈魂……」伯邑考非常孝順，爲了父王，成爲殷朝人質，卻被殺，被做成肉醬與肉餅。紂王命人將餅送到羑里，賜給姬昌。姬昌一再致謝，當場吃光三塊肉餅。

《史記・正義》提到伯邑考被做成「肉羹」，《封神演義》則說做成「肉餅」。

不管如何，紂王爲了要貶損西伯昌的「聖人」清譽，設陷阱讓西伯昌跳，讓西伯昌「即便號稱聖人，也吃了自己的孩子」。不過，西伯昌連自己的孩子都吃下肚，讓紂王安心不少，認爲對方眞心歸順，警戒心大降。可見，吃人在此已成「心理作戰」的工具。

1 **醢** 人肉削成片曬乾，加入麴、鹽或酒醃製，古稱「鹽幸」。孔子徒弟子路在衛國遇害，據說被做成醢。

《武王伐紂平話》提到，紂王宰殺黃飛虎之妻耿氏，做成「醢」，派人送給柘城縣的南燕王。

「紂王特使見了南燕王，說明自己手上乃紂王特別賞賜南燕王的肉醬（醢）。飛虎覺得疑惑，紂王不曾賜肉醬給他，他反而聽說過，紂王喜歡把人做成肉醬，送給死者親族食用。飛虎大概也聽過紂王把伯邑考做成肉醬強迫姬昌吃下的事情吧？」

周文王吃了自己孩子肉一事，正史小說都有很多記載，有的說「羹」，有的說「炙」或「醢」等等，但沒有任何文學或文獻認爲號稱「聖人」的姬昌不當，反而譴責紂王「不仁」。

可見中國人所謂「不仁」，判斷基準不是「做了什麼事」，而是「因人而異」。當他們認爲姬昌「仁」，他做的一切都合理（反之，當紂王被判定「不仁」，其作為就受批判。總之，中國人判斷別人善惡，總是先入為主，「善人」再怎麼做都沒問題，「惡人」做什麼都不對）。

孔子也不例外，即便知道周文王吃了自己的孩子，仍尊稱他爲「聖人」。然後，孔子門人也都不批評周文王吃了自己孩子，只攻擊紂王失德。

同樣失德，齊桓公吃了易牙長子，中國人的輿論也很奇怪。話說，齊桓公當眾表示，「我還不曾吃過人肉」，易牙就眞的宰殺長子獻給桓公。對此，管仲評論說，易牙乃不得已，但對桓公奇怪言行，卻無任何譴責。不僅如此，後代中國文人沒有任何人非議桓公食人的做法。可見，中國人所謂「仁義」，根本是見風轉舵，沒一個判準。

②狠食親生子的樂羊將軍與周文王的歷史評價爲何天差地別？

周文王吃了長子伯邑考，齊桓公吃了大臣易牙長子。同樣狀況，魏國將軍樂羊吃自己的孩子，以表對魏王效忠，爲何這三個人在中國歷史上的評價完全不同？

樂羊是中國戰國時代魏國名將。《戰國策・魏策》記載，樂羊率魏國部隊攻打中山國之際，樂羊之子住在中山國。中山王大怒，烹樂羊子，做成肉醬送給樂羊。樂羊收到肉醬後，坐在軍帳中，二話不說將肉醬吃下口，以此向魏王證明，他毫無二心。

號稱「明君」的魏文侯，非常讚賞樂羊地對近臣覩師贊說：

「樂羊爲了表示對我效忠，甚至吃了他孩子的肉呢。」

想不到覩師贊潑魏文侯冷水：

「連自己孩子的肉都吃，還有誰的肉不能吃？」

這句話讓魏文侯心裡有了變化。後來樂羊打敗中山國班師回朝，文侯雖然表面上照例賞功，可是從此冷落樂羊。

不過，同樣是《戰國策》，其中的中山策也記載樂羊攻打中山國並吃自己孩子一事，但評價略有不同。

中山策的說法是，樂羊率魏國部隊攻打中山國之際，樂羊之子住中山國，中山國王大怒宰殺樂羊之子，做成肉醬送給樂羊，樂羊並未拒絕。因爲樂羊知道，吃下孩子做的肉醬，代表自己效忠文侯，爲了證明自己無二心，他壓抑父親本性，故意吃孩子的肉給文侯看。

《韓非子・說林（上）》也提到樂羊吃孩子肉一事，內容與《戰國策・魏策》相似。

樂羊將軍爲表效忠國君而吃了孩子的肉，時間是西元前四〇八年、戰國初期。中山王爲何殺害樂羊之子樂舍，《戰國策》與《韓非子》都沒有詳細說明，筆者推測，可能是樂羊攻打中山國，中山國王以樂舍做人質，要求樂羊退兵，但樂羊不爲所動，即使中山王殺孩子做成肉醬，仍面不改色吃下。這當然矛盾，樂羊沒扮演好父親角色，卻被視爲「忠義之士」。

總之，樂羊成爲中國第一代吃自己孩子肉的忠臣義士。中國人認爲，只要是「忠君愛國」，吃人也無妨，類似的例子，比如漢末臧洪、盛唐張巡與元末褚不華，都被視爲食人忠臣義士。

不過，爲了對國王效忠，連自己孩子的肉都吞下去，這樣委曲求全被《戰國策》與《韓非子》批評得一文不值，不只不是忠臣義士典範，還被認爲居心叵測。

後來中國歷代王朝「忠義列傳」記載的「忠臣義士典範」，多半是吃別人的肉，能做到「割愛」的頂多只有臧洪與張巡，殺了自己的妾供饑民食用。

魯迅認爲「中國人不把人當人看」，被中國歷代吃人忠臣義士吃掉的人，並不是「人」，頂多是高等哺乳動物、忠君愛國的「犧牲品」。

問題是，樂羊吃下肚的不是別人，正是親生兒子的肉。自己的孩子當然是「人」，但就連「人」都能吞食，當然是如假包換的食人者，比只吃「高級哺乳動物」的忠臣義士嚴重。也所以，難怪樂羊被質疑，「自己的孩子都能吃下肚，還有誰不能生吞活剝？」

中國社會將吃他人之肉視爲「人之常情」、社會常識，但連自己的妻子兒女都吞下肚，當然不能說是「人之常情」，被懷疑居心叵測也是合理。比如，覩師贊懷疑，搞不好樂羊想叛變，正因爲內心有此詭計，怕文侯看出來，才用吃自己孩子肉的方式表演效忠，做樣子給文侯看。

中國古代圍城戰爭，最後沒有糧食必須人吃人，基本上都是先易子而食，此乃常識。所以，如果樂羊吃的是別人孩子做的肉醬，歷史評價不會那麼差。

③介之推[2]割股肉獻給晉文公而成爲「食人忠孝」之祖

晉文公（西元前六九七～前六二八年）在齊桓公之後稱霸，是「春秋五霸」之一。文公年輕時流亡他國，備嘗艱辛，到了中年才回國成爲晉國君主。他年紀比齊桓公大十二歲，活得比桓公久，但終究一把歲數才登基，稱霸時間不長。

晉文公名重耳[3]。當初因爲父親獻公寵愛驪姬，死後內亂，次子重耳才亡命天涯，落腳齊國。所幸桓公熱情款待，將宗室之女嫁給他，在齊國待了五年，有愛妻作伴，重耳日子過得愜意，已經不想回晉國。

追隨他流亡的家臣們憂慮不已，千辛萬苦追隨他流浪，無非希望有朝一日執掌天下，卻不想重耳玩物喪志，忘了當初的抱負與約定。於是，輩份最高的狐偃帶頭，由重耳之妻灌醉重耳，連夜押上車離開齊國。

一行人連夜趕路，重耳醒來發現震怒不已，執矛要殺咎犯，咎犯不慌不忙地說：「被公子殺害無怨，只要他日公子取得天下，吾願足矣。」

《國語》記載，重耳暴怒，「我若不能取天下，一定殺舅舅的肉來吃」，咎犯卻回答：「如果公子不能取得天下，屆時我的肉已腐臭，又如何能吃？」（晉語四）

《東周列國志》則說，「重耳放話，這次回去情況順利就好，要有什麼狀況，一定殺舅舅你，吃你的肉！」

在那之前，某次荒郊野外一行人採野菜果腹，重耳難以下嚥，追隨者之一的介之

2 **介之推** 又稱「介推」、「介子」。春秋時代晉文公（重耳）近臣。《十八史略》記載，重耳亡命外國，飢餓時，介之推割己腿肉餵食主上（割股奉君）。後來文公回國即位，介之推深山隱居，文公希望他出來做官，不獲回應便燒山逼人，介之推和母親合抱死於樹下。文公為哀悼介之推，下令清明節前一日全國不可用火，此即中國「寒食節」由來。當天家家户户門口插柳枝，招介之推靈魂，並在郊外燒紙錢祭拜，以慰介之推靈。不過，目前中國已無這類習俗。

3 **重耳** 晉文公。獻公次子。長子申生、三子夷吾。獻公寵幸驪姬，打算立驪姬之子奚齊為太子。太子申生自殺，重耳與夷吾亡命他國。當時重耳已經四十三歲，流浪十九年才返國執政。

推，割大腿肉煮肉羹讓重耳享用。《莊子・盜跖篇》記載，「介之推至忠，割股餵食晉文公」。

重耳順利回到晉國，即王位論功行賞，追隨他亡命的忠臣都大大封賞，卻忘了介之推。割下自己大腿肉餵食主君，這是何等忠臣，不想晉文公竟忘了。其原因史書未有記載，筆者推測，跟隨文公流亡十幾年的介之推，除了是忠臣，可能沒有什麼才能，晉文公才忘了他的存在。

此事讓介之推手下憤慨，特地在宮門口寫上：

「龍欲上青天，五蛇爲輔。龍既已登雲，四蛇各入其宇。一蛇獨恨，去向不明。」

晉文公走出宮門，看到文面猛然省悟，「這是在講介之推。我只重視出身宗室的隨從，卻忘了他的功勞。」

於是派人傳召介之推出來做官，但介之推表明不再侍奉主君，帶老母逃進綿山隱居。文公派人搜尋不著，下令燒山，希望逼出介之推，介之推卻堅持不出，抱著老母死在一棵樹下。

文公發現犯下大錯，將綿山改名介山。《史記・晉世家》與《東周列國志》、《國語》《晉語》（四）乃至於《莊子・盜跖篇》，都記載了這個故事。

晉文公的治國思想和齊國開國者太公望不同。太公望被封齊侯，立刻殺了名滿天下的隱士狂矞與華士。周公聞之大驚，責問太公望何故封侯立刻斬殺賢士，太公望回答，二人既不出來仕，無任何用處。自耕自食，完全不靠誰，國君任何賞罰都不在乎。古代聖賢用刑、罰、爵、祿治理百姓，眼前這二人帶頭示範，我已無法用這四種方法治理國家，只好殺了。

介之推想隱居，晉文公卻不許，無論如何也要拉出來。之前忘了介之推，如今卻硬要他做官，何以變化如此之大？合理推測是，文公大概是認爲介之推割肉餵君可做天下人示範，既是活教材，當然得好好運用。同理，歷代中國帝王都會褒揚忠君、孝順父母，以及對朋友有情有意之人，這樣做有利於國家治理。

也所以，各朝代正史都有孝子列傳或忠義列傳，而不少忠義之人，爲了彰顯自己「忠義」而吃人。

④死守睢陽城的張巡何以成爲中國「忠義食人」典範

中國早期「忠義食人」的忠臣義士，最有名的大概是張巡與許遠。話說，唐玄宗時代安祿山叛亂，一路勢如破竹，卻在睢陽遭遇死守不退的張巡、許遠。叛軍將領尹子奇圍攻睢陽許久，城中糧食盡空，軍民只好易子而食，卻不投降。

《唐書》張巡、許遠傳記載，糧食耗盡的睢陽城內，人心惶惶。爲了安撫民眾情緒，主帥張巡叫出愛妾，當著三軍面前殺害，肉賞給官兵。

「各位如此忠貞地追隨我死守城池，即使沒了糧食仍死心踏地，我銘感五內。其實我是想割下自己的肉讓大家吃，但任務未完，沒辦法這麼做，只好犧牲愛妾，還寄望大家團結一心，衝破難關。」

將士們聞言淚流滿面，都不忍食愛妾之肉，張巡只好下令非吃不可。於是，首先殺死婦女，吃完接著殺老人與小孩，總計二、三萬人被食。

《新唐書．忠義傳》記載，張巡殺妾分肉給士兵之後，許遠也殺奴婢，讓官兵食其肉。飢不擇食，部隊張網捕雀、掘洞捉鼠，連鎧甲、弓箭也煮來吃。後來城破，軍民只剩四百人，張巡、許遠、南霽雲等將領悉數被捕，不屈而死。

張巡（七〇九～七五七年），山西蒲州河東人，有人說是河南鄧州南陽人。他是開元末年進士，安祿山造反時任眞源知縣，後來和許遠合兵死守睢陽城，阻擋安祿山大軍南下，雖然殺了二、三萬老弱婦孺，但仍在中國歷史留下「忠義」之名。

但張巡並非中國第一個殺妻妾和官兵分享其肉的官員。張巡之前，東漢末年就有臧洪殺妻饗食官兵。

臧洪乃廣陵射陽縣人，任東郡太守、鎮守東武陽（雍丘），被袁紹部隊包圍。袁紹要他投降，不應，不久糧食耗盡，孤立無援的臧洪把幹部們叫到面前，說道：

「袁氏大惡無道，我決定為大義犧牲。這次戰爭各位不必負任何責任，白白犧牲性命太不值得。城池會很快被攻破，你們提早帶妻子兒女逃出去。」

這番話讓臧洪部屬哭成一片，「將軍與袁氏素無冤仇，您忠於職守卻遭遇如此災厄，我們絕不拋棄將軍，苟且偷生。」

官兵團結一致，抓老鼠、掘草根，但很快還是無物可吃，主簿（主計）拿出廚房僅存三升米煮了一鍋粥，放在臧洪面前，臧洪大嘆：

「我不可能獨享這粥。」

於是，他讓部下倒水稀釋，與官兵們分享。士兵們飢腸轆轆，臧洪心一橫，把愛妻殺了，分給士兵們食用。士兵哭成一團。不久城破，城內男女七、八千人全部自盡，沒有人背棄臧洪。

臧洪殺妻、餵食官兵一事，《後漢書・臧洪傳》、《三國志・臧洪傳》與《資治通鑑・漢紀》都有記載，是中國殺妾餵兵先驅。不過，他並未像張巡、許遠那樣誇張地殺了二、三萬老弱婦孺做食物，後代中國人幾乎都忘了臧洪，反而常以張巡爲「忠義食人」典範，甚至加以模仿。

不論臧洪還是張巡，吃人的「忠臣義士」被儒家視爲模範，成爲歷代教忠教孝的故事範本，直到五四運動期間，才有知識分子吳虞發表不同看法，寫〈喫人與禮教〉一文批判此事，並且高喊「打倒孔家店」。

⑤歷代王朝「食人忠臣義士」如何吃人肉、飲其血？

中國會吃人的「忠臣義士」喜歡模仿張巡殺妾餵兵行爲，認爲此乃盡忠的最高表現，可名留青史，模仿者包括五代姚洪、宋代劉銳、牛富，金朝烏庫哩黑漢，元朝褚不華等將領。

姚洪，五代人，出身梁朝，在節度使董璋手下做事。後來董璋歸順唐朝，洪奉命率千部隊，鎮守閬州。不久董璋叛變，寫信要求昔日部下姚洪同進退，姚洪不加理會，董璋震怒，率兵攻打閬州，抓住姚洪，罵道：

「你英勇無雙受我器重，今日爲何背叛？」

「一派胡言！你才是不知感恩的禽獸。想當年你也不過是以撿馬糞爲業的李七郎家奴，能吃到一口肉和剩飯，就該感激，更何況被天子一舉拔擢爲節度使，爲何不知報恩反而叛變？我效忠的對象當然是政府，怎麼會是你？」

董璋聞言大怒，命壯士十人，活生生割姚洪的肉呑食，姚洪到斷氣爲止，咒罵不斷。後唐明宗聽聞此事，哽咽不已，招來姚洪子賜與官職。《五代史・姚洪傳》與《新五代史・死事列傳》，都介紹了此「忠義食人」的故事。

劉銳與牛富是宋代人，皆拚命守城的忠君之士。《宋史・忠義列傳》記載，北兵（女真族金軍）圍攻文州，「文州知州劉銳與通判趙汝鄙，發誓死守城池，兩人輪番應戰，城池被圍十五日，水路斷絕，軍民無水可飲，劉銳下令殺妻、父與子三人，讓部下喝其血，繼續奮戰。後雖逃出城、繼續轉戰，仍不敵，自刎而死。」

同樣列名《宋史》忠義傳、守樊城六年的猛將牛富，也有如下傳奇。

「城破，牛富率領決死之士百人巷戰，飲血水止渴，奮勇殺敵。」

漢人「食人忠義」的觀念，也影響了中國化的女眞人。漢化的女眞人傳承這種食人文化，話說金天興二年（一二三三年），叛將史嵩之部隊包圍唐州，守將乃烏庫哩黑漢，

《續資治通鑑・宋紀（一六七）》與《金史・哀宗本紀》，有如下記載：「守將烏庫哩黑漢殺愛妾，啖食官兵，官兵紛仿效，殺妻、子供同袍食用。」

另外，褚不華出身與《元史・忠義傳》推崇的睢陽守將張巡相同，都是隰州石樓。當時天長率青州軍叛變，擊敗普顏帖木兒所率黃軍，褚不華退守哈拉剌章營，部隊來到楊村橋，副使不達失里被殺，屍體落入叛軍手中，當場被吃。褚不華召集殘兵進入淮安城，叛軍從東、西與南三個方向包圍。城中糧食很快吃光，飢餓昏倒路上的，都被殺害搶食。城內會飛會跳的動物吃光，草根樹皮甚至皮鞋、馬鞍與弓繩，都煮來吃。然後更是父子、夫婦老弱互砍，上演殺人食肉慘劇。如此苦撐五年之久，至正十五年（一三五五年）十月淮安城破，褚不華犧牲。

褚不華死後，朝廷追封他爲翰林學士、衛國公。《元史・忠義傳》與《明通鑑・前紀（二）》都介紹這位忠義之士。

褚不華之後類似「食人忠義」的故事，不斷在中國發生，一個模仿一個，中國食人文化史堪稱洋洋大觀。

⑥割股肉獻給刎頸之交有何意義？

前述，介子推割肉餵食晉文公，受史家高度讚揚，乃中國忠君象徵。唐朝之後，割股肉給國君吃的風氣盛行，甚至孝順父母、重視朋友也有此舉，吃人成了實現「四維八德」倫理的象徵。

比如，李世勣與單雄信乃刎頸之交，不過，李世勣最初在李世民（唐太宗）手下做事，單雄信追隨王世充（隋末群雄之一）打天下。

後來李世民擊敗王世充、平定洛陽，單雄信被俘，關在獄中，世勣上奏太宗，稱許王世充愛將單雄信英勇過人，願用性命擔保，希望世宗赦免單雄信，但太宗未允。

「我早就知道你這個人常搞不清楚狀況，做事決心也不夠。」單雄信得知世勣的請求被太宗打回票，寫信責備世勣勸諫方法不對，世勣回答：

「我並非貪生怕死，怕得罪太宗才不敢繼續請求，只是我想，是否有公私兩全、爲國盡忠的方法。此事我絕不會放棄，萬一我死了，請你幫忙照顧內人。」說完，世勣割下一塊股肉，送去給雄信吃。

「這塊大腿肉可以證明，我已經和你一樣勇敢，而且絕不背棄我們的友誼。」

《資治通鑑・唐紀》記載這個故事，可見李世勣和單雄信雖是至交好友，約定同生共死，世勣仍被雄信懷疑不夠眞誠，世勣只好割大腿肉表明眞心。此例子告訴我們，中國人很會算計，計較得失。

割股肉代表重視朋友的例子，還有唐代烏重胤。

烏重胤原本是潞州武將，後來做過河陽等三城節度使，討伐淮河一帶的叛亂，累功至檢校尚書右僕射、司空。

不久，叛將下屬李端渡㶏河向重胤投誠，叛將立刻逮捕李妻綁在樹上，活割其肉，李妻流血致死，但直到氣絕仍高喊「良人，你要好好追隨烏僕射（重胤）！」

烏重胤過世，據說手下二十幾名將官都割下大腿肉，祭祀大家敬畏的長官。自古中國名將，未有人比烏重胤更受部下敬重的。

烏重胤生前雖未享用部下表達忠心所割下的大腿肉，死後仍得到「股肉」供品，是中國人最喜歡吹捧的忠貞節義故事。

割股肉顯然不只象徵忠義，也可暗示部下，如此做才能顯示忠心。

宋高宗紹興十二年（一一四二年）八月，金兵攻陷首都擄走的龍圖閣直學士張邵，歷經千辛萬苦回到宋國，說了一個金國發生的忠君愛國故事。

《續資治通鑑・宋紀（一一一六）》也記載此事，「金元帥達欄收攏南人之心，命司馬朴爲尚書左丞。朴以病爲由懇辭，達欄只好放棄。聽聞此事，陳過庭剖開自己胸膛，取出肝臟煮成肉羹獻給司馬朴，表達敬重之意。」

連內臟都可挖出來當禮物贈送，如此重視友情，眞是「肝膽相照」哪。

清末曾在中國傳教三十餘年的美國傳教士明恩溥寫了一本《中國人的性格》，提到中國人喜歡割大腿肉給父母或君王吃，以表孝順、忠誠。在西洋傳教士看來，中國這種「奇行」，是儒教倫理的「特殊」之處。

清順治十年（一六五三年）二月李定國率兵攻打湖南，部下郝永忠破祁陽城、屠殺百姓，祁陽人黃簡帶父母逃山中躲避戰亂，某日母親口渴，黃簡出門汲水，不料敵軍掩至，慌亂中簡父逃往山陽，簡妻帶著婆婆，逃往山陰。

黃簡汲水回來發現父母失蹤，遍尋不著，便困惑地爬到高台上眺望，看到部隊官兵抓住他的父親，準備放進油鍋。

簡衝向敵軍，大喊願代父受罰。對方抓住黃簡，要求拿錢贖回。黃簡拿不出錢，野兵把他煮吃了。村民知道此事都很傷心，將那座山稱爲「湯鑊嶺」（《清史・孝義傳》）。

⑦劉安殺妻招待劉備竟成中國好客典型!?

甚至也有中國人爲了招待客人不惜殺妻。《三國志演義》（十九回）劉安殺愛妻，招待出人頭地之前的劉備，許多中國人因此感動，認爲劉安是「好客義士」的典範。

話說，起兵不久的劉備被呂布打敗，逃出小沛城寄宿民家，屋主是獵戶，名叫劉安。既是同姓，劉安決定盛大招待，但當天並未捕獲任何獵物，情急之下竟殺妻子，以妻子肉款待客人。

劉備稱讚美食，問道，「這是什麼肉？」

「野狼」，劉安回答，劉備不疑有他，吃飽喝飽後倒頭便睡。

劉備一覺醒來準備離去，到後院牽馬，意外看到廚房有具女人屍體，走近一看，手肘下方嫩肉被割，當場愣住。問劉安原委，才知前晚所吃乃劉妻，感動淚流。劉備感激劉安，邀他一同打天下，劉安婉拒，「感謝閣下盛情美意，但家有老母，不便遠行。」

吃了同宗兄弟劉安妻子的肉，劉備倒也沒有責罵劉安，或者害怕劉安心狠手辣「連自己的妻子都敢下手」，反倒一味地讚許劉安對朋友「有情有義」。《三國志演義》頗多殘忍故事，在此又添一樁。相同狀況，最初樂羊呑下孩子做的肉醬，讓魏文侯感動，不質疑樂羊狠毒，連自己的孩子都吃得下去。

同樣是英雄豪傑、忠臣義士，劉安際遇比樂羊幸運一些，沒有人像覩師贊那樣懷疑他「連自己的妻子都敢殺，還有什麼做不出來」。羅貫中寫《三國志演義》，顯然打算把劉安這類行爲塑造成「忠君」，但招待同宗兄弟吃飯，也不必誇張到殺妻做配菜，難道夫妻感情不值得一顧？

可見中國傳統「仁義」像黑社會，妻女只有「家畜」的地位，否則劉安不至於爲了招待劉備就殺妻。諷刺的是，如此殘忍行爲竟成中國好客模範、被尊爲「義士」。

中國人認爲，結交重要人物，特別是未來可能執掌大權的，比什麼都重要。他們眞正在乎的並非「忠義」，而是對方有前途，因此甘願殺妻款待對方。

東漢末年天下大亂，一介草鞋小販劉備竟打著「漢帝末裔」招牌，聲勢鵲起，取得角逐天下實力。當然，劉備有其政治手腕，「桃園三結義」、「三顧茅廬」等，廣結善緣，掌握得力部屬。

中國歷代皇朝末年大亂，總有群雄並起，許多人自稱皇室之後，企圖「復興天下」，赤眉之亂時的劉盆子、元末韓林兒，都是著名例子。當然，劉備尚未及帝位，特別是赤壁之戰之前，政治資本不足，一路吃足苦頭。

劉備屢戰屢敗，總在逃亡，《資治通鑑・漢紀》記載，漢建安元年（一九六年）劉備收集殘兵，往東攻打廣陵（揚州），卻被袁術擊敗，轉往海西（廣陵郡海西縣）棲身。當時中國各地饑荒不斷，官吏與士兵相互殘殺、食人肉屢見不鮮。

大饑荒，連優勢的袁紹部隊也只能吃桑椹甚至癩蛤蟆，一般民眾更是相互砍殺，吃對方的肉。除了人肉，已經沒有其他食物，勢力薄弱的劉備部隊，處境淒慘，命在旦夕，隨時都可能身首異處。中國人所謂「一將功成萬骨枯」，講的就是激烈競爭、弱肉強食的亂世。正因爲亂世，更容易產生英雄豪傑。

但話再說回來，即便重視英雄豪傑，即便招待天下名士，有人性的人當然不可能殺妻做菜，可見中國人的精神文明已經變態扭曲到無以復加的地步，所謂「民以食爲天」也變成「什麼都可下肚」！

⑧中國歷代都有許多「食人而盡孝盡義」的故事

中國歷史上何時出現專門捕食弱者的「餓賊」，筆者推測應是西漢末年。當時赤眉集團是否爲「食人集團」，中國史書未有記載，但當時確實已經有許多「餓賊」。

《後漢書》列傳有如下「忠義食人」的故事。

《後漢書．劉平傳》主角劉平，乃漢末楚郡彭城人，王莽當政時，他做過菑丘縣吏，後漢初年天下大亂，弟弟劉仲被盜賊殺害。

劉仲留下剛滿週歲的女兒，慌亂之際劉平牽著母親逃難，另一隻手抱起弟弟的女兒，卻放棄自己的孩子。劉母伸手想抱走劉平之子，劉平加以制止。

「現在這種情況，我們不可能同時帶走兩個孩子，至少得犧牲其中一個，但我不能讓弟弟沒有後代。」

劉平還是放棄了自己的孩子，和母親、姪女三人躲到荒郊野外。過了一陣子，某日早晨，劉平出去尋找食物，和餓賊撞個正著，結果被抓，餓賊打算把劉平煮來吃，劉平跪求對方：

「我出來找野菜，準備回去讓母親吃，求你們先讓我回去，母親吃飽還會回來。」

劉平苦苦哀求，餓賊不忍，便放他回去。母親吃飽，劉平眞的遵守承諾向餓賊「報到」，眾餓賊大驚。

「過去我們聽說過『烈士』，沒想到就在眼前。回去吧，不忍心吃你。」餓賊首領說道。

後來建武初年平狄將軍在彭城造反，劉平擔任小官，協助郡守孫萌抵抗叛賊。叛賊攻陷城池，劉平不顧性命趴在孫萌身上保護他，被砍十刀，仍懇求賊軍饒了孫萌，願代他受死。

「這眞是義士呢。不殺你了。」

賊眾感嘆連連，於是退兵。孫萌傷重昏死，許久甦醒，口渴，劉平從自己傷口擠出血，讓孫萌喝。孫萌仍傷重不治，劉平被舉爲「孝廉」，成爲前椒郡郡守。

另外還有個類似的故事，後漢臨淄人江革，戰亂背母親逃難來到山中，遭遇餓賊，江革哀求，說家有老母，等自己帶食物回去，對方感動，還教他如何脫身。相關故事記載在《後漢書》。

都市民眾遇戰亂，多往郊區逃難，以野菜、野草果腹，居無定所，還可能遭逢飢寇與餓賊。話說後漢末年天下大亂，長安郊外新豐鮑出一家人也逃難鄉下。某日，鮑氏兄弟野外摘「蓬實」（野菜果實），撿了一些，回到家中，母親已被數十「食人賊」擄走。鮑出追趕數里，擊倒二十名食人賊，救回母親與鄰居阿婆。這是獻帝興平年間（一九四～五年）的故事（《三國志・閻溫傳》、《魏略・勇俠傳》）。

同樣是後漢，瑯邪郡人魏譚被飢寇抓住，綁在柱子上，同時被綁的還有數十人，餓賊打算一一烹食。

不過，食人賊發現魏譚忠厚老實，單單放了他，讓他白天煮飯，入夜仍綁起來。食人賊之中有個「夷長公」，見魏譚可憐，偷偷讓他逃跑，魏譚卻不走，說道：「感謝這陣子你們對我寬待，還讓我吃剩菜。可是，其他人都要被吃，只有我活著，於心不忍。你們就先吃了我吧，我吃你們的剩菜，肉比較肥。」

夷長公被這番話感動，說服同夥將魏譚在內的受害者全部放走。永平年間（五八～七五年），魏譚成為公主家令（總管）。

⑨元曲《趙禮讓肥》劇本是否取材自《後漢書》？

中國小說、野史與雜劇也有不少吃人的故事。比如，魯迅小說〈狂人日記〉與〈藥〉，以食人為題材，非常有名。秦簡夫所著元曲[4]《趙禮讓肥》，也出現食人情

---

4 **元曲** 元代盛行的雜劇與散曲總稱，源自北方自古流行的「北曲」。元代出現許多雜劇與散曲的優秀

節。

元曲《趙禮讓肥》敘述王莽末年天下大亂，趙孝與趙禮二兄弟宜秋山下避難，兩人非常孝順母親，某日，趙禮被山賊頭目馬武抓住，準備煮來吃，馬武說道：

「老子我今天在宜秋山設虎頭寨、打家劫舍也是身不由己。我們每天吃一對人肝和心臟，捉到了你這隻『牛』（意指『人』），當然不可錯過。」

盜匪每天吃人心臟與一對肝臟，似乎是模仿《莊子．盜跖篇》所記載的盜跖做法。

趙孝聽到弟弟被捕，來到馬武山寨，要求代替弟弟受死。兄弟倆互不相讓，都說「自己較肥」，馬武慚愧，決定都不吃，放了人。

不久光武帝統一天下，馬武任兵馬大元帥，舉薦趙孝趙禮兩兄弟出任官職。

《後漢書》記載，趙孝、趙禮兩兄弟沛國蘄州人，父親在王莽時代任田禾將軍，駐屯北方邊境。當時哥哥趙孝已出任郎官。不久天下大亂，成了人吃人的世界。某次，趙禮被餓賊捉住，準備丟下油鍋，趙孝獲報，把自己綁起來，去見餓賊，懇求餓賊讓他代替弟弟。

「弟弟餓很久了，身體虛弱，不如讓我代替他。我肥，肉會比較好吃。」眾賊被趙孝的勇氣感動，就放走兄弟倆。

「你們回去吧，但過幾天得帶些米來。」

兩兄弟回家之後，到處張羅，卻無米糧，兩手空空來見盜賊。

「實在是找不到米，就把我吃了吧。」

這話再次讓盜賊感動，便放了他。此事在鄉里間傳開，趙孝被舉薦官職，但他並未答應。不過，永平年間（五八～七五年），名叫「顯宗」的地方將領向諫議大夫推舉兩兄弟，趙孝因此出任長樂衛尉，趙禮則任御史中丞。

《光緒昌平州志》（卷十）提到，趙孝與趙禮之墓位於河北省昌平縣西北賢莊口。

同時代有位住在汝南的王琳，十幾歲父母雙亡。天下大亂，村民全逃亡他處避難，只有王琳兄弟留下來，說要看守父母墳墓。某日，弟弟王季外出，被赤眉軍捉住，準備宰殺，王琳趕來，要求對方先吃自己。眾賊覺得兄弟倆可憐，便加以釋放。

類似故事還有齊國的兒萌、子明，以及梁郡車成、子威兄弟榼，都曾被赤眉軍抓住，要求對方吃自己，放了兄弟。

作家、作品，成為該時代的代表文學，與漢文、唐詩、宋詞並列。其中，雜劇表現突出，元雜劇更是雜劇典範。

這些都是《後漢書》列傳所記載的「美談」。附帶一提，當時中國尚未有科舉制度，這類勇敢行爲傳開後，形成好名聲，當事人便可能出任官職。不過，某些人刻意模仿這種模式、博取聲譽，不幸被拆穿，結局悲慘。

比如，元代房山人李仲義，娶劉翠歌爲妻。至元二年（一三三六年），當地飢荒，平章縣令劉哈剌不花率領部隊搶劫糧食，捕捉民眾做爲「人肉兵糧」。李仲義也被捕，準備宰殺，其妻據報哭訴：

「請放了我當家的，我們家院子裡埋有一甕醬與一斗五升的米，我現在就去取來給各位。」她再三懇求，士兵卻不點頭。

「當家的又瘦又小，不可能美味。聽說肥且膚黑的女人，肉最好吃，剛好我就是，請各位放了當家的，要吃就吃我吧。」

士兵禁不住懇求，放了李仲義，於是吃了劉氏。（《元史．烈女傳》）

⑩中國忠臣義士「食人道德觀」與中國史家「食人史觀」的眞正含義

從中國歷代所留下的「忠義列傳」有關「忠臣義士」的記載可以看出，這些「名人」並不是因爲對國家或社會眞有什麼貢獻，所謂「忠臣義士」，頂多是不怕被吃，願意用自己性命代替別人。這樣就可列入正史「列傳」，大概是中國才有的現象。

中國人所謂「忠孝」、「仁義」等倫理道德，意思曖昧，缺乏客觀性，也沒有具體規範。正因爲可隨人主觀任意解釋，諸史列傳所謂「忠臣義士」的「德行」，破綻百出，頂多是不怕被吃、願意用性命代替別人，是非常僵化的「食人史觀」。

話說，李世勣不像樂羊那樣吃自己的孩子，也不像臧洪或張巡殺妻餵食士兵，他才割下自己一塊大腿肉，就成爲歷史上「守信」的典範。至於劉平，信守承諾回去給盜賊吃，就成爲「孝行足式」，眞是莫名其妙。

類似奇怪的「義舉」，中國歷史上俯拾即是，由此也可見中國歷史編撰者的史觀非常幼稚，即便被尊爲「中國歷史之父」的司馬遷，也非例外。

再舉一個例子，唐太宗李世民號稱中國數一數二的「明君」。雖然他發動玄武門之變，擊殺太子建成與弟弟元吉並且滅族，終於取得皇位，後來攻打西域，擴張唐朝版圖，得到「天可汗」稱號。內政則有「貞觀之治」，被認爲是中國皇帝典範。

但與唐太宗有關的「食人故事」不少，顯示太宗與眾不同的「食人觀」。話說《唐書・劉蘭傳》與《資治通鑑・唐紀》都提到，右驍衛大將軍丘行恭吃人，被太宗責備。

事情與劉蘭有關。劉蘭是青州北海人，淮安人王神通任安撫使，劉率領家族成員歸順，因功被封爲平原郡公，貞觀末年叛變，被斬。斬首後，右驍衛大將軍丘行恭將劉蘭屍體剖腹，掏出心臟與肝臟，當場吃了。太宗聽聞此事，責備行恭：「劉蘭犯什麼罪，刑典有具體刑罰，其中並無吃掉心肝的規定，你這麼做，有害忠義之名。眞要吃劉蘭心肝，也應禮讓太子與諸王，怎會先輪到你？」

這話讓行恭當場愣住。可見唐太宗的「食人」看法是，吃人可以，但得按輩分，太子諸王優先，不可臣下跑在前頭。

「忠義」在中國人心目中的定位，還有另一個非常奇怪的例子。

明熹宗天啓二年（一六二二年）二月安邦彥造反，率兵十萬，自稱「羅甸大王」，圍攻貴陽。到了十二月，城內糧食耗盡，守城軍民開始食用米糠、草木、破皮革與動物屍肉，最後彼此互砍，就連近親的肉都用來果腹。高官繁潤民吃了自己的女兒，貴陽縣令周思稜自殺，讓士兵吃他的肉，殘存官兵都誓死守城。

至此，原本十餘萬戶的貴陽城，竟只剩二百人（《明通鑑》記七八）。

中國有非常多所謂的「食人忠臣義士」，城池被圍、軍民相互砍殺因而名留青史。

不過，像周思稜這樣一城之主自殺，用自己的肉餵官兵，倒是相當罕見。西方航海界規矩，船長須與船共存亡，周思稜身爲指揮官，自殺充官兵糧食，顯示中國人的智能與倫理觀確實「與眾不同」。

中國人所謂「忠義思想」，必須盡忠於上，維護「主從關係」。如此絕對單方付出的意識形態，乃是中國社會的思想基礎，人人讚許這種做法，於是導致無數人民被以「忠義」名義殺害，葬身掌權者胃袋。

⑪以人做藥的效用及律令變遷

中國人早有「人肉入藥」的惡習。唐朝之後無數記載顯示，不只民間，政府官員乃至於皇室之內，類似做法也很常見。有的把自己的血肉獻給父母親族，孝行受民眾崇敬，政府也會褒揚，比如五代以後政府會賞五匹絹、二頭羊、一頃田，表彰義舉，地方軍政首長也可能接見，甚至得到謁見天子的機會。

不過，若獎勵食人太過，也會造成扭曲與政治爭議。比如，唐朝中葉開始流行的以人入藥風潮，唐末更加盛行，《五代史・梁太祖本紀》記載，開平元年（九〇七年）梁太祖下令，各州郡有切手指、割股肉（大腿肉）食用的案件，不必上奏無妨。人肉入藥情況太多，連皇上都已聽煩。約三百年後，元朝至元三年（一二六六年）完成《元典章》（三三卷）孝行篇，記載「割肝剜眼」（挖出肝臟與眼珠）禁令，至元七年（一二七〇年）進一步廢除「割股」獎勵。

該條文規定：「割股肉侍奉父母雖屬孝行一端，但身體髮膚受之父母不可毀傷，乃聖人之戒，愚民不知敬孝之道，惡習流傳，且毀傷肢體，甚至犧牲性命，此實令父母憂，今後若有人割股肉孝親，雖不禁，但亦不必給予表彰。」不過，半世紀後的泰定二年（一三二五年），該條令改易，《事林廣記》記載：「爲父母、祖父母、伯叔父母、姑嫜與舅姑（奴婢為主人）割股肉，此等情事須詳細報告朝廷，賜絹五疋、羊二頭、田一頃，以示獎勵孝行。」中國政府又開始獎勵「割股」。

明洪武二十六年（一三九三年），直隸華亭人沈德四祖母病，割股肉入藥。後來祖父生病，他剖腹割肝，做成豬肝湯，祖父同樣病癒。明太祖聽聞此事，授與沈德四「太常贊禮郎」官位。後來上元縣姚金玉與昌平縣王德兒割肝入藥，治療母親疾病，也獲得和德四一樣的官位。

隔年洪武二十七年九月，山東青州日照縣江伯兒母病難癒，割自己側腹之肉煮藥，母病卻未見好轉，便前往泰山祭拜神明，發誓母病痊癒將殺三歲兒祭神。地方官將江伯兒孝行上奏朝廷，建議表彰，洪武帝聞言大怒，「父子乃天倫至重之禮，小民無知，滅倫害禮之極！」下令杖打一百，流放海南。洪武且令禮部尚書將此事列入紀錄，做爲未來參考。

針對類似狀況，明朝何孟春撰寫《余冬序錄摘抄》，有如下感嘆：「……割肝乃最殘害身體的行爲，若此人乃獨子，又因割股割肝而亡，豈非讓父母失去依靠、斷絕後代？如此反成大不孝矣。追究原因，無非愚昧之徒逞一時之強，或者刻意奇行對外誇耀，並討賞官方。割股之風不止，定有更多人割肝、殺子，既傷害生命，又背棄天理。此後若有父母罹病難愈，即孝子臥冰割股，亦不可再有任何表賞。」何孟春以此上奏朝廷，朝廷頒布如下禁止令：

「割股乃傷身之至，臥冰也常凍死，絕不可與往昔孝行相提並論。此事若予以表賞，恐群起模仿附和，需嚴加禁止，更不可有任何表賞。」

但即便如此，明王朝三百年人肉入藥並未因此遏阻，反而持續風行。

順治九年（一六五二年）清朝政府發出人肉入藥禁令，「割股治病而死時有所聞，臥冰也易致凍死，恐民眾模仿，官府不可給予表賞」（《欽定大清會典事例》旌表節孝條項），不過雍正六年（一七二八年）清政府官員傳出不同意見，禮部尚書（教育大臣）和皇帝看法嚴重分歧。

事情的發生是，福建省有個叫做李盛山的民眾割下自己的肝入藥，治療母親疾病，母病很快痊癒，李盛山卻因此死亡。巡撫上奏皇帝，表彰其孝行，被禮部打回票，「割肝乃小民輕生愚行，前無表彰之例，斷不可許」，雍正皇帝卻持不同意見，「朕以為，割肝療疾雖非正常行為，但其救母至情極為難得，殊應嘉許，略示表揚。」（《清史・孝義傳》）特旨嘉賞表揚此人。

之後不論清朝政府的官方紀錄，還是民國的新聞報導，都仍一再出現人肉入藥的流行現象。曾在中國傳教三十餘年的美國傳教士明恩溥，也在其所撰《中國人的性格》（*Chinese Characteristics*, p. 178）中寫道：

「中國人相信，雙親罹患難治之疾，子女應割肉片熬湯讓父母食用，此乃最有效的療法，北京報紙常刊登類似療法的新聞。

我曾親訪割下自己左腿股肉醫治母親的年輕人，對方掀開衣服，展示有如武士戰場受傷的疤痕，面露得意狀。」

「明律」與「清律」有人命相關規範如下：「取臟腑致人體毀損者，處淩遲處死之刑，財產賠付死者家族。妻子及同居家人，不知情亦皆處二千里流刑，重犯者處斬。」

如此律令，反映中國社會人肉入藥多麼流行，政府被迫嚴罰，但即便如此，《大清律例集要新編》（卷二五以下）指出，違反該條例者層出不窮。可見人肉入藥根深蒂固，中國人長久以來的食人風氣，難以斷除。

第五章——

朱子學與陽明學——其傳統與異端

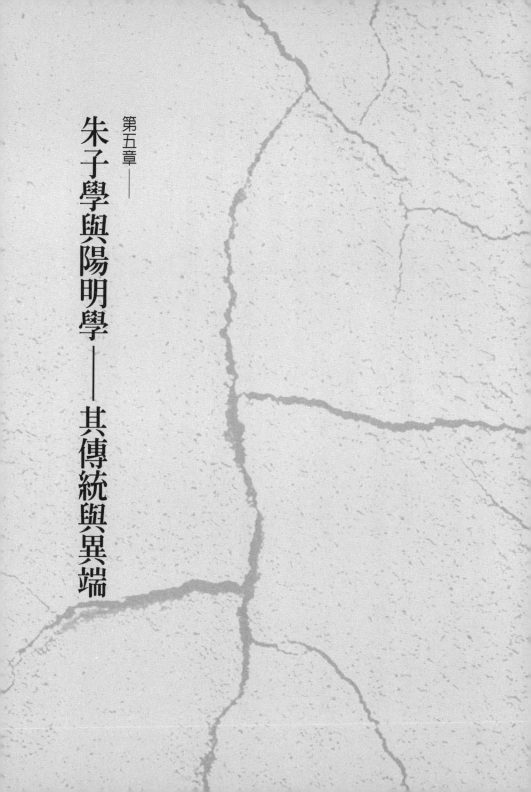

①日本向無所謂「萬劫不赦之罪」

古代國家成立之際，政府都會宣示某些理念，比如，日本聖德太子（五七四～六二二年）以「和」做爲國家治理之根本理念。後來儒教倫理進入日本，以「和」取代「仁義禮智信」五常之中的「仁」，但日本人心目中，「和」仍比「仁」更重要。「和」乃是以佛教思想爲基礎，比儒教倫理思想更深入日本人內心，是日本建國以來最重要的社會原理與倫理基礎（ethos）[1]。

在此理念之下，社會所有階層，包括政黨、企業、工會、宗教團體、學會、學校、同窗會、校友會、社區學會乃至於運動俱樂部、球隊、家族等，「和」都被視爲處世基本原則，日本人也因此形成特有的集團主義。

要「和」，當然得公平、平等。日本人不喜歡突出於群體，俗諺「露出木板的釘子一定會被打下去」，顯示出日本人重視持盈保泰，不愛出風頭。爲了公平與平等，日本也沒有菁英教育。

不論公司治理抑或政府人才養成，日本人不強調能力主義，而更重視排班論輩，此即所謂「年功序列制度」（譯按：日本企業戰後普遍實施這種做法，以年資做為加薪、升遷標準，直到二十世紀末才鬆動）。各種社會團體乃至於公司內部，避免實力競爭，喜歡用商量方式解決問題。過程中，重點不是領導人獨斷，而是長老發言。長老整合歧見，是具有日本特色的民族主義。

聖德太子在其擬定的「憲法十七條」中強調，「大事絕不可獨斷，必與眾論之」，將主政者不可獨斷獨行明文化。

日本人比其他民族更寬容，對人充滿慈悲，戰後日本人卻似乎忘了自己這項特質。中國則自孔子以來不斷強調「仁」，但這個國家其實是全世界最殘虐的民族，《史記》等各朝史書都不例外，充滿殘酷的殺人記載，老子所謂「大道廢有仁義」，完全講到痛處。若所謂「大道」是依循天地自然之理，顯然中國人自古以來背道而馳。

雖然中國人多信佛教，宋代形成極有特色的禪宗，但佛教最重視的慈悲卻未進入民眾內心。反之，日本禪宗完全繼承佛教最根本的慈悲精神。

1 ethos（本性、精神）指某種文化的本質特性與精神。希臘語意思是性格與習慣，亞里斯多德拿來當作哲學用語，十九世紀韋伯從社會學角度給予定義，因此也是社會學重要概念。

熊澤蕃山認爲，日本是個「仁國」，但其定義與眾不同。

「所謂仁國，如何定義？我認爲，仁國之人應好武，因仁者必是勇者，此乃自明之理。」（《蕃山禪宗》第一冊）換言之，蕃山將「仁」解釋成等於「武」。

日本古代保元之亂（一一五六年）之前約三百多年沒有死刑，兩軍交戰後會各自舉行法會，幫敵軍陣亡者祈福，有時甚至合祀。「元寇」（元朝兩次入侵日本，一二七四年與一二八一年）之後，爲了撫慰元軍陣亡者，在筑前（福岡）建高麗寺。島原之亂（一六三七～三八年）平定島津義九叛亂，同樣興建高大卒塔婆，舉行盛大法會，弔祭敵我戰歿者。類似做法，在日本之外不曾出現過，佛學大師中村元認爲這是日本寬容，重視和平的極致表現。

前述熊澤蕃山「仁即武」的理論，也是認爲，戰爭仍須遵守「仁」的理念。確實，這是日本獨有的思想。

在日本，窮凶惡極之人犯了非常大的過錯乃至於戰敗者，自殺謝罪即可被原諒。因懷抱慈悲思想，日本人過世都稱爲「佛」。日本人認爲，沒有任何過錯大到「萬劫不復」而不能原諒，這實在是令人敬佩的想法。

②大和民族「和的精神風土」生自日本的風土和佛教

為何聖德太子特別重視並且宣揚「和」的重要性，憲法十七條第一條說明：

「以和為貴，不宗忤逆之事。人皆有黨，達者亦少，是以或不順君父，或有違於鄰里，然上下和睦論事和諧，理自通，何事不成？」

有人認為聖德太子「和」的理念，來自《論語》「禮之用，和為貴」，但中村元指出，《論語》的主題是「禮」而非「和」。孟子雖也提到「和」，強調的卻是君臣關係，和聖德太子提倡的「和」（源自佛教思想「和敬」與「和合」）並不相同。聖德太子認為，人皆須遵循「和」的理念；反之，孟子只重視君臣關係和合。

中村元的《日本思想史》強調，「聖德太子主要理念乃是認為，和應做為人群最重要的德行與規範。太子這項觀念源自佛教的慈悲思想，與儒教的禮節主張明顯區別」。

當然，並非只有日本人重視「和」，古代朝鮮和聖德太子同時代，也有一位元曉（六一七～六八六年）提倡「和」的主張，東羅馬帝國君士坦丁大帝為了平息教會紛爭，也宣揚「和」的重要性。再往前，西元前三世紀創建孔雀王朝的阿育王，非常強調「和」，要求臣民避免衝突對立。針對「和」，中村元有如下的定義：「所謂和，主要作用是部落對立之際，可由此產生超越對立、團結的基礎。這也是一般國家乃至於極權國家得以成立共同體的原理。」（《思想如何建立》，東京書籍）

思想家和辻哲郎也在《日本倫理思想史》之中，說明聖德太子所制定憲法的倫理理想。

「聖德太子一再強調君臣和合、民眾和合的重要性。值得注意的是，聖德太子強調的『和』，並非下對上單方向的服從。」

和辻哲郎認爲，聖德太子制定憲法，將堪稱共同體原理的「和」詮釋成社會倫理根本法則，如此一來，「和」的信念昇華成爲國家存在的基礎與理由。

聖德太子所謂的「上下和睦」，並非集團內部必須下對上單方向服從，如此看法值得注目。

當代文化評論家梅原猛研究發現，「和」確實是日本最核心的社會構成原理。「和」的道德觀念，早在太子之前的繩文期（西元前三世紀以前），就已進入日本人腦袋，平安時代（八世紀～十二世紀）進一步形成「物哀」觀念，對於人世間一切事物充滿慈悲、憐憫。到了江戶時代，人們重視「義理人情」，對於人生的無奈多所同情。這項傳統持續不斷，也成爲和辻哲郎哲學與志賀直哉文學的核心題材。

梅原猛認為，日本文化的根本原理在於「生命一體感」、「宇宙之循環」以及「和」。正因為「生命一體感」，日本人非常重視《涅槃經》「一切眾生悉有佛性」與「草木國土悉皆成佛」思想，「和」的觀念即是生命一體感所形成。

此外，「和」不僅是日本「基礎能量」所形成的政治原理，協助掌權者維繫權力，同時也讓日本社會和諧發展，國家達成理想，日本人因此驕傲地強調自己是「大和民族」，最重視「以和為貴」。

哲學家紀平正美盛讚「和」是「大和精神」的最高展現，「我們的祖先很慈悲，別人不拜的神我們拜，正因為如此，這個國家成了大和世界。我們以『大和』做為國號，絲毫沒有慚愧，因為我們確實是這樣實踐的啊」。戰前日本文部省編纂的《國體本義》，針對「和」有如下論述。

「追溯我國肇國之事實與歷史發展，總可隨處看到強調和的精神。」和乃我肇國鴻業的基礎，歷史生成之力量，同時也是日常不可須臾背離的人倫之道。和的精神唯有在萬物融合的基礎上，才得以成立。

「我國所重視的和，根本精神在於承認整體之個體的存在，個體生存妥當，整體當然有所發展，這才是真正的大和。」

「我國自古所謂君臣一體，乃是以天皇爲中心，人民一條心，協心戮力，世世流傳。天皇聖道與國民臣節相互融合，成其美和。」

可見，「和」對於日本人而言不僅是倫理，更是國家統合的理念，以及社會秩序原理。

即便政治與外交場合，「和」也受重視。明治初年福澤諭吉高唱「脫亞論」，樽井藤吉也提出「大東合邦論」，強調「和」的重要性。

當時很多人主張日韓應對等合邦，樽井強調「日本是以和爲貴、追求和的國家；韓國則重視仁，以此做爲施政原則」，兩國合併，可重建東洋崇高的道德價值。

③試圖挑戰佛教與道教的宋儒理氣之學與朱子學

漢末佛、道興起導致儒教持續衰退，到了宋代，儒教吸取佛教理論，形成「理氣之學」（宋學）才復活，集大成者是朱熹的朱子學。

理氣之學主要是認爲「萬物乃理氣所構成」。亦即包括人體在內的宇宙所有物質，都是氣所形成，而氣有偏正清濁等各種狀態。

人類生活則必須根據「理」判斷是非，行為有所準則。在此所謂「理」，不只是價值判斷標準，也是一種理念，甚至等於倫理、物理。能依循「理」，以理為媒介地生活，即可周全人倫，自在的生活於人間。

相對於古代重視「書、詩、禮、易、春秋」五經，朱子強調「論語、孟子、大學、中庸」，也就是所謂的「四書」，取代五經地位。不過，後來元代初期朱子受抨擊，一度被貶為「偽學」，朱子也變成了「偽師」，四書更被禁。

到了元朝仁宗時代，朱子學解禁，獲得普遍推崇。

朱子厭惡佛教禪宗，因他周遭有太多儒者轉換跑道，改修佛教，朱子稱之為「陽儒陰釋」，認為佛教非加以摧折不可。

不久，朱子學成為國教，佛教、甚至陽明學被視為異端。朱子學與禪學在本質上對立，朱子學強調「吾等儒教萬事皆實，佛教萬里皆空」，陽明學因被視為與「禪學」相近，備受排擠。

明代朱子學勢力龐大，持續攻擊被他們視為最大異端的佛教與道教，但明太祖並未偏袒朱子學，反而重建元代被破壞的寺院，收攬人心。

洪武二年（一三六九年）恢復科舉考試，採用根據朱子學編纂的經書與注釋書。明太祖以朱子學爲國教，乃因朱子學所鋪陳的君臣之義，也就是「名教倫理」、「五倫五常」，有利於建構官僚體制，推動政治。

但即使如此，太祖對朱子學仍有諸多疑慮，常批判朱子所寫的《四書集注》，稱朱子爲「宋代腐儒」。

洪武二十七年（一三九四年），明太祖令閣臣劉三吾等人，根據孟子所說的八十五句話，編成《孟子說文》一書，內容主要是主張貶抑君主地位，比如「民爲貴，社稷次之，君爲輕」等。

太祖表面上重視儒教，其實支持佛教。儒教多形而下學說，佛教則多形而上理論，太祖認爲，儒佛兩教本質其實一樣，適合教化愚民。太祖親自爲《老子道德經》寫注，大筆一揮說老子寫《道德經》，乃是爲了教化人倫之道。此外，他提出「儒釋道三教論」，強調一般人認爲老子的主張太虛無乃是誤解，老子與孔子其實是「同道」。

於是他下結論，佛教有助於王道，儒教與道教同樣可振王綱，殊途同歸，可見「天下無二道，聖人無兩心」。

總之，太祖用政治之尺丈量儒釋道三教，無非是爲了鞏固帝權，而背後爲太祖獻策，提供三教並存建言的，乃是太祖智囊、大儒宋濂（一三一〇～八一年）。

但即便太祖相信「三教歸一」、「萬教同源」，但事實上這種情況在人群社會並不存在，也不可能。畢竟現實世界就是如此。

④朝鮮墨守朱子學成規而釀成的悲劇

朱子學者總抨擊「佛道爲異端之大者」，「若欲整飭齊一道德，須先排斥異端」，認爲佛道是儒道最大的敵人。可見朱子學者希望獨尊朱子。

《大學衍義補》作者丘瓊山在《世史正綱》（卷七）宣稱，後漢明帝以來佛教傳道，這對於中國而言，乃「天地開闢以來，夷敵禍害以此爲最」。

佛教進入中國兩千年，早已改變中國人的倫理規範與生活樣式，丘瓊山追根究柢的攻擊佛教，宣稱鳩摩羅什翻譯的佛典已偏離原意，他所寫的漢文佛經，音韻與文字偏離傳統，造成混淆。這是丘式的佛教無用論與佛教毒害論。

宋代儒學者多認爲，朱子學與古典儒學的主要差異不只傳統經學的注釋與解釋，最重要的是前者引進佛教心學，加以發揮而集大成。所以朱子說「儒學若繁盛，佛教恐將沒落」。

朱子學的意識形態支持絕對王權，算是「事大主義」，高喊「華夷有別」、「春秋大義」，要求臣民盡忠國君，侍從色彩極濃。

韓國方面，李成桂創建的李氏朝鮮，廢佛崇儒，尊朱子學爲國教。李朝重視所謂「大義名分」，認爲自己是「小中華」，必須對「大中華」歸順、忠誠服從。

李朝朝鮮的權力結構，乃是以國王爲頂點，下設議政府、六曹與地方官，是典型金字塔中央集權體制，國王獨佔立法、司法、行政與軍事等國家全部權力。

社會結構以國王爲頂點，下面分別是王族、兩班、中人、良人、賤人（奴婢、俳優、巫子、白丁等）階層，和傳統日本士農工商社會不同，在東亞社會是罕見且最頑強的階級與差別社會。

朱子學思想主張以「三綱五常」爲核心，強調教養與道德秩序。其中，國王是國父，皇后是國母，提倡家父長主義，要求臣民忠君愛國，維護身分秩序。這種意識形態並不重視「法」，而用「禮」維護體制。

此種李朝國家意識形態角色，不只強化王權、確立兩班官僚體制，還讓李朝安心扮演臣服中華帝國的屬國角色，毫無懷疑地追隨「大中華」。此外，李朝非常多「邪獄」與「士禍」，都因「衛正斥邪」而起，其實施思想鬥爭的根據便是朱子學。

朝鮮獨尊朱子學，諸子百家包括陽明學、佛教、西學與東學，全都被斥爲異端。

朱子學有項特徵，那就是極端獨善且排他，不同的思想主張都視爲異端，絕不寬容。正因爲排他思想已進入韓國人的深層心理，即便戰後日本人一再針對「日帝三十六年」（譯按：一九一〇年日本強制合併朝鮮，到終戰合計三十六年）道歉，韓國人仍不接受。

東亞各國之中最缺乏獨立自主歷史的，就是朝鮮半島。乃因半島歷史一直被當作支那史的一部分，被支那玩弄在股掌中。

朝鮮人稱不上自負，否則不至於那麼長時間維持奇怪的「事大主義」（譯按：尊中國為大國，毫不背棄），每次中華帝國爆發易姓革命，半島王朝都跟著改朝換代。

李朝的天下思想乃是，周邊國家區分上國與下國，獨尊中華帝國皇帝，其餘視爲夷狄。換言之，即便日本早就有「天皇」，李朝卻認爲那是模仿中華天朝，日本無資格稱皇作帝。這種思想背後最大的支撐，當然也是朱子學。

⑤日本與支那的陽明學

一九七〇年十一月二十五日，三島由紀夫在市之谷切腹自殺，日本人備受衝擊，陽明學在日本也因此倍受矚目。因為三島死前剛發表一篇「做為革命哲學的陽明學」。

王陽明延續陸象山的學問主張，進一步闡述心即理、致良知與知行合一。陽明學風行一時，成為足以與朱子學媲美、中國最具代表性的儒教唯心論實踐哲學。

日本人頗多崇拜陽明學，著名陽明學者包括中江藤樹（一六〇八～四八年）、熊澤蕃山（一六一九～九一年）、大塩平八郎（中齋，一七九三～一八三七年）等。二十世紀中葉，擔任歷代總理高級顧問的理論大師安岡正篤（一八九八～一九八三年），也是陽明學者。

日本陽明學者給人的印象是，理論激烈、行動力強，常主張革命。不過，陽明學在中國的形象並不好。

比如，幾年前台灣爆發「宋七力宗教詐欺事件」，宋七力用假神蹟欺騙信徒，做法頗似日本上世紀九〇年代奧姆真理教。該詐欺事件顯示，數萬名學會會員熱烈支持宋七力，陽明學形象因此跌落谷底。

「致良知」是王陽明最有名的學術主張，相對於朱子認為「致知」的重點在於「提升知識」，陽明宣稱，每個人內心都有天生的「良知」，也都具備完全發揮這種「良知」的能力。他所謂「良知」，乃是天理、至善與誠等人們天生就有的本質。因此，所謂「致知」，就是「致良知」，亦即讓良知完全發揮。不過，只知追隨老師看法，或者參考經書說法，不可能發揮眞正的「良知」，陽明學認爲，良知必須經過許多體驗，特別是面對生死危難，才能產生自覺，百死千難才能獲得最高體悟。總之，陽明學強調實踐，不同於朱子學的唯識主義。

相對於朱子學強調「君臣之義」，陽明學主張，君主一人不値得效忠，人們應效忠的，乃是天下、國家與民眾。這是愛國愛民主張，具有高度民族主義色彩。

朱子學相關重要文獻「四書」、《小學》以及《近思錄》之中，《近思錄》是朱子與呂東萊（祖謙）共同編纂宋代儒者周敦頤、程顥、程頤、張載等人著作而成，明朝士大夫爭相閱讀，對於李朝兩班乃至於江戶幕府家臣與眾武士，都是必讀之書。

和朱子思想主張對立的陸象山，曾持續三日和朱子進行歷史上著名的「鵝湖會」哲學辯論。

王陽明認爲，絕對權威其實存在於自己內心，不必追隨朱子與孔子等人主張。對於佛教與道教，他同樣批判，認爲「學乃天下之公學」。這樣的革新思想，受許多人熱烈支持。

奉唯物論爲思想理論正宗的人民共和國，將禪學與陽明學視爲主觀唯心論，朱子學則是客觀唯心論，如此分類多少有問題，但仍値得參考。

陽明學基本上源自孟子「性善說」，發揮宋代陸象山心學而建立理論體系。陽明學關鍵詞是「心之陶冶」，王陽明的「破山中之賊易，破心中之賊難」，堪稱經典之言。

朱子主張「先知後行」，先有認識才能實踐，否則難以掌握聖賢之教，正確合理地行動。反之，王陽明認爲，自古以來無數大儒學者學問飽飽，行動卻侏儒，所以最重要的不是理性，而是行動，行動的動力則是「心」。

朱子的「性即理」、「先知後行」，與王陽明「心即理」、「知行合一」，剛好對比。

⑥陽明學乃虐殺之學

客觀而言，不論朱子學還是陽明學，都有很濃的佛教思想成分，兩者卻都宣揚反佛教主張。

王陽明並非一般學者，他出任官職，做到南京兵部尙書（國防部長），富於軍事韜略，堪稱明代武功第一文臣。

他和朱子都是激烈的大中華主義者，認爲非漢族都是禽獸，雖也有哲學深度，但頂多只是大中華主義思想。他在福建省任官期間，撲殺當地少數民族，既是思想家，同時也是屠殺夷狄、擁「四大軍功」的殺人魔。這就很像毛澤東，是思想家、詩人，也是殺人無數的革命家。中國吹捧毛是「紅太陽」、「偉大舵手」、「民族救星」，但其實是餓死、殘殺數千萬人的「屠夫」。中國很奇怪，思想家最會殺人，原因值得探討。

王陽明認爲湖南、廣東、廣西、福建、江西等非漢族，侗族、瑤族等原住民都是「禽獸」，因此理直氣壯地大屠殺，王的說詞是，「蠻夷之性有如禽獸，禽獸野鹿拒教化，喜叛亂」，蠻夷叛亂違背天理，所以，「殺蠻夷非我好殘殺，而是天要殺彼等，此乃『天殺』」。和一般思想家不同，王陽明久經沙場、出生入死，鍛鍊、形成其學問主張。

一五一七年王陽明率軍圍攻大帽山，斬首一萬多名侗族，號稱「天殺」。王陽明宣稱，自己所言所行是「知行合一」的「實踐哲學」、「力行哲學」。

清朝末年很多中國留學生來到日本，受陽明學吸引，加以美化、純化之後帶回中國。當時中國陽明學流行程度比不上日本，但支持者之中，有個人不能不提，那就是蔣介石。即使今天，中國陽明學會會員仍高達二萬人。

不過，中國陽明學者與日本陽明學者不同。後者比如三島由紀夫，強調精神意志；

反之，中國陽明學者物慾強烈，常爆出詐欺事件，令人搖頭。在日本，一般人的印象是，陽明學者或陽明學愛好者人格高尚、受人敬重，不像中國陽明學者舌燦蓮花，只愛騙人。這也是日本與中國不同之處，畢竟日本人已將陽明學發展為高度純粹的革命哲學。

陽明學在朝鮮幾乎全無發展，因朝鮮官方認為陽明學乃異端，全力打壓。日本未有類似狀況，只不過藤原惺窩（一五六一～一六一九年）提醒世人了解，陽明學與朱子學有所不同。

⑦日本的陽明學神話

朱子學堪稱最無人性的主張就是「去人慾、存天理」，否定慾望正當性。這種禁慾的倫理主張，後來形成中國式社會主義，人民被迫過著類似修道院的社會主義生活。沒有人甘願如此生活，一切是統治者強制的結果。一方面要民眾清苦過日，國家領導人與高官大臣卻奢侈腐敗，與其所宣揚、重平等的社會主義理念背道而馳。

日本國學學者本居宣長（一七三〇～一八〇一年）批判朱子學，認為日本人把朱子學和

「唐國學術主張」畫上等號，將可能敗壞大和民族「優秀的心靈」。

日本朱子學者幾乎都學富五車，但也只知掉書袋，單純且有點傻。這或許是日本人的本性，沒辦法做大壞蛋。

與此對比，中國人歷經兩千年儒教思想與儒教倫理「薰陶」，統治者總是強迫人民接受儒教倫理這種根本不可能實現的倫理，沒有人發自內心喜歡，結果陽奉陰違，人人都成爲僞善者，說謊臉不紅氣不喘。雖書上講的全是仁義道德，社會卻全不是這回事，「道貌岸然」成爲虛僞的代名詞，心口不一在中國社會處處可見。

中國知識分子即使聲稱自己是儒教徒，其實內心多喜歡法家或道家思想。陽明學批判朱子學理論冠冕堂皇但違反人性，認爲人們應該忠於自己的想法、信念與理想。陽明學主張，知識必須在實踐與經驗中累積形成，王陽明以親身經驗做了最佳代言，令後來中國李卓吾與江戶陽明學者熊澤蕃山、大塩平八郎等人心儀嚮往。

開創江戶儒學的藤原惺窩及其弟子林羅山（一五八七～一六五七年），都是還俗的五山僧侶。在那之前日本經歷長期的戰國亂世，剛進入江戶時代的社會安定，中國也剛從明末戰亂穩定下來，儒學成爲統治國家的最佳理論。但由於日本是武士社會，要求社會穩定，而不是身分平等，以「平等」爲基本概念的佛教，當然不可能成爲政府主張。反之，強調階級秩序、主張君臣之義的朱子學，大受幕府歡迎。

林羅山剛好就是放棄僧侶身分成爲儒者，又大力宣揚朱子學的獨尊君王主義。不過，原是朱子學者的木下順安（一六二一～九八年），晚年改支持陽明學。來自明朝的儒學者朱舜水（一六〇〇～八二年），同樣支持王陽明。

日本陽明學由中江藤樹及其後繼者荻生徂徠引進，逐漸蓬勃發展。

江戶末期，佐藤一齋（一七七二～一八五九年）這位陽明學者擔任幕府高級政治顧問，在思想方面發揮巨大影響力。佐藤的代表作《言志四錄》非常轟動，佐久間象山、吉田松陰、坂本龍馬、勝海舟、西鄉隆盛等日本維新時代的政壇重要人物，都頗受影響。

中國（清國）與朝鮮到十九世紀仍積弱不振，無力對抗西歐列強，原因無非是舉國信奉朱子學獨善理論，並且「崇文輕武」、「崇儒尊文」。輕視武裝，軍事能力薄弱，且政治不親民，過度尊儒反而造成政治腐敗。

兩相對比，日本堪稱文武兩道均衡的武家社會。朱子學進入日本，成爲支撐江戶幕府體制與武士身分規範的理論，對一般庶民的影響不大。

對於日本人而言，強調外在規範的朱子學不易理解，和自己關係不大。反之，強調重視內心想法的陽明學，比較容易理解，所以，幕府末年到明治、大正乃至於昭和時代，都有許多知識分子熱衷陽明學，其中不少人後來成爲改革派志士，對日本社會頗有推動之功。換言之，陽明學在日本堪稱扮演「革命哲學」的角色。

中華世界到了清代流行考證學，陽明學與朱子學都打折扣，漸失活力。到了清末，部分中國知識分子注意到了陽明學價值，譚嗣同、黃遵憲與梁啓超等眾多清國留學生，在日本受吉田松陰影響，回國走革命或革新路線，退出戊戌維新。

梁啓超在日本找到《傳習錄》，帶回祖國寫了一本《傳習錄標注》。李卓吾著《焚書》與《藏書》，也是從日本反向輸入中國。

文化大革命期間，王陽明的主觀唯心論被中國官方視爲異端，乃唯物論所不許，有這種思想主張的人都受壓制，王陽明墳墓也被撬開，文革結束才在日本人援助下，於一九八九年修復。

陽明學在朝鮮一直發展不起來，主因是朱子學大學者李退溪與李珥二人帶頭，批判陽明學爲異端。當時朝鮮思想界排佛、獨尊朱子學，禪學與陽明學被禁，陽明學學者處境悽慘。

就這樣，朱子學與陽明學逐漸發展成不同甚至對立的思想主張，這恐怕也是時代的宿命吧。朱子透過對物的觀察理解掌握心理，王陽明則不假外求，強調只從內心便可了解眞理。也就是，朱子學抱持認識主體與客體分離的二元論立場，認爲做學問最重要的是掌握物之理；反之，陽明學強調心即理，良知即天理。這兩種根本對立的思想，即使歷經時代淘洗、翻弄，仍時時發揮影響時代發展的強大力量。

⑧激烈攻擊江戶儒學的江戶國學

日本國學乃本居宣長與平田篤胤（一七七六～一八四三年）等人所開創，經由佐藤信淵（一七六九～一八五〇年）、折口信夫與柳田國男等發揚光大，逐漸成爲所謂「日本學」。豐臣秀吉「征明」（出兵朝鮮，打算借道攻打明國、遠征天竺）之後大約半世紀，明朝被滿人消滅。在江戶長達二百餘年的德川幕府，大約就是和清王朝同時代。

德川體制雖給予朱子學近似國教的地位，但當時的日本與其說是儒教文明國，不如說是佛教國家，畢竟儒教並未深入日本的根本、進入每個日本人的腦袋，亦即從未「土著化」，津田左右吉教授已經說得很清楚。但不可否認，江戶時代日本學術思想界一度盛行朱子學與陽明學，但那不過是「摻水稀釋」了的儒教。

在江戶幕府眼中，儒教國家發源地清王朝，終究是「假想敵國」，江戶初期大儒山崎闇齋的國家民族觀，便是反映這種想法。前已述及，闇齋曾對弟子們說過，如果清國派孔子領兵、孟子爲副將，率數萬八旗兵侵攻日本，「吾等唯有身穿甲冑、手持武器與敵軍一戰，擒孔孟以報祖國。此乃孔孟之道也。」

吉田松陰的「孔孟之學」，民族主義色彩比闇齋更強烈，這是眾所周知的。換言之，和江戶儒學相比，中國儒學也許具有更多天下（世界）主義色彩或意識形態。

江戶時代以朱子學爲國教，逐漸產生各種弊害，後來受「古學」學者激烈批判。所謂「古學」，乃是包括山鹿素行的「聖學」、伊藤仁齋的「古義學」與荻生徂徠的「古文辭學」。

日本國學「四大家」乃是荷田春滿（一六六九～一七三六年）、賀茂眞淵（一六九七～一七六九年）、本居宣長、平田篤胤；強調日本人應重視日本古學而不是儒教古學，爲日本古學打下文獻學方法論基礎的，乃是契沖（一六四〇～一七〇一年）。

本居宣長說，「大凡日本人初始做學問，首應濯清去除漢意儒意，拾回大和之魂。」

宣長認爲，想了解古典（神典）意涵，得先排除「漢意」（中華文化、思想與漢學），才能回歸大和民族的古老智慧。宣長大力推廣「古學」，認爲國學終須「以古爲尊」。

事實上，宣長之師賀茂眞淵就已主張「做學問應擺脫唐心，專求古之誠意」，認爲日本古人更具有智慧，値得今人學習。和眞淵一樣重視民族傳統與自尊的荻生徂徠宣稱，西鄰中國是「聖人之國」，東方日本則是「民之國」。

徂徠心中高尙的「聖人中國」，其實不存在於現實，那只是理想中聖人之教的「詩書禮樂中國」。徂徠對中國讚譽有加，但正如吉川幸次郎所述，他是標準的「民族主義者」、「最具日本特色的思想家」。另外，五井蘭洲抨擊徂徠太熱愛中國，過於追捧中國思想、尊中國爲「聖人之國」，乃反民族主義。

伊藤仁齋曾誇張地說，「孔子乃最上至極宇宙第一聖人，論語乃最上至極宇宙第一書」，宣長則持相反意見，認爲日本「古傳說」與「皇國」，比中國儒學更加卓越。

爲了抗衡中國儒學，日本國學派另外吸取蘭學（以荷蘭為中心的西學）精華，篤胤等人發展「宇宙說」，展現與朱子學完全不同面貌的客體自然論思想。

篤胤認爲，日本人內心其實沒有儒教，生活完全和儒教沒有關聯，部分儒學者認定日本是「儒教文化圈」一員，無非是空想、幻想。

津田左右吉也在《支那思想與日本》一書中說道：「總之，說儒教已經日本化，全非事實。儒教終究只是儒教，也就是支那思想、文學知識，並未進入日本人的生活，說日本人與支那人同受儒教教化，並形成共通思想，實乃迷妄之言。」

確實，日本人某些方面很受宋學影響，江戶儒學也很興盛，但許多學者認爲，日本人仍未眞心接受儒教。

賀茂眞淵甚至說「儒道是國之亂源」、「漢戎之書竟爲如此邪暴之道，所載無非君臣殺伐之凶逆」（漢族這種蠻夷國家的著作竟是如此邪暴，所記載的全是君臣殺伐、凶逆之事）、「今所謂儒者，無非空讀書，卻全無行動力」等，對儒者之卑劣與言行不一，罵得痛快淋漓。

眞淵倒是推崇老子，認爲老子主張無爲回歸自然，乃「追求天地本心」，「唐國數千年，唯老子之書可讀」。他對中國數百年沉溺於朱子學，導致社會混亂，也多所批判。

日本罵朱子學最兇悍的，或許是伊藤仁齋。荻生徂徠與之共鳴，批判朱子學不遺餘力。不過，徂徠卻也寫了一本攻擊仁齋的《護國隨筆》。徂徠另有《辯明》、《學則》、《論語徵》等著作，都非常有名。

徂徠仰慕中國是「聖人之國」，爲了更靠近聖人之國，他從江戶搬到品川，弟子問搬家緣故，徂徠一臉正經地說，「希望成爲更道地的儒者，往西搬遷二里，如此便可更靠近唐國」，一時引爲佳話。

十八世紀末寬政年間，幕府實施政治改革，禁止各種「異學」，獨尊朱子學爲「正學」。當時包括陽明學、仁齋與徂徠等學派，都因禁止而衰退。

江戶儒學特別是朱子學者，自藤原惺窩、林羅山以來，歷代名儒、大儒輩出，但客觀而言，這些學者雖博識，卻欠缺自我風格，德川三百年朱子學蓬勃發展，仍只是一味地祖述前人、注釋古書，如一灘死水，毫無生氣。

江戶末年創辦「明六雜誌」的啓蒙思想家、哲學家西周（一八二九～九七年），徹讀徂徠著作後感嘆，「眼界大開，胸中困惑也盡皆甩脫」，他對徂徠學問推崇備至，徂徠學因此再度受重視。

江戶國學者伊勢貞丈（一七一五～八四年）激烈批判儒學者，他著《安齋隨筆》痛批，「所謂儒學、漢學者，不過是一本本會吃飯的字典，對國家社會，其實毫無用處」。

他抨擊日本儒學者「此等儒學者惡劣之至，心中只有西土（中國），對我國蒙昧無知，盡是嘲弄我國，毫無品格」、「出生我國、食我國之米、穿我國之衣，住在我國，卻貴西土而輕賤我國，此乃不義之儒者也」。

江戶儒學者與朱子學者，倒是和戰後以來的「進步知識分子」，非常類似。

貞丈痛罵日本儒者的這番話，後來被明治大學畢業的台灣政治家郭國基用來痛罵戰後國民黨在台灣的胡作非爲，聲名大噪。眾多飲台灣水、吃台灣米的中國人，卻眼中無台灣、看不起台灣，郭國基眞是罵到了重點。

第六章——江戶儒學與支那儒學的差異

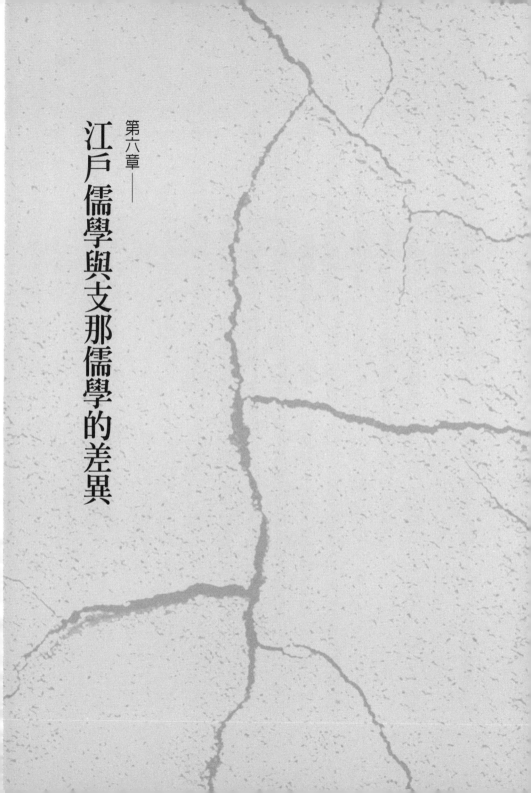

①日本的「實學」乃中、韓所無的儒學

十九世紀西洋列強大舉侵犯亞洲，不只政治壓迫，文化也入侵，但風雨飄搖的日本卻能完成維新，許多人認為，日本沒有科舉是主因之一。

中國與朝鮮實施科舉，人才盡往中央集中，地方缺乏優秀的人力資源，缺乏活力，國家基礎被掏空。江戶幕府體制各藩人才輩出，百花齊放，是中國與朝鮮所從未見者。

比如，幕末維新成功，主因是薩摩藩、長州藩與土佐藩等地方志士奔走連絡，發揮影響力。反之，中國知識分子為了科舉，所學無非朱子學，沒有探討法律與政策等「實學」，頂多關注人倫關係，但再怎麼重視人倫關係，也不可能因此具備處理國際關係的能力，但儒學者卻仍誇耀「半部論語治天下」，真可謂以井觀天、頑迷之至。

同樣熱衷朱子學，日本朱子學者貝原益軒更重視科學技術。

江戶儒學雖也像中國、朝鮮那樣尊朱子學為國學，一度發布異學禁令，但並未獨尊朱子學，將佛教、神道等視為異端。

江戶儒學得和佛教乃至於神道、陽明學、國學、蘭學等競爭，因此不像中國那樣停

留在思辨與注釋階段，而是逐步走向實學。

總之，不只儒學，各藩士族階級乃至於町人（住在都市、經商為主的民眾）都熱愛學術，視野廣闊，頗似中國戰國時代，百家爭鳴、各顯神通。

中國政府做爲官吏考試教材的朱子學早已變質，偏離「格物致知」精神，偏向形而上學，光說不練。

貝原益軒發現風土不同，朱子學主張的「氣」，日本不一定可以適用。不僅如此，「氣」會隨不同時代改變，「理」之法則隨氣變化，不可能千古不變。這樣的思想，讓日本發展出完全不同於中韓兩國的江戶儒學。

益軒的學術原則是，絕不沉溺於獨尊朱子學的尚古主義，也不抱持中華至上想法，而是全力探究實學。當然，江戶時代也有像荻生徂徠那樣尊崇、追隨中國的學者，但並非江戶儒學者皆心中只有中國。

當時有人宣稱，宋學（宋朝儒教）也是「實學」的一環。但事實上，宋學所謂的「實學」，並非科學技術之實學，而只是爲人處事的仁義道德、修身之學。

日本的中國通乃至於中國人、西洋人喜歡說「日本人沒有哲學」、「中國哲學到了日本，變成一灘死水」，這其實是罔顧事實的惡意批評。

客觀而言，西洋哲學重邏輯論理與思辨，印度哲學特色則是神祕、喜歡冥想。反倒是中國，其實沒有眞正稱得上哲學的哲學，從儒家到老莊思想，雖也有部分思辨與實踐，但整體而言不重邏輯論理思考，只偏重倫理、教養與修身。

至於日本，外國哲學思想進來之後，偏邏輯思考、思辨的多被忽視，只有實踐部分受重視。因此，許多歐美近代科學基礎研究傳到日本，就往實用、民生商品開發的方向發展。

許多人諷刺日人「只會抄襲外國」，或者批評日本人利用外國研究做「地基」，上面卻蓋了與外國不同、具有高度日本特色的「房子」。先不論這項批評是否事實，但日本確實並非「毫無哲學」。

相反的，具有實踐內涵的哲學，才眞有價值；思辨與論理若無法純化而實踐，哲學的眞正價值就無法顯示，日本人重視的或許就是美國所謂「實用主義」吧？日本人認爲，只具備像德國觀念論那樣的內涵，稱不上哲學，因爲過度停留於思辨。

朱子學與陽明學在日本的發展路數，與中國、朝鮮不同。在中國與朝鮮，朱子學與陽明學是官吏考試教材與政爭論辯工具，反之，日本人重實踐、實用，走出不同的方向。

西洋哲學在邏輯論理、分析、思辨與知性方面有其專長，東洋哲學特色則是直覺、整合性的理解，重視體驗，具有神秘色彩並且強調實踐，特別是儒教，堪稱是最具代表性的哲學。然而，中國與朝鮮的朱子學並未完全發揮儒教的特色與優點，反倒在日本發展出江戶儒學，大大發揮了實踐能力。

②日本眞有仁義道德，中國則無

日本人堪稱全世界最重視道德的民族，中國人則相反。但恐怕很多人對這句話困惑，因爲中國自古流行孔孟倫理道德，仁義道德不是中國人最高的社會規範嗎？

中國人喜歡把倫理道德掛在嘴邊，講得頭頭是道，但正如文化界最受尊敬的柏楊先生所言，「中國人滿口仁義道德，但都寫在書上，實踐完全不是那麼回事」，亦即說說而已，中國人在日常生活並未實踐仁義道德。

孔孟之教無非道德，這點不容否認。反之，老莊的「道」，不是道德的道，而是自然之道。老莊強調非人爲、反人爲，「大道廢有仁義」，可說是「反道德」的學問主張。

說日本人最重道德、最有道德，乃是因爲日本人體貼別人，非常謙虛，喜歡反省。反之，中國人說好聽深謀遠慮，說難聽城府太深。日本人成爲全世界最遵守道德規範的民族，乃是因爲列島條件優越，海洋阻隔，自古不被外來民族侵略，日本民族也幾乎不曾自相殘殺。確實，日本人心中幾乎沒有仇恨、仇殺的想法，和中國人完全不同。

日本人溫柔體貼，日語因此才有那麼多敬語與客氣話。中國人即使住日本幾十年，也學不會敬語，在我看來，中國人要掌握日語敬語，根本是不可能的事。

日本人都很寬容，對外來文化也抱持這種態度。江戶儒學以朱子學爲國教，但即使如此，江戶朱子學與中國、朝鮮朱子學不同，前者寬容，後者嚴苛排外。正因爲寬容，日本人敞開胸膛接受隋唐文化，張開雙手歡迎西洋文化，毫無困難地加以吸收、消化。

西洋庭園重視人工構造與幾何學設計，中國庭園則是人爲、世俗。與此不同，日本庭園表現大自然姿態，並非日本人思想「自我限縮」，而是與自然完全調和。

文明論者山本新指出，明治以來，日本文化、文明發展每二十年就改變風向，有時吹歐風，有時吹國粹風。當然，歐風與國風交替，原因不只是日本內外在的糾葛，事實上也是日本vs歐美對決的另一種形式呈現。但一百多年來，日本只吹歐風與國風，卻完全沒有遣唐使時代那樣的漢風、唐風或華風。

戰後到中國文化大革命期間，部分所謂「進步派日本文化人士」憧憬中國社會主義，主張向中國看齊。確實，中國曾如毛澤東自誇的「東風壓倒西風」，但眼前事實，早就不流行華風。日清戰爭之後，日本即便常和歐美恩怨糾葛，但終究不再把華風看在眼裡。

③受近代日本儒教批判而消失的江戶儒學

江戶時代的儒學者和明治之後的日本人不同，他們幾乎都未曾踏上支那之地，總是理想化地以爲中國乃聖人之地。然而，當初英國使臣馬嘎爾尼謁見乾隆皇帝之後，由北京走陸路順運河而下，前往廣州，一路所見卻盡是乞丐與強盜。與此對比，當時日本儒學者都還把不曾親眼觀察的中國視爲聖人之地，想像成一片完美。

戰後日本所謂「進步派文化人」，同樣將中華之國美化成「聖人之國」或「人間樂園」。這些文化人徹底地自虐，他們甚至想像社會主義中國乃「沒有蒼蠅蚊子的人間樂土」，卻看不起日本人，認爲日本人一無是處。

不料沒多久，中國就傳出各種匪夷所思的悲慘狀況。首先是大躍進失敗，餓死數千萬中國人，又有文革登場。被日本進步派文化人讚許不已的文革，到了八〇年代改革開放中國打開大門後，世人才終於了解，那是一場超大型的悲劇、鬧劇，就連中國人也不得不承認「十年浩劫」。

近代日本對儒學批判最力的學者，乃是西周。一八六二年西周前往荷蘭留學。他少年時期曾受徂徠學影響，對儒教鑽研頗深，發現儒教倫理自認可解釋社會與自然的一切現象，但其實有許多邏輯不通之處。

西周認爲，任何學問都必須具備「觀察」、「經驗」、「檢證」三個步驟，才能成立，然而，儒學支柱也就是儒教倫理道德，雖然冠冕堂皇、洋洋灑灑，但都只是嘴上功夫，流於輕鬆、美好想像，無法眞實而有效地應用於人生、社會。

此外，儒學價值觀所讚許的溫良恭儉讓，其實是壓抑人性；要求人們堅守貧苦，並非可行的人生哲學，西周則宣揚健康、知識、富有等「人生三寶」，認爲這樣的價值觀與道德才是可長可久。

儒學可說和幕末維新日本人所追求的個性解放、自由平等的文化運動對立，並且也和重視實驗的近代自然科學，以及重視事實的實證主義哲學乃至於活潑有力的經濟實業活動對立。在日本人看來，儒學根本就是「虛學」。

福澤諭吉（一八三四~一九〇一年）看不起儒學，因爲儒者數千年來滿足於陰陽五行之說，完全沒有進步思想，而且儒者看不起、不重視生產活動，拖累國家社會發展。福澤諭吉抨擊，若一個國家越接受儒學、讓儒學越興盛，只會造成更大的惡，使得人們的智慧德行每況愈下，惡人與愚者大增，久而久之，世界豈不成禽獸世界？他的結論是，那些明明出生在今日，反而宣稱應接受古人思想控制、使社會發展停滯的儒者，禍患無窮。他的《文明論之概略》舉了不少例子。

思想家中江兆民也批判，江戶儒學與國學都稱不上是有用的學問。本居宣長與平田篤胤則指出，儒學與國學者死抱著古代殭屍想法，沒能掌握宇宙與人生眞理。他們認爲，儒學者伊藤仁齋與荻生徂徠或許有些想法，卻只能針對某些經書寫注解、表達些微意見，頂多是經學者，卻稱不上能經世濟民。中江感嘆，古代日本學者沒辦法創造有特色的哲學，卻一味沿襲儒學過時的思想主張，結果造成日本人許多的劣根性，非常可惜。

江戶儒學遭受幕末改革維新風潮的挑戰，很快就像木乃伊那樣從學塾與學校消失，儒學者失去言論市場。當時日本大量成立各種專門學校，教師都是留學歐美的學者，學科也是偏重西方諸學。比如，一八八六年東京帝大文科招生，報名「中國古典哲學」科系的學生，只有一人。不久日清（中日甲午戰爭）與日俄戰爭爆發，中國人發現日本竟如此強大，於是來自「聖人之國」中國的留學生，如潮水般湧入日本。

④儒教倫理觀爲何無用？

很多人認爲，中國人最高價值是「善」，西洋人最重視「眞」，日本人是「美」，印度人則是「聖」。

確實，中國數千年強調「善惡」，認爲道德是社會所最不可或缺的規範，自漢武帝獨尊「儒教」以來，這個儒教國家已實施超過兩千年的道德教化。

但中國人卻堪稱是當今世上道德品性最低劣的民族，就連中國國家領導人鄧小平、陳雲、朱鎔基與曾慶紅等人，都曾感嘆中國道德頹喪、文化荒蕪墮落，不是一、二代就能恢復元氣與正常。

事實上，中國絕非今日才道德頹喪，早在獨尊儒家、儒教道德鋪天蓋地籠罩中國的二千年前，就已種下病因。當然，徹底分析中國人爲何道德淪喪，恐怕原因不只一個，也有可能是中華文明與文化本質所致。

至少我們可以這樣觀察，中國歷史上不斷發生易姓革命、一治一亂的歷史循環，形成戰亂國家、強盜國家以及充滿詐僞的社會，和「道德國家、理想之國」背道而馳。就像老莊說的，天下大亂人們才需要拚命講善與道德，當整個社會每天都在講倫理，這個國家就是病態。

孔子堪稱儒教始祖，原始儒教從周朝誕生以來，則已在中華土地上風行三千年甚至更久。

但即便如此，至少現代西藏、維吾爾與蒙古人仍排斥儒教，反而崇拜佛教與伊斯蘭教，可見儒教並沒有想像中那麼具有高度擴散力與魅力。儒教不像基督教、伊斯蘭教或佛教，具有超民族的內涵。

抱持儒教信仰的民族，大概只有中華世界「內中國」的中原與中土，加上也算儒教文化圈的朝鮮半島，以及一度受儒教影響的越南。隋唐時代的日本人更重視佛教，而不是儒教，十七世紀江戶儒家興盛，儒教才提升到接近國教的地位，但儘管如此，日本人還是很少完全接受儒教，儒教影響力不及鎌倉佛教。

眾所周知，信奉猶太教的民族只有猶太人，爲何儒教與此類似，發展侷限於中華世界，而無法像基督教、伊斯蘭教與回教那樣擴散全世界？

從風土角度觀察，儒教只能在土地狹窄的集約農業地區生根，所以除了漢民族之外，頂多只有韓國與越南曾接受這種思想主張。大和民族則比較喜歡佛教；西藏人與維吾爾人，也都只有短暫對儒教產生過興趣。

說得更明白一點，儒教道德的價值只是，狹窄土地上擁擠的人群爭奪有限資源時，這種道德可做爲人際關係的潤滑油。

中國人認爲，儒教道德是中華世界的專利，非中華世界的周邊夷狄和東方列島的日本人，都不可能徹底了解儒教。

比如，孔子將人分爲君子與小人，所謂「唯小人與女子難養」，就是將人分類、看不起女人。相對的，日本人沒有女子被父親差別待遇的狀況，天照大神本身就是女神。

第七章——

西洋人眼中的儒教

①西洋哲學思考與儒教大不相同

漢武帝獨尊儒術以儒教爲國教之前，中國除了儒教之外，出現各式各樣不同的主張，亦即「百家爭鳴、百花齊放」的諸子百家。

比如，相對於孔孟強調、重視「人爲」，老莊思想認爲人世間最根本的乃是「自然」。除此之外，包括墨家與法家等思想，也都頗有內涵。另外漢末到隋唐時代，來自印度與西域的佛教思想獲得中國人熱烈共鳴，大約七百年間逐漸壓過儒教，成爲社會主流思想。

到了十世紀宋代理學抬頭，集大成者乃是開創「新儒學」的朱子學。後來蒙古人主政，元代後期理學成爲「國學」，進入明代，又有陽明學。

所謂「新儒學」，乃是受佛教思辨影響所形成的學問。其理論體系的「理」與「氣」，脫胎自梵天（Brahman）與梵（Atman）等印度哲學概念。新儒學的朱子學乃至於陽明學，雖都高喊排佛，但他們用來注解儒教經典著作的許多哲學用語，其實源自佛教。

中國人受佛教影響確實最深。除此之外，伊斯蘭教雖曾在「三武一宗」破佛特別是盛唐之後，經由西北沙漠與海路傳入中國，也有一些漢人改信伊斯蘭教（回化），但中國終究不曾像蒙兀兒帝國（Mughal）那樣以伊斯蘭教爲國教，勢力遠不及佛教。

唐代來到中國的「景教」（基督教），很快就銷聲匿跡，大航海時代之後「西風」狂吹，眾多傳教士活躍於中土，信徒才漸多。

中國文明用了七百年吸收消化佛教，如前述，宋朝「新儒學」具有非常濃的佛教色彩，堪稱佛教土著化的成果。然後受佛教文明刺激，中國誕生道教；佛教土著化的另一個成果是禪宗；密宗則未在中國土著化，但傳到日本後，發展成具有日本特色的眞言宗。

話說，大航海時代西風東漸以來五百年，一開始明末只有少數儒教官僚信奉基督教，清康熙發布禁教令，基督教全面退出中國，鴉片戰爭之後，清政府推展「中體西用」的洋務運動，既是「師夷」，當然不可忽視基督教，「華夷思想」稍有改變，太平天國與捻軍，都拋棄儒教。義和團主張「基督教徒格殺勿論運動」，失敗收場。進入二十世紀，「打倒孔家店」與「批林批孔」運動落幕之後，中國企圖重振「新儒教」，試圖以「孔子學院」的模式推廣儒教，開創「新新儒學」，但能否像當初朱子學與陽明學那般風光，仍是文化發展史值得觀察的重大課題。

②利瑪竇的儒教觀

中國近代最著名的西方傳教士，大概就是耶穌會的利瑪竇（Matteo Ricci，一五五二～一六一〇年），不只中國，就連日本教科書也都曾提到此人。

一五五二年誕生於葡萄牙的利瑪竇，獲明朝政府認可在澳門傳教。邀請利瑪竇到澳門傳教的，乃是伐利尼利（Alessandro Valignani，一五三七～一六〇六年）。伐利尼利與日本有關，他是一五四九年日本戰國末期首位到日本傳教的耶穌會士法蘭西斯可・沙比耶爾（一五〇六～五二年）的繼任者。

總之，利瑪竇是第一個在中國宣揚基督教的傳教士，他是宣稱「一向仰慕中國政治清明，願在這個國家度過一生」，才得到中國高官允許，可以在澳門傳教，住了二十八年，逝於澳門。

利瑪竇將四書譯成拉丁語，高度讚許儒教傳統，對科舉制度也頗多好評，他同時也將「幾何原理」與「坤輿萬國地圖」等西洋學術介紹給中國人，宣揚基督教義不遺餘力，用中文寫了一本《天主實義》，其中寫道：「和穆罕默德不同，孔子並非預言者，不曾得到上天靈感託付。孔子的道德思想和羅馬哲學家艾比克德特斯（Epictetus，五五～一三五年）相同，完全聚焦於人群社會。」

利瑪竇理解儒教主張，頗表敬意，但畢竟是耶穌會傳教士，對儒教當然不是全無批判。

利瑪竇在徐光啓協助完成的《天主實義》一書中強調，宋儒所謂的「理」，依存於事物才成立，難以自成其理；所謂太極，也須經由理的詮釋才能貫通，並非本身就是天地萬物根源。他批判宋學之後新儒學所謂的「太極理論」，因爲其所主張的理不可能單獨成爲主宰萬物之原理。

不過，利瑪竇發現，孔子等古代中國人常掛嘴邊的「天」，和基督教的Dieu（神）同義，「天主」兩個字能被中國人接受，原因在此。中國人不論改信基督教，或者回頭信奉原來的儒教、祭拜祖先，都互不排斥。

明王朝滅亡之際，宮廷大官紛紛改信基督教，一六六四年左右中國據說已有基督教徒十一萬甚至二十六萬四千。但話說回來，儒教與基督教終究不可能完全相容，「禁教」問題開始浮現。首先是典禮朝拜規矩引發爭議。利瑪竇過世後，隆戈巴爾迪成爲耶穌會中國地區領導人，他要求信基督教的中國信徒不可再拜孔子廟與祖先，引起相當大的爭議，最後羅馬教宗克萊門斯十一世（在位一七〇〇～二一年）裁決，基督教徒須停止朝拜祖先或諸神。一七二二年康熙帝過世、雍正繼位，全面禁止基督教，傳教士都被驅逐，基督教一度在中國銷聲匿跡。

③萊布尼茲的儒教觀

一六〇〇年左右利瑪竇將四書譯成拉丁文，現存最早拉丁文版《中庸》完成於一六六二年，乃傳教士英德勒齊德所譯，比英國雷格博士翻譯的四書五經英文版早約二〇〇年。雷格博士費二十一年心血，於一八六六年完成不朽大著「四書五經」英譯本。

在西洋人眼中，《論語》具有類似「聖經」的地位，但其文體稍嫌單調，內容也不像舊約全書那樣精采，各章獨立，欠缺貫穿的脈絡，幾乎都是孔子公私生活言行記載，孔子的想法與主張都只是政治道德看法，不太像哲學、神學或宗教經典。

西方給予老子的評價，多半高於孔子，比如，孔子的「仁」異於基督教的「博愛」，孔子所謂「以直報怨」也不如老子的「以德報怨」來得近似基督教「愛你的敵人」與「人若打你右臉頰，左臉頰也轉過去給他打」（馬太福音第五章三十九節）。

歐洲人崇拜孔子思想的不多，其中最知名的，大概就是來自德國的思想家萊布尼茲（Leibniz，一六四六～一七一六年）。萊布尼茲透過和耶穌會士通信而了解儒教，把近世的宋學誤解爲原汁原味的孔孟儒教。萊布尼茲認爲，中國哲學從陰陽二元論發展到太極，是泛神論式的一元論；所謂「太極」與「理」，意義和上帝以及基督教的神相同，這種看法大概是受了利瑪竇的影響。

萊布尼茲是德國著名哲學家、法律家與政治家，也是君主主義者。日本研究德國哲學的學者五來欣造認爲，萊布尼茲的君主觀和儒教有十三個部分非常類似，那就是：（1）主張聖賢政治，（2）主張最優秀者主政，（3）承認民眾可以反抗失德的君主，（4）認爲權力具有神性與人性雙重性格，（5）國家的目的在於維護社會秩序、追求人民幸福，（6）主張德治主義，（7）民本主義，（8）肯定世襲制，（9）強調君主必須具備智、仁、義等德行，（10）君主必須認眞執行自己應盡的職務，（11）君主必須有學者輔佐，（12）政府必須實施教育與社會政策，（13）君主享有權利的前提是人類本身不平等（《儒教對德意志政治思想的影響》，早稻田大學出版部，一九二九年）。

萊布尼茲的君主論與國家觀頗接近儒教，有人指出，若能讓中國西洋化，世界歷史即可進入成熟階段。這樣的「歷史終結」史觀，對後來歐美哲學界影響不小，包括沃爾夫（Wolff）、伏爾泰（Voltaire）、霍爾巴赫（Baron d'Holbach）等，都抱持類似看法，認爲中國終將接受西洋的自由民主主義。

④馬克思・韋伯的儒教觀

黑格爾和萊布尼茲抱持不同的儒教觀。

黑格爾在其所著《哲學史》中，用了一個章節討論孔子，認爲孔子是道德哲學家與中國古老經典的注釋者，但他所倡言的道德理論，不過是通俗理論。孔子雖是實踐哲學家，但沒有發展出具有高度思辨、辯證價值的哲學。此外，黑格爾的《歷史哲學》也有討論支那的部分，強調孔子的道德論迂腐、不切實際，實屬平凡。

黑格爾之後的德國哲學家對儒教評價多半不高。比如，奧古斯都・狄修（August Gladisch）撰寫《世界史序說》（一八一四年）指出，西方有關中國哲學的研究與相關文獻欠缺且停留於表象，混淆其本質與非本質，並未認清中國哲學的眞實面貌。

約翰・海因茲・柏拉特（John Heinrich Plath）在其所著《關於孔子及其弟子生涯與學

說》的「史的序說」一文點出，「孔子是支那人」。中國政府一向擁有全部的權力，個人則地位低微，人權不彰，孔子生長在支那這樣的國家，自然也形成不重視人權的性格與想法。

近代日本文學家德富蘇峰也說，要了解孔子的思想內涵，首先得知道他是「支那人」。

孔子沒有太多自我主張與思想，只是一味地祖述古代聖人看法。

要了解儒教，日本人所熟知的《儒教與道教》一書，值得參考。該書作者乃是德國社會學家、思想家馬克思．韋伯（Max Weber，一八六四～一九二〇年）。韋伯在其大作《基督新教倫理與資本主義精神》中指出，新教教徒抱持的禁慾理念，乃是西方成功近代化的倫理基礎。韋伯卻發現，儒教所掌控的地區，從宗教角度觀察，堪稱「咒術橫行」。雖然《論語》說孔子「不語怪力亂神」，但整個儒教圈卻充滿用來催眠民眾的咒術。儒教倫理不過是爲了讓這種咒術發揮作用，這樣的國度當然不可能誕生「近代西洋式合理的經濟與技術」。

若根據「能否擺脫咒術」的判準評比，新教可得一百分，儒教零分，形成絕對對比、「向量」正好相反，所以韋伯斷言，儒教圈難以近代化。

韋伯把中國定義爲「家產制國家」，欠缺形式保證的法，以及合理的行政與司法。正因爲儒者是中國最具代表性的社會領導階層，他們所抱持的社會倫理概念，成爲中國社會倫理基礎，只是合理性遠低於基督新教罷了。

不論盧梭還是孟德斯鳩，都批判中國人的商業倫理充滿欺騙；韋伯也說，「中國人變態地滿腦子想賺錢」。在西洋人眼中，「中國人」幾乎已成不正直與不道德的代名詞。韋伯分析，中國讀書人表面上重視「禮節」，實際上欠缺發自內心的倫理意識與自我要求，言行舉止和商人沒兩樣。韋伯對儒教的觀察比黑格爾更深入、精確，他發現在儒教主導的家產制官僚國家中，即便是很有教養的人，內心仍欠缺道德。

中國理想的政治模式是，有德者受天命成爲天子，統率萬民、君臨天下，亦即「天人合一」、「內聖外王」，但馬克思．韋伯直言，中國數千年來根本不存在所謂的「聖王」，堯、舜、禹、湯[1]等人號稱「聖王」，乃是刻意炒作、吹捧的結果，事實不然。

歷代皇帝與執政者就更不用講了，幾乎都是壞蛋與庸才，卻每每吹噓，說自己是「聖王」的繼承者，當然就是「聖王」。

韋伯戳破「儒教聖王」倫理怪異的思考邏輯，那就是儒教定義「聖王」的方式，並非他們做了什麼令人敬佩的事，而是任何人只要取得國家最高權力，就具備聖王條件，表面上裝出「聖王」的樣子。

所以韋伯的結論是，「要在這樣扭曲的『聖王』文化環境中發展法律制度與民主，實在困難」。和西洋文明相比，儒教主導形成的中華文明太落伍，韋伯還指出如下四點：

（1）儒教文化圈幾乎都不強調法律、契約、個人主義與浮士德精神（追求新體驗、創造新價值，充滿好奇心與冒險精神）。

（2）缺乏與時俱進的觀念。

（3）欠缺走進大自然、知識就是力量的觀念與想法。

（4）不認爲世界上有個超越人類社會而存在的上帝。

韋伯指出，以儒教爲思想主架構的中國文明，與西洋文明最大的差異在於，前者欠缺文化內在動力，因此發展遲緩，欠缺深度。

中國文明和西洋文明差異如此巨大，無非是中國人受儒教教化所致。更精確的講，

1 **堯、舜、禹、湯** 古代中國聖賢，堯舜之後還有禹、湯、文、武、周公、孔子，都是古代聖賢、成功者，在儒家吹捧之下，這幾位「聖賢」千年來備受中國人崇敬。

罪魁禍首就是「述而不作」的經驗主義與尚古主義。

⑤西洋人認爲儒教無非是「食古不化」

傳統中國人認爲，做學問重點是「學習古代」、「模仿古代」，而不需思索與創作。首倡這種思索無益論的不是別人，正是孔子。

「子曰，吾嘗終日不食、終夜不寢以思，無益，不如學也」，孔子如此觀念和印度人的「冥想」以及西洋哲學重視「思辨」完全不同，他抱持「述而不作」的「讀書主義」，結果，儒學者只知熟背古老經典，如漢代大學者鄭玄與宋代儒學集大成者朱熹，畢生大作都是注解古典，並未開創自我特色的思想體系。

早期基督教傳教士有不少長駐中國，堪稱歐洲首屈一指的中國通並曾英譯「四書五經」的詹姆斯·雷格，在其所著《中國的宗教》（一八八一年）中指出，儒教所抱持的尚古主義，其實是想把人類帶回古老的野蠻狀態。

舌燦蓮花、實際上對國家毫無幫助的儒者，後來被五代後梁武帝屠殺，陪葬的還有宦官。如前述，蒙古人所創的元朝曾廢除科舉，儒者被擺在娼妓之下的社會第九階級

（所以文革時代稱文人為「臭老九」），無非也是因爲儒者百無一用。

數千年來，中國知識分子一貫抱持「讀書是爲了做官」的想法，最優秀的人才只能做官，在政界浮沉，考不上科舉的則寫「小說」。中國人認爲歷史是「大說」，虛構文學在重實利的中國人眼中，簡直沒有價值，因此是「小說」。

從唐代牛李黨爭到宋代新舊黨爭、明朝東林黨爭等等，都可看出中國文人喜歡拉幫結派，鬥得你死我活，格調不高還好，卻每每導致國家滅亡。中華文明衰退，主要原因其實就是儒家缺乏創造性，無數代儒者畢生心血投注於理解、注釋古典作品，直到二十世紀初才了悟自己的愚蠢，於是有人高喊「打倒孔家店」，試圖打破孔子以來中國人根深蒂固的尚古主義，恢復進取精神。事實上，不只進取精神因尚古主義而受壓抑，儒家主張的德治主義也讓法治秩序混亂，難以長久。正因爲長期以儒教這種超保守思想爲「國教」，中國社會無法實現任何改革與創新，形成所謂的「超安定社會」，整個文明處於窒息、昏迷的狀態。

但即便如此，時至今日已經面對社會主義崩潰危機的中國文人，還是宣稱要創造「社會主義新文明」，儒家文明即將進入「第三繁榮期」，眞是令人啼笑皆非。

第八章——

儒教文化與中華文明的因果關聯

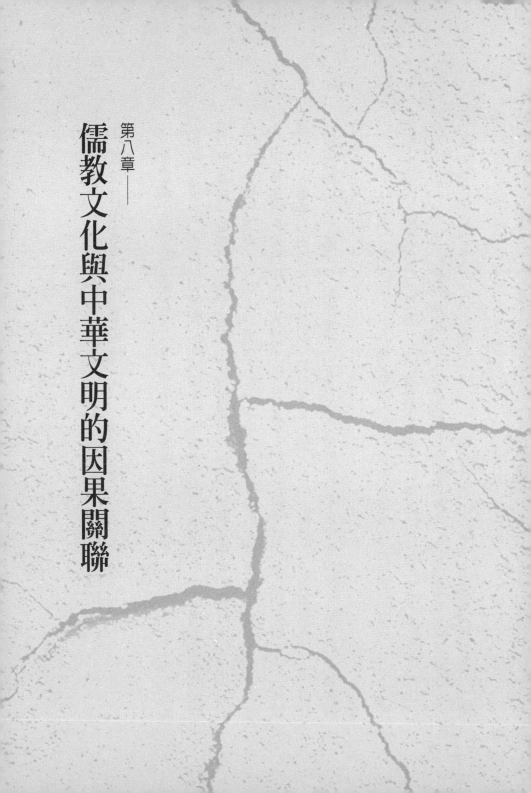

①欠缺自由意志的儒家道德

台北故宮博物院珍藏著過去帝王時代大臣上奏皇帝的奏章，不論內臣還是地方要員（總督、巡撫等），都口口聲聲自稱「奴才」。也就是面對皇帝，所有中國人都必須拋開自己的尊嚴、降低自己的人格，以奴隸自居。這當然是非常極端的獨裁，在這樣的國家，人權與自由絕不可能受到重視，唯一享有自由與人權的，只有皇帝一人。

黑格爾曾經用自由程度高低來區分社會，只有少數貴族擁有自由的國家是「希臘型」，全都能自由的是日耳曼型；只有皇帝一個人自由的則是東洋獨裁專制國家，最具代表性的則是中國。只有皇帝一個人自由，其餘都只是皇帝的奴隸，當然就是皇帝制度、一君萬民制。

不過，中國並非一開始就實施皇帝制度。「皇帝」兩個字乃是秦始皇統一天下之後所創，目的是確認自己乃是唯一的絕對君主，從古代神話時代「三皇五帝」之中找出位階最高的「皇」與「帝」兩個字，合起來使用，以彰顯自己帝位無比崇高。秦始皇認爲，其帝位將傳之永遠，因此自稱「皇帝」，被後代加上「始」字成爲「始皇帝」，繼任者則是二世、三世、四世、五世等等，卻不料三世就畫上句點。

秦始皇之前的時代，一般稱爲「先秦時代」，包括春秋戰國時代（西元前七七〇～前二二一年）以及更早的夏商周三代，合計約千年。至於更早的傳說時代，則是所謂「三皇五帝」神話。春秋時代自稱爲王的，除了封建盟主周之外，還有南方楚、吳、越，北方各諸侯國則依「公侯伯子男」爵位順序自居，所以，大國國君通稱爲「公」，比如齊國有桓公，晉國有文公。但到了戰國時代，這些諸侯一一稱王，不過，他們沒有任何人自稱皇帝，因此也成爲數千年中國歷史之中，唯一一段沒有絕對支配者的多元時代。當時天下各勢力互相均衡，思想文化也百花齊放。

中國人所謂「天無二日、地無二王」、「普天之下莫非王土」這樣的王土王民思想，爲皇帝統治鋪好地基，也就是周代先有了基礎，秦始皇才能建立完整的架構，結果兩千多年來，中國人腦中充滿王土思想，至今不絕。

秦朝滅亡之後，漢劉邦與楚項羽都爲了接掌帝國而決鬥，結果劉邦勝出而成立前漢王朝，並且繼續使用「皇帝」名稱，由始皇所打造的統一國家制度一併沿用，直到清末。劉邦上台之後雖然繼承了始皇所開創的廣大領土，但並未繼承始皇的理想也就是「萬世一系」想法，反而實施「易姓革命」（帝國乃是由一個家族所掌控，既然已經是劉氏天下，當然就不是原來的國家了），但和秦朝相同，漢朝仍是獨裁專制體制，絕非儒家所宣揚的君民一體。

不過，中國獨裁專制體制可以說到了十世紀的宋代，才發展到極致。在那之前七～九世紀的唐代，基本上仍是貴族社會，皇帝不過是最有力的貴族之一罷了，若非其他有力貴族同意，皇帝的政令恐怕走不出皇宮。換言之，許多貴族擁有足以和皇帝對抗的強大勢力。

唐朝滅亡之後進入所謂「五代十國」，幾個王朝不斷更替上台，混亂長達半個世紀之後，宋朝建國。當時唐代貴族階層已經完全沒落，宋朝皇帝獨享大權，政務則由宰相掌管、處理。不過到了明代，宰相一職也取消，由皇帝執掌所有權力，發號司令全部一人包辦。清朝皇帝的權力還比明朝更集中，同樣的架構到了中華人民共和國時代沒有改變，共產黨獨占所有權威與權力，而且控制網絡無微不至，形成人類史上堪稱最極致的獨裁專制體制。

中國人雖然希望實施君民一體的政治體制，秦始皇則希望萬世一系、國家永遠統一、穩定，但歷史發展完全相反，秦朝三代而滅，中華世界不斷爆發翻天覆地的易姓革命。與此對比，日本天皇體制反倒實現了「萬世一系」的理想。江戶時代明朝滅亡，儒學者朱舜水來到日本成爲水戶藩賓客，目睹江戶幕藩體制之姿頗爲驚嘆，認爲中國人所憧憬的周代封建制度，已經在日本實現。

中國的君臣關係可以從以下故事清楚看出。

最初國王與大臣都席地而坐，毫無禁忌地討論國家天下大事。到了中世紀，中國君主坐著，大臣卻只能站著論政。到了近代，君主座位提高，大臣則必須跪在君王面前講話。特別是清代實施所謂「三跪九叩頭」[1]儀禮，清宮古裝劇尋常可見。另外，明代有所謂「廷杖」惡習，即便是大臣，只要有所頂撞或者說錯話，就可能被皇帝當場下令杖打，有的老臣屁股開花，當場慘死。

---

1 **三跪九叩頭** 英文：three kneelings and nine kowtows，中國清朝臣民對皇帝所行之禮。行禮之際有人喊口令，如下：

（1）「跪」！

（2）「一叩」（或「一叩頭」）

（3）「二叩」（或「再叩頭」）

（4）「三叩」（或「三叩頭」）

（5）「起」

相同動作重複三次，因此是「三跪九叩」。

朝廷大臣就那麼幾個，如此高壓管理或許還可能，但中國土地遼闊、人口眾多，眞的能夠完全由皇帝一個人掌控嗎？

② 持續塑造政治神話的德治主義

大約二千年前古代中國秦這個國家，就是以法統治萬民的法治國家，而不是以神統治人民的神權國家，或者以道德統治人民的德治（人治）主義國家。

中國到了春秋戰國時代已經世俗化，神權從社會消退，只剩下祭祀「社稷」與「祖先崇拜」。中國社會擺脫宗族社會之後，在春秋戰國時代進入自由競爭社會，特別是戰國時代流行「富國強兵」思想，國與國之間競爭激烈，其中，秦國率先採用商鞅「變法」，實施體制改革，成爲法治國家。結果，秦始皇統一了六國，成爲中華帝國開國之祖。

但天下統一之後，中國民眾卻不習慣國家統一之後的「法治社會」，因爲「信賞必罰」的法律讓他們日子難過，大家心存抵抗。即便秦國統一天下，卻無法成功地實施「法治」，帝國因此瓦解。秦朝崩潰之後，群雄並起、爭奪天下，即便劉邦勝出而建立漢帝國，諸侯戰亂仍持續約一百年，到漢武帝時代才完全統一。武帝統一之後，爲了安定天下，採用董仲舒的「賢良政策」，放棄「法治」改採「德治」，希望建立儒教所主張的「有德者治天下」這樣的「人治主義」國家。這堪稱是中國德治主義也就是「人治主義」政治的起點。

有些儒學研究家認爲，「中國表面上是德治主義國家，但背後其實是律令制國家」。不僅如此，表面上是德治主義國家，中國根本也是如假包換的人治國家，至今不變。

③絕不可能成爲有德者的中國皇帝

中國王朝更替之際，想取而代之者總是宣稱「皇帝私德有問題」，導致社會混亂，必須由有德者取而代之，執掌政權。對於一般民眾而言，還沒有比這個更容易了解的統治邏輯，所以中國人相信，早在古代的堯舜時代，就有所謂的「禪讓政治」，也就是政權必須交到有德性的人手上，即使彼此無血緣也無妨。在這樣的信念之下，中國歷代皇帝都宣稱自己是「有德者」，但事實卻剛好相反。

即便號稱「明君」的漢武帝與唐太宗，其實也絕稱不上是有德者。只是按照儒教「治國平天下」理論，皇帝必須達成幾個統治步驟，那就是先正心，然後修身，然後齊家、治國平天下。但表面上說的如此冠冕堂皇，實際上根本不是那麼回事，沒有任何朝代是因爲君主有德就建國稱帝，反而全部依靠武力鬥爭，才能取得天下。坐上皇帝大位後，新王朝皇帝就可下令史官，把史書寫成他們所想要的樣子，一直說好話、粉飾太平，拚命稱讚皇帝。

只要稍微看一下中國歷史，就可發現這種現象：幾乎所有號稱「明君」的帝王，幾乎都曾殘殺親兄弟，因爲若非如此，就不可能掌握或維持權力。中國統治者相信，必須一貫地對外宣稱自己是「有德者」，才能平順地統治天下，而在這樣的大義名分之下，任何人想要挑戰「有德者」地位，即便是親兄弟，也必須加以誅滅。

不過，同樣的邏輯，當人民看在眼裡，發現國君確實已經不是「有德者」，在有德者「統治天下」這樣的邏輯之下，不要說皇帝的親兄弟，就連民眾也會揭竿而起，反抗其統治。

至於在執掌政權過程中，皇帝必須時時用權力與利益掌控臣下，爲人臣者當然也不容易常保德性。久而久之，整個中國政治體制一片僞善，說的好聽，做的卻完全不是那麼回事，人民當然也知道這種虛僞。總之，中國人儘管有所謂「以德治天下」這樣的理想，但歷史上根本從未實現過，整個中國社會充滿權謀術數，早已是個非眞實、假到不行的社會結構。

日本也大量吸收儒學思想，成爲武士社會的重要規範。特別是「義」的概念，成爲日本武士道根源思想之一，孔孟所謂「見義不爲非勇也」，乃武士最重要的行爲規範。

但到了江戶時代，本居宣長研究日本和歌等文學作品後發現，「儒佛於善惡，無益也」，他主張日本自古存在的「古心」與「和心」更有價值，應復興「古學」。宣長認爲，日本精神自古存在，和佛教與儒學倫理來到日本無關，宣長說明，「古學」即「誠之道」，乃「古代諸神庇護加持所形成的習俗與規範」。但諸神並未說各種規範是「理」，諸神行爲本身就是規範，而日本人具備「誠」，因此很自然就能感受到這種規範。

總之，江戶時代本居宣長這樣的學者認爲，日本人不該一味地崇拜、追隨中國人的思想主張，也不必獨尊儒學，而應重新看待儒學，從日本獨特風土找到與中國不同的「道理」解釋。

本居宣長之前，便有山鹿素行與伊藤仁齋等學者提倡「古學」，認爲應檢討當時日本盛行的朱子學，特別是其中有關「敬」的思想。此外，日本人應了解儒學本質，和朱子學保持距離。山鹿等人重新研究、定義仁義與忠信等倫理，他們引用儒學「義」的概念，闡釋神道的重要精神「清明心」，最後發現日本擁有非常特殊的「誠」觀念。就哲學發展而言，山鹿等人貢獻非常之大。

「誠」觀念的認識與強化，影響幕府末年志士的思想。幕末志士懷抱至誠，以及無限的勇氣與熱情，展現高度行動力，如此高度實踐能量的「誠」，正是明治維新成功與時代前進的最大動力。

總之，日本人從中國儒學吸取養分，創造出有日本特色、重視「誠」這種心性的儒學。

反之，儒學發源地中國的發展又如何？漢代之後中國歷代多半以儒教爲國教，隋代建立科舉制度，特別是宋朝以後，官吏都必須具備高度儒學涵養，儒教追求的理想國家與政治形態，似乎已在中國完成。但事實相反，儒家思想書呆子憑空畫餅，完全不切實際。儒教宣稱，君主扮演聖人角色即可完美統治人民。亦即道德本身具備合理性與推動政治的神通力量，有「德」，即可長治久安。只是雖然儒教認爲君主的德行最重要，具有絕對力量，掌權者乃至於知識分子，卻看不見、不在乎下階層的社會現況。

或許也是發現，現實生活追求德行幾乎不可能成功，中國人形成言行不一的民族性，說的漂亮，行爲卻不是那麼回事。此外，儒教書生自命清高，總看不起工商業民眾。

中國直到二十世紀初才廢除科舉（一九〇五年），儒家失去最後後盾。然後五四新文化運動，「打倒孔家店」聲中，儒教被歸類爲封建思想，在文化大革命「批林批孔運動」中更受重創。

④儒教「正心、修身、齊家、治國、平天下」政治主張其實是癡人說夢

前述，中國人認爲有德之士能領導國家社會，有效執政，這種人治主張源自孔子。孔子認爲，有德者乃承天命、代天統率萬民。有德之士如何統治天下？儒家認爲，最重要的不是「力」，也不是「霸權」、「法」，而是「王道」。亦即，有了王道，天子一人即可教化萬民，用道德力量感化。這便是「人治」或「德治」。

儒教高估了君王的力量。他們認爲君王具有神力，能德化萬民（道德教化全國民眾），形成超完美的道德國家。依此邏輯，儒教很自然的認爲，若國王失去德行，國家

將解體，國不成國。

此外，既然君王必然「有德」，挑戰君王權力的人便是「霸道」。中國自古有王道與霸道論爭，歷史發展實況顯示，儒家理想中的人治國家與道德國家從未出現，中國人如果願意遵守某些規範，也絕非君王德行影響所致，反而都是「朕」的獨裁讓人害怕，也就是「法」的高壓令人恐懼，不得不從。

話說，漢武帝接受董仲舒建議，以儒教爲國教，後來王莽進一步打造儒教王國，卻完全失敗。王莽的失敗已經證明「道德國家不可行、不可能存在」的事實。許多人認爲王莽是僞善者，但他並非僞善才失敗，而是儒教本質早已決定他不可能成功。從另一個角度，也可這麼看孔子的政治主張：有德者代天統率萬民，天子勢必成爲最大的僞善者。

儒教理論完全禁不起考驗，但即使二十一世紀初的今天，中國仍是人治國家。爲何如此？答案可從秦始皇之後中國歷代王朝的「易姓革命」得到一二。

前述，中國人認爲皇帝失德，王朝就應更替，帝位禪讓給有德者。中國人讚許這種觀念，他們很早就創造神話，說堯禪讓給舜，舜禪讓給禹，皇位由無血緣關係的聖人繼承。這部分和日本天皇萬世一系不同。中國人認爲，有德者取代無德者擔任君王，皇帝必須是有德者。但現實上絕非如此，也不可能，中國皇帝幾乎都是暴君、愚君，即便公認「明君」的漢武帝與唐太宗，也稱不上「有德」。

儒教宣揚「治國平天下」理論，認為君王統治國家的步驟是正心，然後修身，然後齊家、治國平天下。亦即君王得認眞修養才能統治國家，但實際狀況卻是，號稱「明君」的君主幾乎都不是有德者，反而憑藉武力強權君臨天下。既然是如此言行不一，中國的君王一不做二不休，乾脆粉飾歷史，虛假捏造地把自己寫成有德者。

中國有太多例子，著名君主幾乎都殘殺親兄弟。畢竟是皇帝極權統治，若非如此，不可能確保「極權」。歸根究柢，中國君王統治天下所根據的，絕非所謂「正心、修身、齊家、治國、平天下」的王道理論，而是馬基維利《君王論》所描述的統治方法。講更白一點，中國君王德行掛在嘴邊，但其實掛羊頭賣狗肉，現實政治權力與利益恩威並施，操縱臣下人民，不只君王，君王的左右手也都心狠手辣、殺人不眨眼。當然，中國人民並非全都笨蛋，不知國家最高領導人是最大的僞善者，所以，即便君王宣稱自己「有德」，民眾仍不相信。

⑤日本戰後實施道德教育的盲點

許多人認爲，日本人吸收儒學思想之後，開創出具有自我特色的儒學思想，但還是有人挑戰這種看法。

比如，二十世紀初歷史學者津田左右吉強調：「總之，說儒教已在日本落地生根、日本化，並非事實。儒教終究只是支那思想、文學知識，並未融入日本人的生活。說日本人與支那人透過儒教得到共同教養、建立共通思想，乃是昧於事實的妄想。」（《支那思想與日本》）

持類似看法者，還有前面提到的本居宣長。本居認爲，讀通日本文學者就會了解，發揚日本文化與精神得先去除漢意唐心（擺脫中國思想與漢學理念）。儒教道德概括有以下特質：

（1）首先日本人必須了解，中國長達二千年的儒教教育，一再列舉忠孝與仁義等「五常」或「五倫」等德目，但究竟什麼是「仁」、什麼是「義」，就連儒教教主孔子，也未曾針對這些概念清楚定義。此外，「忠」與「孝」的關係爲何，乃至於「孝」與「忠」不能同時成立的矛盾如何解決，也沒說清楚。更何況，「仁」與「義」根據什麼道德基礎才能成立，沒有任何詮釋與精確說明，卻一味的要求大家相信。

（2）儒教倫理只知列舉道德德目，眞要實踐，只能依靠外在強制力量，無法像宗教那樣發自內心。正因爲用類似催眠、強迫中獎的方法要求人們相信，沒有人打自內心喜歡，有的只是反彈，結果變成原本可以產生的良心，卻出不來，中國人成爲世界最沒有良心的民族。

（3）儒教倫理原本就是規範家族與宗族的倫理體系，但梁啓超指出，其實不存在社會各階層共通的倫理。更糟糕的是，狹隘的家族式倫理規範硬是推廣到國家層次，建立所謂「治國平天下」的倫理規範，大腳硬是套進小鞋，就造成天下大亂。人們打自心底看不起道德規範，不把修養當作一回事，整個社會充滿僞善者。

可嘆，如此重大缺陷，中國卻持續二千年以儒教教義[2]做爲倫理道德規範，結果，整個社會人與人互不相信，盜賊跋扈、貪污橫行。此外，持續獨裁專制，人權備受蹂躪，環境遭受摧殘，經濟發展不均衡。人口眾多，資源相對稀少，人們激烈爭奪，中國人根本就是最輕視、最不在乎精神價值與涵養，儒教國度無非是病態之國，我姑且稱之

2 **教義**（dogma）指宗教與宗派教義，但也有「獨斷與偏見學說主張」、「教條主義」的涵義。

為「儒禍」。

反倒是日本一度積極吸收儒教，卻未曾拋棄原有的神道，並且同樣包容地接受佛教，整體建立自我特色的倫理規範。日本人絕不像中國那樣獨尊儒教與儒學，江戶時代雖曾想將朱子學國教化，但並未實踐。

日本人擁有如此可喜的美德，如果曾經幾乎就要喪失這種美德，最重要的也不是找回原本定義的美德，而應讓傳統美德在新時代發揮效用，這是接下來得探討的重要課題之一。

⑥只會製造僞善的儒教倫理學

根據可靠的戶籍資料，中國人口在十八世紀初突破一億，當時是清朝雍正時代。十八世紀日本人口也頗有增加，可以說近代以來世界人口持續增加，但中國人口增加速度卻異常之快，十九世紀中葉越過四億，到戰前爲止維持這個數目。二十世紀中華人民共和國成立，增加到五億，之後快速倍增，中國政府被迫實施「一胎化政策」（一九八〇年），一、二十年之後，當局宣稱「大獲成功」，二〇〇一年五月官方數字卻仍高達十二億六千萬。事實上，許多家庭超生卻沒報戶口，估計實際人口超過十三億，有人認爲高達十五億、十七億。

如此多人口的中華世界，文化、語言多樣，生存圈與利害之爭乃是必然，中國人想到可整合、統率廣大且多樣國家的方法，那就是「天命思想」。認爲有德「天子」承天命統治萬民。天命與天意乃是不可抗力，人民不可反抗，否則會遭受天罰。

司馬遷所著的《史記》常出現「其天命乎」用語，可見司馬遷常將難以想像的事物歸諸天力所爲，中國人遇到類似狀況，「沒法子」的思考習慣由來已久。

孔子時代中國就流行天命思想，有德者具備天子資格，成爲天子也就是皇帝，即使人格低劣、胡作非爲，表面上仍端出一付「有德者」的樣子，天子亦即皇帝變成全中國最大的僞善者。

不過，漢代有人不滿這種僞善，挑戰其正當性，試圖建立新的王朝更替理論基礎，這便是所謂的「讖緯說」。在那之前，殷周時代（西元前十六～前三世紀）中國就已出現「易姓革命」思想，漢代更產生陰陽五行相剋說法，將王朝更替合理化。所謂陰陽五行相生相剋，意思是構成世界的五種要素（五行），其中一種會導致另一種消失，但也會形成新要素，循環不已。這也堪稱是輪迴思考，木生火，火生土，土生金，金生水，水生木等等。總之，中國人認爲，世界要素是「木、火、土、金、水」五種元素，五種元素彼此作用，不斷循環下去。

蒙古人曾統治中國近百年，漢族被貶爲最低賤的身分階級。外來政權蒙古人爲了征服漢族，得建立全新價值觀，中國人遭受前所未有的屈辱。

後來滿族雖也是外來統治，但滿人建立清王朝之後，深入研究、學習漢文化，重用漢人擔任高官，建立統治架構，其中特別是第五代皇帝雍正，更是掌握以漢治漢方法的精髓。

不過，清初仍爆發思想造反事件，漢人呂留良不滿滿族統治，著書立說，抱持相同想法的曾靜注釋其書，並開班授徒，影響力迅速擴大，雍正發現後，卻不處罰曾靜，反而寫了一本《大義覺迷錄》爲自己辯駁，認爲滿族完全具有統治中國道統的正當性，因是「天命所在」。在那之前，中國人所定義的天命思想，重點是合理化王朝更替，並未涉及種族問題，雍正則從民族問題角度加以詮釋，主張繼承中國道德正統的人皆可統治中國，不必區分民族。總之，明王朝德行衰敗，滿族才承天命入關當皇帝，讓「道統」得以延續。

後來蔣介石國共內戰失敗逃到台灣，同樣以這種道統論做護身符，宣稱擁有統治中國與台灣的正當性，一九七〇年代初期被迫退出聯合國之前，蔣政權一直宣稱自己是唯一代表中國的政府。

⑦儒教德治論總是虛構政教合一的合理性

原本排斥政治、主張自然的老莊思想，到了漢代被改名為「黃老之術」或「無為治術」，成為政治理論的一環。

二十世紀文化大革命爆發，中國人被迫參與政治，不許觀望。政治列為第一優先，許多人只因消極避開政治學習就遭迫害。為何中國如此荒謬？

話說孔子一再強調道德的重要性，認為道德可以解決所有統治問題，道德等於政治，所以儒家有所謂「王道」說法，相信有德者承天命統率萬民，完全合理。

一開始儒教宣稱用道德即可治理國家，後來卻變成為律令與刑罰，國家對人民的強迫與控制手段，都以「道德」為名而實施。

反之，日本人重視法然與親鸞所強調的「自然法爾」世俗邏輯，正如山鹿素行所述，「凡天地人物之間皆有自然之理」。因為重視自然法則，日本統治者對臣民不會像儒教道德政治那樣充滿強迫。

中國人一向自大，視周邊民族爲蠻夷，但他們其實欠缺榮譽感，擅長趨炎附勢，阿諛掌權者，面對掌權者絕不批評，只會小心翼翼保護自己利益免受損害。這樣的「忍辱負重」，日本人恐怕是學不來的。

中國人可說是極端現實主義者，也是徹底利己主義者，爲了自己利益，什麼事情都幹得出來，或許這也是四千年弱肉強食歷史所造成的性格。中國人刁鑽善經營，利之所在，不共戴天的敵人也可瞬間結盟，攜手合作。

清末爆發革命，數千年封建體制被推翻，革命同盟會有位大老居正，一九二九年假扮日本人潛入南京，參加當地反國民黨暴動，企圖斬首蔣介石。居正不幸失敗被捕，被蔣介石關在南京半年。令人意外的是，蔣介石不僅沒殺他，反而任命居正爲「司法院長」。居正乃是粵系大老，蔣介石不敢得罪，還處處攏絡。居正意圖行刺，「有仇不報非君子」，一向凶狠的蔣介石卻寬宏大量，追根究柢不過是利害考量，是非問題丟到一邊。

⑧害中國人喪失良心的儒教

美國傳教士明恩溥撰寫的《中國人的性格》，至今仍是公認西洋人解析中國民族性格最鞭辟入裡的經典著作。該書出版超過一百年，戰前譯爲中文與日文，風行一時。明恩溥是傳教士，在中國傳教超過三十年，這本根據親身經驗寫成的著作，清楚說明中國人不守時、愛說謊、陽奉陰違等民族性。

閱讀這本歷史悠久的著作，再對照眼前中國人的表現，不得不感慨「民族性」這種東西，眞是根深蒂固、不易改變。明恩溥出書後提到，如果要找出一句最具有代表性、最讓他印象深刻的話來形容中國人，那就是「沒良心」。

中文「沒良心」，意思大概是「很壞」、「心術不正」。中國人眞的都沒良心嗎？西洋人呢？是否也重視「良心」，對「良心」看法如何？

正如中國諺語「天妒英才」所述，中國人認爲有才能或是有能力批評社會的人，容易遭受排擠孤立而早死。中國社會充滿激烈糾葛紛爭與競爭，大家都「見不得別人好」，發現別人表現優良，總要扯後腿或加以摧毀。

中國人強調「明哲保身」，爲了避免太突出被記恨，刻意裝瘋賣傻。這是所謂的「韜晦之術」，類似故事《三國志演義》經常出現。

當前的社會主義中國，「有良心者必遭社會孤立」早已成爲民眾常識，中國人相信，太有良心無法在這個國家存活；想無災無難過日子，得徹底「沒良心」，或者裝傻、裝笨。

中國流行的《厚黑學》，專門傳授中國人「如何才能沒良心」、「裝笨裝傻」的方法。所謂「厚黑」，正是厚臉皮、黑心肝。

爲何中國社會毫無「良心」可言？根本原因還是儒教。中國雖有佛教與道教，但儒教才是元凶，每個人都受其影響。中國人的生活早已擺脫不離儒教。

爲何中國人「沒良心」的原因竟是儒教？我的看法是，儒教與其說是哲學或宗教，不如說是倫理體系，這種倫理體系重視家庭倫理，而不是社會倫理，認爲每個人都得遵守、實踐家族、宗族的「仁義道德」，若有所悖離，須以外在規範制約或處罰，使其修正。如前述，這些規範並非當事人發自內心所形成，因此儒教社會到處是僞善者。

規範個人行爲的規矩要求，提升到天下國家層次，必然變成政治壓迫手段，儒教國家長期獨裁統治，中國人「沒良心」也是理所必然。

中國人重視外在規範與要求，人們沒有自發性內省習慣。這也是中國宗教的特色，人們面對神很少反省自己，當然不可能產生所謂的良心。

老子說「大道廢有仁義，智慧出有大僞，六親不和有孝慈，國家紛亂有忠臣」，精確說明了「仁義道德」產生的社會背景。

孟子認為，人天生有惻隱之心，主張「性善說」。反之，荀子強調「性惡說」，認為天生惡劣，所以人人都得適度的接受教育與教導。除了這兩種對立學說，陽明學也頗受重視。

陽明學又稱「陽明心學」，受禪學影響，提倡「良知」、「致良知」。不過，陽明所謂「致良知」，不外乎探討什麼是「天理」或「道」，並未強調「良心」。

更因為沒有良心，中國人頂多有性惡或性善論爭，卻不曾出現超越善惡的論爭。中國人非常關心「後世」，卻不重視「來世」。中國人心目中的「後世」，乃是以「我」存在為前提，希望個人名聲傳之久遠。儒教不關心「來世」，只勉強從佛教引進「眾生」概念，算是略具「公」的思想。

佛教也有「性善」與「性惡」說法，華嚴宗法藏的「性起唯淨」便是性善說；天台宗「性具說」則屬性惡說。佛教「阿毘達摩論」除了善惡，還有所謂「無記」（非善非惡）。阿毘達摩論認為，善惡無非「善因樂果、惡因苦果」，乃是以因果報應做為基礎觀念的道德觀，但還有超越這種道德善惡的終極涅槃，即非善非惡的最高境界。

涅槃世界不存在儒教所謂的善惡，反而進入絕對善惡狀態，亦即超越輪迴的無漏出世間道、「佛」的境界。簡單講，進入涅槃者皆已捨棄善惡，超越生死。

總之，佛教的開悟與「涅槃」可視爲良心發展的最高境界。除此之外，西洋哲學家也有不少人探討良心，比如，哲學家祁克果[3]認爲，徹底開放自己面對神，人們就會清楚了解自己與神的觀點。尼采則主張，我們內在都有良心，放棄掩飾，解放內在良心，即可展現超人的自由意志。與此對比，儒教倫理欠缺自覺反省，一味強調道德外在規範，久而久之，人人都沒有良心。

不只佛教，西洋哲學也有許多「超越善惡」的思想。老莊思想，也主張「兩行」與「齊同」，不區分善惡的思想。前述尼采超越既有「善惡道德」的主張，有人稱之爲「善惡的彼岸」。

日本也有類似的探討，比如，道元認爲善惡乃是相對性概念，受法與因緣影響，可能變善也可能變惡，超越善惡即可進入涅槃境界。日蓮上人也說，世俗間倫理道德的惡，和宗教定義的惡不同，人若能清楚認識個人的惡與社會之惡，就能超越善惡，在人世間創造佛土。

爲日本武士道奠定意識形態基礎的《葉隱》，其作者山本常朝認爲，擺脫儒教式善惡學說、獨尊武士行動美學，才能超越善惡。

日本國學者本居宣長從日本和歌與各種物語（故事）中發現，日本文學本質在於「完全排除儒佛所謂善惡」，因此主張，日本人並未受漢人徹底影響，仍保持純粹「和心」。在他看來，漢人專會狡辯，日本人最好回頭發揚天生具備的「眞心」，才是正途。

儒教思想所謂「善惡道德觀」，無非掌權者鋪設的外在強制規範，不具備超越性價值與精神思考，每每變成恐怖的害人之心，良心蕩然無存，所謂仁義道德，不過是招之即來、揮之即去，中國人玩弄於股掌的工具。

最極端的例子是，五四運動期間吳虞寫了一篇〈喫人與禮教〉，抨擊中國人所謂的「仁義道德」，專會吃人，非常恐怖。比如，唐代「名將」張巡死守睢陽城，竟讓官兵屠殺三萬居民而食，這類故事，中國史上不勝枚舉，一味地強調仁義道德外在規範，早讓中國人失去良心。

3 **賽林．歐比耶．祁克果**（一八一三～一八五五年）丹麥哲學家，存在主義創始者、先驅。祁克果痛批當時的丹麥教會與哲學界，只知道追隨黑格爾哲學以及青年黑格爾學派主張，卻徒有形式，欠缺思辨能力。

吳虞罵得透徹，中國人確實「沒有良心」。當然，中國人也曾探討「良心」，哲學、文學與政治方面有許多不同看法，只是定義不明，「良心」終究停留在爲個人服務階段。但其實，人人都有良心，徹底面對神，良心就會浮現，產生區分正邪的判斷能力。

第九章——儒教思想的性格

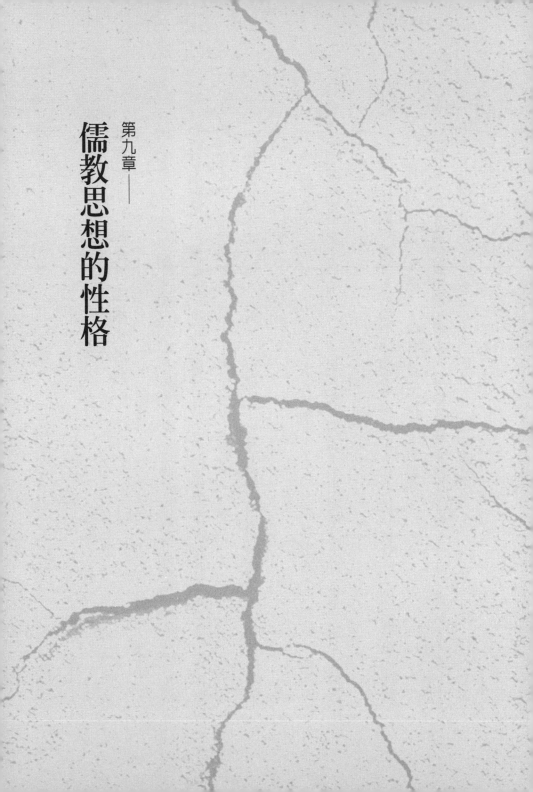

①儒家思想就是尊王攘夷思想

前述，江戶時代曾把朱子學當作國學，荻生徂徠尊崇中國是「聖人之國」，中國東方的日本則是「民之國」，伊藤仁齋更五體投地的禮讚孔子，說孔子是「最上至極宇宙第一聖人」，《論語》是「最上至極宇宙第一之書」。

徂徠崇拜中國「聖人之國」，特地從江戶城下搬到品川海邊居住，住「更接近聖人之國」、「哪怕只是二里也好」。

不只戰後，江戶時代也有不少學者特別是朱子學者崇拜中國，但即便如此，如前述，山崎闇齋對弟子們強調，「若聖人孔子與孟子率中國部隊攻打日本，將起兵對抗，擒拿孔孟」。

換言之，江戶儒學者面對中國的態度很清楚，那就是「抗戰」，而非戰後所流行、美其名爲和平主義「不戰」，但其實是「投降」的懦弱。

儒教思想強調仁義道德，很多人以爲孔孟無非就是主張「修身、齊家、治國、平天下」，但事實上孔子編纂《春秋》是爲了「尊王攘夷」。孔子認定爲「夷」的，是當時稱爲南蠻或楚蠻的楚國。附帶一提，毛澤東也是楚人，年輕時期曾主張湖南應獨立爲共和國，中國應分成二十七個獨立國家。後來中日建交，他送一本《楚辭》給日本首相田中角榮，顯然也是因爲湖南亦即楚國是他的故鄉。

不只孔子，近代中國朱子學者都抱持極端排他主義思想，強調「華夷之別」或「華夷之分」。中國陽明學者也不例外，開宗祖師王陽明視夷狄爲禽獸，堅持對非漢族屠殺。

王陽明不單是學者，也曾當官、帶兵，官至南京兵部尚書（國防部長），武藝韜略過人，堪稱明代文臣武功第一。王陽明和朱子同是極端大中華主義者，視非漢族爲野獸。王陽明雖具備相當的哲學深度，但抱持大中華主義，主政福建時，徹底鎮壓、屠殺少數民族。他不僅是思想家，也是屠殺夷狄、擁「四大軍功」的殺人魔。類似狀況，後來毛澤東同樣思想家兼詩人、革命家，號稱中國「紅太陽」、「偉大舵手」、「民族救星」，充滿血腥的手卻曾餓死、屠殺、整肅數千萬中國人，堪稱世界上最凶狠的「屠夫」。中國思想家嗜殺成性，想了解中國人，這點不可不察。

王陽明認定爲「禽獸」而大屠殺的原住民，乃居住湖南、福建與江西等地的非漢族，也就是侗族、瑤族、壯族等「蠻族」。王陽明認爲，「蠻夷之性猶如禽獸」，其拒絕接受教化或叛變，乃違反天理，必須誅滅。王陽明的說辭是，「蠻夷叛變違反天理，不是我屠殺他們，而是天要殺彼等」。和一般思想家文人不同，王陽明有太多次出生入死、戰場衝殺經驗，在此過程中建立其陽明學。

一五一七年王陽明率軍攻打退守大帽山的侗族，斬首萬餘人，號稱「天殺」。他認爲，攻打少數民族是「知行合一」實踐哲學的最佳展現。

儒教思想家高喊仁義，腦中卻盡是極端排他的攘夷思想，顯然只適用中華世界。此外，中國自古軍隊由文官控制（Civilian control），不必上戰場的文人常比軍人更好戰。

明末清初大儒學者王夫之寫《讀通鑑論》，主張天下非防不可之事有二，首須區分華夏與夷狄、君子與小人之別，「華夏與夷狄天生有異，乃因地異則氣異，氣異則風習異，風習異知識與行爲皆異」。

華夷本質既異，則「欺夷狄不可謂不信，殺夷狄不可謂不仁，奪夷狄不可謂不義」，王夫之強調，「反對夏夷結婚，亦反對戎狄移住關內。即便史有蠻夷如桓溫（東晉）者入主中原，夷狄居中國帝位受擁戴，實鳳毛麟角」（卷七）。他宣揚「民族大義」，認爲即便蠻族篡位，漢族也絕不可歸順爲臣民。

漢人自古認爲自己具有文化優越性，周邊少數民族低等之人，必須接受統治。亦即，漢人可統治夷狄，夷狄卻不能統治漢人。如此先入爲主的民族優越感，很像希特勒的日耳曼民族優越論。

王夫之認爲，「信義」只通行於人與人之間，夷狄既是禽獸，沒必要對他們守信行義。

雖然滿族入主中國之後承接漢族道統、尊崇孔孟思想，王夫之仍認爲，該異族難以長期統治中國，因漢人文化崇高，非夷狄所能盡學，清王朝雖獲部分文化漢奸協助，頂多只懂中華文化皮毛，卻絕不可能掌握精髓。總之，夷狄適合居住邊境，中原則是漢人不可侵犯的領土。

但歷史發展總是出人意外，有時還充滿諷刺，被視爲夷狄的滿族征服中國、統治持續接近三百年，在中國歷代王朝之中，算是犯大錯較少的（清朝罕見的未曾出現荒淫無度的皇帝）。反之，朱氏王朝以「明」爲號，卻是中國史上最「黑暗」的時代，遠不及清朝。

清聖祖康熙皇帝實施中國史上第一次人頭稅減免，康熙、雍正、乾隆長達一百三十餘年，更是中國空前盛世。

清初盛世仍然爆發呂留良與曾靜的「大逆事件」，呂留良寫《四書講義》注釋強調，「夷夏之防重於君臣之倫」。

呂留良如此看法獲湖南永興私塾教師曾靜讚賞。當時呂留良已過世，曾靜寫《知新錄》提到，「天生萬物原理各異，出生於中土者，陰陽與德相會而為人；出生於邊境者，地形險阻而成夷狄、禽獸」（《大義覺迷錄》卷一）。曾靜弟子之中，有位宋朝民族英雄岳飛後裔岳鐘琪，累軍功位至川陝總督。曾靜寫信給岳鐘琪，要求他起兵排滿興漢。

岳鐘琪並未認同曾靜所謂的「民族大義」，反而向朝廷舉發曾靜企圖叛變，曾靜及其弟子乃至於呂留良遺族都被捕。這便是所謂的「大逆事件」。

呂留良抱持極端民族主義，認為「中國乃陰陽和合之地，出生此地為人；中土以外出生者，皆屬禽獸」。

「中華之外，四方皆夷狄，其近中土者，樣貌略近於人；其偏遠者，與禽獸無異。」

曾靜的華夷思想，簡單講就是認為「華是人，夷狄是獸，完全不同」，「夷狄乃禽獸，可殺、可斬，不可寬恕」，如此超極端的人種差別主義，比二十世紀南非的種族隔離政策還惡劣。

②儒教文化圈的幻想

就像中東是伊斯蘭世界，歐美爲基督教世界，東亞地區的中國、朝鮮、越南、日本以及台灣甚至新加坡，號稱儒教文化圈。這些國家早期以漢字溝通，又名「漢字文化圈」或「漢字文明圈」。

不過，近代西風東漸、西力東來，漢字文化圈的有識之士爲了對抗「白禍」，日、韓、清三國出現「同文同種、同俗同洲」追求自我認同[1]的運動。既然同樣住在東亞，應當團結合作，這些「日韓同祖論」、「大東合邦論」以及「大亞細亞主義」，是戰前東亞重要的思想潮流。

當時民主主義這類近代西洋文明價值擴張全球，成爲普世價值，爲了對抗，東亞有

1 **自我認同**（identity）指「國家、民族與組織等特定集團成員對該集團的歸屬意識」。美國精神分析醫師E．H．艾力克森（一九〇二～一九九四年）提倡「自我認同」，後來廣泛運用到心理學、社會學與精神醫學，成為全球共通用語。

識之士強調亞洲本身的特殊性。這也是所謂的「亞洲價值」，只是其所維護的，多半是「開發獨裁」的政治體制。

力倡「亞洲一體」的岡倉天心（一八六三～一九一三年，茶藝家與思想家）感嘆，多年追求的亞洲一體「理想」變成是幻想，因民族各有熱衷、遵守的哲學理念，正如佛教文明、儒教文明乃至伊斯蘭教文明，自古至今都持續在摩擦，文明永遠存在衝突。

儒教文化圈不過是幻想，連儒教學者也說不出其所以然，完全只是空理空論。

二十幾年前「儒教文化圈」名號震天價響，號稱「亞洲四小龍」的東亞四個小國（台灣、韓國、新加坡、香港）經濟急速成長、社會現代化，中韓學者聯合提出這種概念，希望加強自我認同、團結彼此，以對抗歐美國家。當時蘇聯、東歐與中國社會主義經濟衰退、面臨體制崩潰危機，這些學者認爲，應重新評價儒教，讓儒教在近現代史與思想史重新建立影響力。

如此作爲，顯然是模仿馬克思・韋伯的《基督新教倫理與資本主義精神》，企圖在中華思想籠罩的風土打造仿冒品。

爲了證明儒教文明與東亞成功近代化具有高度因果關係，他們寫了許多書，開許多研討會。

但儒教思想主張的烏托邦不可能實現，早在漢武帝獨尊儒教、王莽創立儒教帝國的二千年前，中華帝國史已證明其不可行。

至少可以確定，如津田左右吉教授指出的，儒教沒有被日本文化接受。日本人腦中完全沒有儒教，生活也與儒教思想無關，儒教徒宣稱東亞都是「儒教文化圈」，乃癡人說夢、全非事實。

津田左右吉教授在《支那思想與日本》書中強調，宣稱日本人與支那人受共同教養，產生共通思想，全是虛妄之言。

至少支那思想完全沒有影響印度人。日本人頂多受宋學較多影響，江戶儒教雖一度盛行，但要說日本人發自內心接受儒教，從儒教獲益良多，日本思想家多半不會同意。

比如，國學大師賀茂眞淵認爲儒者言行不一，「儒道只會帶來國家混亂」、「漢戎之書邪暴，充滿君臣殺伐之凶逆」、「今所謂儒者，只唸書而不力行」。

眞淵推崇老子回歸無爲自然的主張，認爲那才是眞正的「天地本來之心」，其結論是「唐國唯老子眞書也」。在眞淵看來，被朱子學理論綑綁的中國社會，一文不值。

不只眞淵，學者伊藤仁齋也批判朱子學不遺餘力，徂徠與之共鳴，同樣痛批朱子學。不過，徂徠另外寫了一本攻擊仁齋的《護國隨筆》，顯示他比仁齋更反朱子。徂徠著述豐富，《辯明》、《學則》、《冷靜錄》等等都非常有名，號稱徂徠學。

儒教思想問題很多，最大特色也是最大弊病是尙古主義與重農輕商思想。此乃儒教的核心主張，東亞四小龍現代化，事實上等於否定傳統儒教，這是不容置疑的。

總之，儒教文化倫理與資本主義精神背道而馳，無法促進現代經濟社會發展，反而只會阻礙經濟發展與社會進步。

中國自從漢武帝以儒教爲國教，兩千多年來社會發展停滯，這不是儒教文化虛弱空乏、無甚用處的最佳證明嗎？

因爲信奉儒教，士農工商秩序僵化，儒教文化的經濟底盤乃是農本主義，重農輕商。

至今中國政府官員與驕傲的知識分子、文化人，一說到「生意人」便露出鄙夷表情，認爲商業人必無理想，只知賺錢，不值得重視。

在儒教文化至上主義思考模式下，商人被看不起、被排斥。儒教文化的核心觀念是尙古主義與傳統主義，價值觀與歷史觀是「厚古薄今」，最好的都是古代，傳統應永遠維持，否定創造、創新的價值。

中國人看到不同於傳統的新事物、新做法，總是反射性地批評那是「標新立異」、不值得學習。社會普遍抱持這種想法，中小學教師也常用「標新立異」罵孩子，從小摧毀孩子的創造本能與求新精神，認定遵守傳統、維護舊體制才是「善」。

儒教倫理核心理念是規範君臣與親子關係的倫理「忠、孝」，以及「仁義」等社會道德規範。

日本文化不同，比如，戰國時代名將伊達政宗家訓強調，「超仁則懦，超義則頑，超勇則暴」（過度重視仁會使人懦弱；過度重視義會不知變通；過度重視勇則可能失控、胡作非為），都是儒教倫理的反命題概念，是對儒教倫理最精確、深刻的反省。

中國社會要求每個人嚴格遵守「忠孝仁義」等倫理規範。人倫道德竟需強制，無非是爲了維護、加強中央集權體制與官僚體制，而絕不是希望社會更有發展，有所改革。此外，整天將道德倫理掛在嘴邊的中國人，不會努力發展經濟。

在中國儒教信徒眼中，基督新教「宗教改革」形成的倫理觀念，恐怕是所謂的「反革命」倫理了。

儒教倫理還有個特色，那就是「重義輕利」，維護體制的「大義」高於一切，位階較低的「小我」也就是個人利益，皆可犧牲。儒教倫理總是壓抑個人自由，抑制自我成長，反而推崇全體主義，要求人們爲體制犧牲，結果創造了無數的「奴性之民」。

創意受壓抑的社會，要正常發展經濟，有如緣木求魚。儒教倫理強調追求利益乃是「惡」，如此「重義輕利」，確實很難和資本主義原理搭上線，而只會造成衝突。

中國近代以來努力富國卻遲遲沒有進展、經濟發展落後，無非是因爲儒教文化和基督新教倫理剛好相反。當然，中國二千年社會文化停滯，儒家也是元凶。因此，中華民國成立後，知識分子發起「五四運動」，認爲唯有改擁「民主」與「科學」，才能救亡圖存。

確實，當初日本能夠迅速完成現代化，也是因爲領導階層毫不眷戀地拋棄一度被江戶幕府當作「國教」的儒教朱子學，抱持「脫亞入歐」信念，成爲社會共識。

舉世聞名的管理學者彼得．杜拉克，曾深入研究亞洲各國近代化與現代化過程，發現儒教倫理不易產生資本主義精神。表面上毛澤東主要受傳統教育影響，但事實上，他曾接受中華民國初期近代教育，也明顯受李大釗與陳獨秀等前衛知識分子影響。同樣的狀況，孫文與新加坡「國父」李光耀，都抱持中學爲體、西學爲用觀念，推動國家近代化。但杜拉克認爲，若非底座與支架都徹底學習西洋文化與西洋精神，否則東亞國家追求現代化恐怕無法成功。

不能具備西洋進步的價值觀，開放制度、教育、經濟、技術、大眾組織與媒體等等，經濟終究不可能健全發展。死抱儒教倫理的人想發展資本主義，恐怕終究只是喊口號、癡人說夢。

③極端尚古主義的弊害

儒教思想最大特色是極端尚古主義，中國人至今仍深深受這種觀念影響。

儒教始祖孔子反對創新，只重視古老傳統與傳承。全世界沒有任何民族像中國人這樣，認為「古代的一切什麼都好」，至少日本人不是這麼認為。

中國人認定，自己的經驗不重要，先人的經驗才有價值，才值得學習。他們也不看時代走到哪裡，抱殘守缺，不知應變。

尚古主義的習性，讓中國人只知道遵從古代思想，文化發展扭曲，連帶社會發展停滯，文化思想早就進入窒息、僵化狀態。

中國人千百年來喜歡背五經，認為人生所有道理都在「五經」之中，日常生活都應遵照五經規範。凡「五經」提到的「先例」，都須遵從，五經地位簡直像基督教聖經，不容懷疑。

推測早在三千年前的周代，古典作品就已成爲中國人的日常生活規範，後來《春秋左氏傳》也依《詩經》與《書經》先例，列入孔子「述而不作，信而好古」的教材名單，自此中華文化逐漸失去創造力與創新能力。所謂「述而不作」，無非一味地模仿古人

中國許多生活規範並非現實社會需要才產生，而是因爲許多事物都有「先例」，儒家只能注釋古典文學作品，但都已反覆注釋二千年了，各種正誤論爭，仍未間斷，即便二十世紀社會主義中國，仍不斷針對馬克思列寧主義進行各種詮釋，中國人的尙古主義幾乎已經是「病態」了。

其病態還有一點，後漢（西元一～二世紀）時中國人產生「師承」概念。所謂「師承」，就是「學生的言論主張不可超越其老師」，學生做學問的方法與主張範圍，一開始就受限，超過就會受批判。文化與文明傳承出現這種奇怪規定，中華文明走向衰亡，也就難免了。

視古典文學作品爲權威的尙古精神，讓中國人喪失對古典作品的批判精神，也完全放棄合理主義的思考方法，精神活潑與創意被扼殺。總之，儒家將權威絕對化，無疑的

已讓中國人喪失懷疑權威、反抗權威的精神，人們只知憧憬古代社會與古代政治制度，卻對現行體制的不合理與落伍視而不見，人類社會之保守主義，莫此爲甚。

尚古主義的本質是現狀維持主義，中國人擁抱尚古主義，就無法產生自由思想，變成活在「古老世界」、毫無生氣的超保守主義民族。

思維方法完全拘泥於過去，不敢超越過去並且認爲過去的一切最好，對未來就不會有任何期許。這當然是觀念的墮落與頹廢。對未來沒有期許、悲觀，中華文明註定走向沒落與衰亡。

這種惡劣文化模式的形成過程是，首先漢武帝獨尊儒術，後漢進一步提高「獨尊」程度，建立「師承」觀念，亦即學生不可超越老師，加上隋朝之後實施科舉考試，「四書五經」聖典化之後完全僵化，失去討論的可能性，所以，即便到了近代引進西方「進化論」等先進思想哲學，仍無法改變中國人僵硬的腦袋。總之，中國人發現全世界都相信進化論，表面上勉強接受這種觀念，但薰染他們腦袋二千多年的儒教尚古主義根深蒂固，還是認爲「以前比較好」，到了二十世紀，教科書還在強調堯舜「禪讓政治」多好，還在傳說古代商湯文武周公多麼神聖，腦中塞滿幻想，又如何能自由的思辨與思考？

其結果，即便是社會之中比較先進的文化界人士，看到道德頹廢或看不慣的事情，總愛說「世風日下，人心不古」。可見在這些文化人腦中，古代一切都美好，眼前則不值得一提。

近代以來，英國達爾文的「進化論」逐漸成為全球認同的「科學」基本概念，卻在中國踢到鐵板，遭受「國學大師」、「支那革命三尊」之一的章太炎（炳麟，一八六九～一九三六年）激烈批判。

章太炎乃辛亥革命爆發前的革命派理論大師，鼓吹大漢民族至上、復興大漢民族不遺餘力，對推展革命頗有貢獻。清朝覆滅之後，章太炎思想變得保守，但卻意外的主張「聯省自治」，成立中華聯邦。當時蔣介石已完成北伐、佔領北京，章太炎公開宣稱「中華民國已經死亡」，令企圖統一中國的蔣介石尷尬，因為「中華民國」就是由章太炎所命名，「建國功臣」卻宣稱國家已亡，寧不奇怪？

章太炎另一個引人注目的言論是，他極力批判達爾文的「進化論」，認為這種主張完全行不通，因為若合理化優勝劣敗這種競爭邏輯，將造成社會上支配者與被支配者對立，文明進展優勝劣敗更明顯，弱勢者更受蹂躪，社會充滿罪惡。

章太炎認為，若將西方自然法則之一的進化論套用到中國社會，必將導致人們變得狡猾，正直之人受欺負，變成劣幣驅逐良幣的世界。章太炎認爲，所謂「進化」，不應該是一條線式的，亦即善進化，惡也會跟著進化；樂多了，苦也會更難過。根據這種「雙方並進」的思考邏輯，章太炎提出所謂「俱分進化論」與「四惑論」。章太炎之所以有此觀念，顯然也是因爲他相信中國自古以來的循環史觀。當然，這也是一種向後看的史觀。

根據馬克思列寧主義的唯物史觀，人類社會發展乃是從原始共產社會到奴隸社會，然後進入封建、資本主義、社會主義階段，而中國因爲完成社會主義革命，當然支持這種歷史史觀，認爲進步才是社會自然法則。所以，人民共和國時代，章太炎這類人物消聲匿跡，但中國政府即便在文革時極力批判孔子，改革開放後卻又宣稱「孔子時代來了」，不僅回收孔子思想，還大張旗鼓向全世界推銷「孔子學院」，令人傻眼。

第十章——

儒教倫理學的失控發展

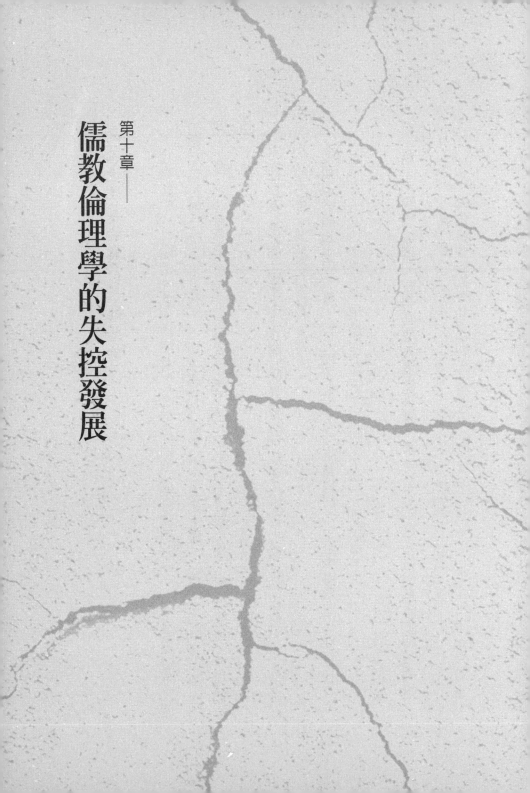

①孟子性善論與荀子性惡論

我唸國中時代開始，就常和朋友爭論「人性到底是善還是惡」，「是英雄造時代還是時代造英雄」等等。當然，這類爭論和「雞生蛋還是蛋生雞」一樣，不會有答案。同理，人性本善還是本惡幾千年前就爭論不休，未來也不會有答案，因爲並存之事物硬要「二者擇一」，並不合理。

包括日本在內的「漢字文化圈」的社會倫理規範，影響力最大的大概是孟子性善說與荀子性惡說，兩種理論都有支持者，至今仍不分上下。

要知道善惡起源與本質，首先得了解「人性本質爲何」，至少得承認人性有善惡。

孟子主張人性本善，所根據的大概是《詩經・大雅・烝民篇》：

（1）我們每個人看到其他人遭受災難，都會於心不忍，這便是所謂的「惻隱之心」。

（2）做錯事會感到羞恥，則是「羞惡之心」。

（3）與別人競爭、比賽，有時會想讓對方，這是「辭讓之心」。

（4）是非對錯非弄得水落石出不可，是所謂的「是非之心」。

根據以上四種現象，孟子的結論是：人性本善。他說，「惻隱之心」是「仁」，「羞惡之心」是「義」，「辭讓之心」是「禮」，「是非之心」是「智」，人都具備仁義禮智四種本性，亦即所謂的「四端說」。

孟子性善說對惡的定義馬虎模糊，並未清楚說明惡的根源，只說人性本善，但有時會被慾望掩蓋，露出惡的一面。如此論述完全缺乏說服力，只不過什麼是善什麼是惡，見仁見智，每個人看法都不同，仍需有客觀的標準。

對此，荀子認爲，設定善惡標準的不是人，而是超越人的神，也就是「天」、「天命」。而荀子的結論和孟子相反，他認爲人性本惡，善是裝出來的：

（1）就人性而言，人人都會憎恨別人，嚴重時會變成想加害於人，失去誠實與正直。

（2）人天生會想看美好事物、聞香氣、聽美妙聲音、好女色等等，放任產生這些慾望並且加以追逐，就會使人忘掉禮義與理智，胡作非為。

根據以上推論，荀子的結論是，人做壞事乃慾望作祟使然。追求慾望必導致爭權奪利，人群社會秩序破壞；要避免類似狀況，則須實施禮義教育，讓人們從小養成判斷是非的習慣與能力，社會秩序穩定，才不會大亂。

總之，相對於孟子認為人性本善，天生會守禮尊義，荀子強調，禮義須經教導才能理解並養成習慣，人群社會才能達到「善」的境界。總之，孟子認為善是人性「本質」，荀子則主張，善是實施禮義教育才能得到的「果」。

另外，佛教抱持所謂「宿業說」，認為人為惡，乃是前世造業所致，是一種「命運」，亦即前世所為是「因」、今生作惡是「果」。佛教不認為人性本惡，但人們過去世都曾造很多不好的業，所以今生因此必定為惡，和「性惡說」也相差不遠。

中國除了孟子性善論與荀子性惡論針鋒相對，還有其他思想家的不同主張，比如告子「不善說」、揚雄「性善情惡說」、韓愈「人性上中下三品說」。

②席捲東西方的善惡論爭

前述，人的本性有性善說與性惡說不同看法，那麼，「善」與「惡」究竟是什麼？基督教出現之前，古希臘聖賢亞里斯多德認爲，人爲非作歹乃因無知，做善事即可克服罪惡感。

西元四世紀天主教主教奧古斯都[1]《告白》一書中指出，所謂「惡」，就是「善」不存在的狀態。基督教徒認爲，世界乃神所造的，若說世界有罪惡，豈非指控神造的世界不完美？因此，基督教認爲，世界的惡與神意志無關，而是因爲人有自由意志，爲善爲惡都是人自由意志所致。

奧古斯都「善的不在」理論認爲，人們不爲善也是自由意志展現的結果。這項看法長期受基督教徒支持，西方哲學家與思想家探討善惡問題，多抱持神存在的前提，在承認神存在的前提條件下進行討論。比如，康德認爲人性本惡，但人類擁有自由意志，所以，若能遵守道德即可避免爲惡，最好的方法是相信神存在。

1 **奧古斯都**（Aurelius Augustinus，三四五～四三〇年）古代基督教神學者、哲學家與傳道者，是著名「拉丁教父」神學群之一，也是古代基督教拉丁語圈最具影響力的宗教理論家。

佛教則認爲，人爲惡乃貪、瞋、癡「三不善根」所致。附帶一提，這裡所謂「癡」，指一個人缺乏智慧、失去判斷力，類似亞里斯多德所謂的「無知」。佛教「三不善根」，很像康德所謂的「根本惡」。

此外，中國明代儒學者王陽明反對朱子所提倡的「性即理」（人的本性乃依循、根據理而展現，從而產生各種行為），提出「心即理」主張。「心即理」，指性與情渾然合而爲一，這樣的「心」，陽明稱之爲「良心」。陽明提倡「知行合一」哲學，認爲人天生都有「良知」，可做爲判斷善惡的基礎，並且也可以藉此壓抑不當慾望，遏止不當行爲而趨向善。王陽明重視人的主觀性，強調人人具備充分的判斷主體性。

到了近代，西洋形成經驗論與唯物論，認爲善惡根源與神的存在無關，而與人的先天性與自然性有關。亦即，人像一張白紙，成長過程中累積各種經驗，形成善惡判斷能力，因此，討論善惡必須從社會生活角度切入。亦即善惡乃相對性概念，會受環境影響改變，並非絕對。

後來在英國成名的荷蘭社會思想家巴納德・迪・曼迪維爾，寫了一本諷刺小說《蜜蜂寓言——私惡及公益》，探討人們常視爲惡德的「奢侈」、「貪心」、「忌妒」等，其實反而會促進社會進步。當時資本主義在英國逐漸開花結果，曼迪維爾這項看法引起關注，帶動全新一波有關倫理道德的討論。

英國思想家霍布斯也支持曼迪維爾的見解，「人有慾望不是罪惡」，沒有慾望才是罪惡，霍布斯批判禁慾主義式的道德才是罪惡所在。

不久，馬克思主義也受到矚目。馬克思主義認爲，人的價值會隨社會生活與歷史條件改變，善惡觀點因此不同。比如，當前社會罪惡的根源乃是，人們遭受不當的支配與壓榨，只靠道德教育不可能根絕罪惡，還得實施社會革命才行。十九世紀西方思想界出現「精神分析」這種心理學理論，首創者佛洛依德認爲，人皆有深層意識，其中隱藏著人性與幼兒乃至於各種非道德的心理想法。

另一派心理學家容格則認爲，人類內心最深層存在著「潛意識」。提到深層心理，佛教也有看法，佛洛依德所謂的深層意識，大致等於佛教的「阿賴耶識」[2]；容格的潛

2 **阿賴耶識** 大乘佛教用語。眼識、耳識、鼻識、舌識、身識、意識、末那識、阿賴耶識合稱「八識」。其中，阿賴耶識乃人存在之根本識。ālaya指「住宅」、「場所」，意思是此處蘊藏可產生一切諸法的種子，因此，阿賴耶識又稱「藏識」。也有人譯為「無沒識」，但這是ālaya類音語alaya所形成的異形語。法相宗認為有「八識」，後來天台宗加上「阿摩羅識」成為九識；真言宗再加上乾栗陀耶識，合計「十識」。

意識則近似「如來藏」。

「阿賴耶識」乃是人對一切事物的想法與觀念沉澱於意識深處。佛教認爲，人有眼識、耳識等八種認識能力，其中最根本也最深的是「阿賴耶識」。

「如來藏」思想則認爲，人類乃至於所有生命體都具備相同本質，亦即「一切眾生悉有佛性」。因爲本性良善、都具有佛性，若能修行，即可進入「草木國土悉皆成佛」境界。

我們每個人有什麼深層意識，英國哲學家G・E・穆爾認爲，「善難以定義，想定義善的行爲，本身就是錯誤」。

但即使善與惡無法定義，人們仍有必要常討論什麼是善、什麼是惡。畢竟唯有確認善惡，人才能建立價值觀、確認生命意義。這樣的過程也是一種內省，以及悟性與理性的展現。

③「非善亦非惡」之「無記」思想

如前述，不論東西洋世界，自古都有許多哲學家與思想家探討善惡問題，其中，佛教也有「其實沒有善，也沒有惡」的「無記」觀。這種超越善惡的善惡觀，又稱爲「彼岸的善惡觀」。

佛教法相宗提倡「唯識論」，認爲人世間所有事物都反映內心作用與狀態，一切都是心作用的結果，沒有「心」，世界就不存在。換言之，心是世界所有現象的本體，唯一實在的東西。佛教認爲，人有眼、耳、鼻、舌、身、意等六「識」，認識外界的過程會產生視覺、嗅覺、味覺、觸覺與思考感情等「心」。「唯識論」主張，六識之外還有更深層的末那識與阿賴耶識。末那識掌管自我意識，阿賴耶識則是經驗累積沉澱形成的意識，亦即人們的經驗與各種行爲全都儲存在阿賴耶識；阿賴耶識扮演類似「種子」的角色，因此又稱「藏識」。既是種子，就可能萌芽，有些人突然做出令自己意外的動作與行爲，便是阿賴耶識作用的結果。

藏識是一切經驗的總合，也是一切認識的根本，其本身無善無惡，處於所謂「無記」狀態。反之，藏識所產生的行爲可能善，也可能惡。

總之，人們日常生活所見所聞所行，都會對內心產生影響，種下「種子」。種子深藏內心，在某種機緣引動下表現出來行爲，此時就有善惡。

其過程就是「業」的概念，亦即此世行爲乃過去世所造「業」異熟所致，因此，阿賴耶識又稱爲「異熟識」。

反過來說，判斷行爲善惡得根據阿賴耶識，而標準有三，即善、惡以及「非善非惡」的「無記」。

部派佛教進一步將「無記」區分爲「有漏無記」與「無漏無記」。有漏的「漏」指煩惱狀態，無漏則是無煩惱狀態。有漏無記指一個人深陷輪迴世界，無漏無記則是擺脫輪迴進入開悟境界。有漏是相對的狀態，會反覆產生；無漏則是絕對狀態，臻於完美。亦即，有漏善是相對性的善，無漏善則是絕對性的善。

前述，阿賴耶識有「三性」，其中，「善」乃安穩之性，會帶來「樂」的結果。反之，「惡」是不安穩之性，會帶來「苦」的結果。積善得樂、爲惡受苦，這種因果論抱持有漏輪迴界善惡應報思想，類似一般社會勸善懲惡的善惡論、幸福論與功德論，相信此世爲善來世幸福；此世爲惡來世墮落地獄受苦。

但佛教所追求的，並非人世善惡功德、有漏輪迴的善惡，而是超越輪迴的涅槃境界。人們若能「捨善惡、離俗塵、超越了知今世與來世的生死」，就可進入完全不受善惡汙染的境界，這種境界稱之爲「佛」。

所謂「彼岸」，也正是超越善惡的無漏無記世界。

④肯定善惡一如的「業」善惡觀

因果報應乃佛教最具代表性的思想，但「探究善惡的根本」是倫理問題，不是宗教問題。

宗教的重點應是探求生命意義與生死，佛教三世觀特別是「業」因果觀認爲，人們善或惡的行爲不會在此世當場消滅，而會影響到來世。因此，此世做好事，彼世可獲幸福。

但若能超越輪迴，理所當然可從善惡報應與道德善惡糾葛解放，不必在意善行還是惡行，這乃是佛教所追求的最高境界。

大乘佛教認爲，成佛有兩個階段，第一階段超越善惡對立，是不善、不惡、善惡不二的絕對境界，當世人了悟，表面上對立的善與惡概念，其實表裡一體，都一樣。

第二階段是，世人回歸現實，掌握善惡不二要領，能如其所如地接納現實世界的善惡，言行處處展現善惡（正邪）一如、積極肯定現實。大乘佛教誓言拯救一切眾生，希望從痛苦深淵中解救眾生，能這樣做的修行者，將得道成佛。換言之，了悟善惡不二並能肯定、接納現實世界的善惡，就能超越輪迴，進入開悟境界。

可見大乘思想的特徵是，不再單純否定惡，有時爲了追求善，也會積極肯定惡的價值。

和儒教不同，佛教不強調做錯事的人必須處罰，反而將重點放在讓當事人了解善惡原因，知道什麼是「緣」。亦即，做壞事乃遭遇「惡緣」，佛陀不會懲罰他，而會希望此人接觸「良緣」，改過向善。佛教是專門拯救惡人的宗教，重點不在於處罰。任何人只要能多結良緣、善緣，即可擺脫惡，一路向善。

佛教主要用「業」的概念說明善惡因果關係，不認定誰天生是善人或惡人，所有善惡都是當事人自己所造，有其因必有其果，做壞事就得報應，接受「業報」、「善因樂果、惡因苦果」。

道元禪師強調，「善惡有三時，一者順現報受，二者順次生受，三者順後次受」（《修證義》）。

因果報應會持續在此世、次世、次次世出現，善惡之業必有善惡之報。有人爲善、有人爲惡，都會受報應。當然，爲惡者受報應很痛苦，慈悲的佛教思想家親鸞主張，「善人可以往生，更何況惡人」。親鸞的信念是，越是惡人，越需要協助與拯救。

禪有所謂「不思善」與「不思惡」兩種修行境界，意思是，人們日常生活總是不斷進行是非、眞妄、善惡與美醜的價値判斷，但這些判斷都虛妄、不眞實，唯有進入「不思善、不思惡」境界，才能恢復人的本心，進入禪的世界。

⑤日本人與西洋人多半抱持善惡一元論思想

不只佛教思想有「超越善惡」主張，古印度思想家也有很多認爲「超越善惡才是眞正的智慧」，老莊思想抱持類似主張。近代西洋哲學家尼采，也認爲應拋棄、超越以基督教精神爲基礎的歐洲傳統道德觀。

絕大多數古希臘與印度所謂「善惡一元論」思想都認爲，所謂「惡」，乃是「欠缺善的狀態」，就像陽光被遮住的地方陰暗，是一種缺乏「實質存在」的狀態。

基督教思想也有前述奧古斯都主張的「善惡相即論」。奧古斯都在《神之國》一書中主張，「因爲有善，才會有惡」；萊布尼茲也在《辯神論》一書中強調，「惡乃善之不可或缺條件」。

日本禪宗祖師道元和尚認爲，善惡乃相對性概念，根據不同判準，現實界與他界、天上界與人間界、時間前後等等，都會改變惡的定義。佛道與世俗生活中的善惡，意義並不相同。善惡並非永遠絕對，有些善的事物在不同的時間點，會被認爲是惡。善惡乃由法與因緣決定，是一種無定、短暫現象、相對、世俗的概念；反之，能超越善惡，即可進入無漏界、彼岸的涅槃世界。

日蓮上人認爲，世間的倫理道德惡與出世間宗教所定義的惡不同。世間倫理道德的惡指不忠、不孝、殺人、強盜等；宗教上的惡則是破戒、謗法。日蓮強調，人們若能清楚認識個人與社會的惡，努力修行超越善惡，就可在人間創造佛土。

日本另一位宗教大師一遍上人（一二三九～一二八九年）主張，宗教修行之道無他，就是「割捨、拋棄」，除了寫信、畫宗教圖案，他未曾著書，但弟子們記錄他的話，編成《一遍上人語錄》，提到：

「有人問空也上人，應如何念佛，上人只說『放下』，此事在西行法師的《撰集抄》也有記載，誠乃金言。念佛行者須拋棄智慧愚癡，擺脫善惡分別與貴賤高下觀念，害怕墮地獄的恐懼心也丟掉，希望進入極樂淨土的願望也拋除，一切的一切都割捨、放下，一心一意念佛，才能眞正皈依彌陀超世之本願。」

放下善惡境界之分別，才能掌握超世價値，進入佛教所謂「無名」或涅槃境界。顯然一遍上人就是這麼做，他堅持，修行重點在於拋棄善惡觀與善惡分別。

宗教家之外，也有人抱持超越善惡的善惡觀，那就是撰寫《葉隱》的日本武士道思想奠基者山本常朝。《葉隱》最令人津津樂道的一句話是，「武士道，唯尋死之道耳」。山本常朝主張，人們應放棄思索與知性判斷，超越儒教善惡觀，而將行動視為最高價值，「思善即惡，思惡即惡，思善思惡皆惡，不思則善」，他認為，武士道的美學精粹在於超越「善惡」地進行實踐。亦即，美比善具有更高位階的價值。

⑥超越善惡的「空」思想

「非善亦非惡」可說是佛教「空」思想最重要的內涵，一般又稱為「無心」。佛教思想家對「無心」有各種不同詮釋，淨土眞宗認為這是「佛的誓約」，道元稱之為「佛的御命」。簡單講就是佛給信徒的承諾，人們只要遵照佛的承諾，即可擺脫善惡、超越善惡生死，遠離一切價值判斷，進入絕對價值的世界。

無心世界是一種超越道德的世界。

只是，一般人內心的「藏」（意識之「種子」）總摻雜善惡，佛教信仰的價值則是協助我們離善去惡，進入「無記」境界。一般人總是心思混雜，善念邪念都有，浮現邪念當然就是惡。

人性本清濁兼具，釋迦佛陀希望救人，方法是協助人們進入、學習非善非惡的無記。

只是，是否充分反省行爲善惡，就可讓心靈清靜而進入無記境界，事實並非如此，佛陀認爲，心原本就是無記，沒有辦法把惡心趕跑。

佛教認爲，「心」有「身、口、意三業」，行爲、口說以及產生念頭，乃是「心」的主要內涵與作用，即使不刻意表現，人們無意識中也會產生這些行爲。因此，佛教修行目標之一，就是避免讓無意識的身、口、意外顯。

當然，人們內心不只存在著佛，也住著「惡魔」，特別是痛苦時更容易產生心靈惡鬼。

比如，有些人腦中浮現「想要殺人」的念頭，無非是心中惡鬼作祟，修行則無非壓抑邪惡之心。當然，其過程不會像日本「節分」（譯按：節日名稱，在家裡撒豆子，一面喊福氣留下來，妖魔鬼怪趕出去）那樣，撒撒豆子就可把「鬼」趕跑。

禪宗針對開悟有如下說明，「開悟前的善惡皆爲惡，開悟後的善惡，皆爲善」。

總之，佛教認爲道德善惡並非絕對，若能開悟，善惡標準也會改變。基督教、猶太教與伊斯蘭教有些類似，都是一神教，崇拜天地創造之神，只是神的名稱是耶和華與阿拉。基督教另有所謂「原罪」思想，認爲人天生都有罪，堪稱是一種「性惡論」。

如前述，佛教大師親鸞上人主張「即使善人都可得救，更何況惡人」，似乎和一神教同樣抱持性惡論，但佛教認爲「眾生本來皆佛」、「皆有佛性」，是性善論，更何況又有前述超越善惡的「無記」理論，可見佛教善惡理論面向非常多。

佛教認爲，每個人內心都有佛，相信每個人都有善心，這是其宗教特色所在。也就是人們相信自己有善性、佛性，當下就是善性顯現，宗教信仰的最佳狀態。

只不過，單純相信自己擁有善心，容易陷入獨善盲點，但若不相信自己行爲是善，只依賴他人善心，卻會變成僞善。換言之，唯有相信自己與他人皆具善心，才是正確信仰。

我們內心當然同時存在喜怒哀樂，極樂與地獄並陳，「笑則極樂、怒則地獄」乃是常態，若能修行，讓心安頓，常保平常心，就是幸福。

不只善惡問題，佛教更關心如何協助人們排除煩惱，獲得解脫。

煩惱主要有貪、瞋、癡三種，又稱「三毒」。貪指貪心，瞋指生氣，癡指一味地抱持錯誤觀念與想法，所以，《觀音經》重點在於協助人們「遠離煩惱」。

⑦把「空」理解成「無」的《般若心經》

中國兩千年前漢朝末期天下大亂，人民痛苦不堪，渴求宗教救贖，佛教因此大受歡迎。當時不只中國，整個東亞地區都盛行佛教，普受人們歡迎。

不過，源自印度的佛教思想來到中國，佛教經典很難用儒家經典常見的漢語翻譯，畢竟儒教是極端世俗化的思想。

當時中國人之所以能理解佛教，主要是透過老莊思想用語。老莊思想比世俗的儒家更具宗教色彩，因此能穿針引線讓佛教思想進入中國人腦袋。

比如，中國人一開始無法理解佛教的核心思想「空」，只好借用老莊的「無」，將「空」理解成「無」。比如，《心經》核心思想是「空」，全文二七六個字有七個「空」。然而，「不」出現九次，「無」更多達二十一次，可見，將《心經》翻譯成漢文的人，乃是用道家的「無」理解印度的「空」。

我唸書時的六〇年代，日本流行受馬克思哲學牽動的存在主義，存在主義大師沙特曾應邀至慶應大學演講。沙特所著《存在與虛無》不易讀，我參加某個哲學讀書會，印象深刻的是，讀書會上許多人爭論：存在主義的「無」、老莊的「無」與佛教的「空」有何差異？

針對儒教與道教的本質差異，日本漢學者和東洋學者認爲，儒教是北方產物，道教是南方產物；儒教偏官僚觀點，道教庶民觀點。從宗教與人群生活的角度觀察，「儒教」堪稱中國社會主要規範，「道教」則是精神規範，兩者都是中國人特有的產物。我的看法是，中國人爲了獨裁統治、成立家產制國家，讓儒教這種家父長思想成爲共同體的倫理規範。其特色是拒絕個人自由與獨立，因此，信仰儒教的國家很難眞正接受民主制度。

至於老莊思想，雖和佛教有些類同，但有了佛教後，中國人覺得老莊思想不足，因此開始想像，會不會是老子前往天竺變成釋尊，甚至有人僞造《老子化胡經》，宣稱老子乃釋尊之師。此外，道教這種中國民眾普遍信仰的宗教，不待言，乃是模仿佛教理論塑造。儒教不敵佛教競爭而衰退，到了宋代，一群儒者運用佛教哲學用語，意圖重振儒教。他們重新大量注解儒教經典，其中抱持極端獨善、排他性主張的便是朱子學。

可以打個比方，老莊道家思想若是小乘佛教，道教這種土俗性宗教或許可說接近大乘佛教。

⑧闡述印度人「空之哲學」的《般若心經》

大乘佛教的思想支柱有二，就是「空」與「慈悲」，掌握「空觀」，才可產生眞正的「慈悲」。此外，透徹了解一切皆空，可具備「般若」也就是智慧。

換言之，若能用「般若」（智慧）建立空觀，即可排除一切妄想邪念，從痛苦與煩惱解脫，進入究極涅槃，也就是佛的境界。

佛教有許多宗派，其中專注研究「空」思想的，是所謂的「中觀派」，代表性人物是撰寫《中論》與《十二門論》的印度佛教學者龍樹。其弟子馬鳴寫了《百論》，三書合成「三論」，日本奈良時代所謂「南都六宗」，其中之一的三論宗，顧名思義便是因中觀學派思想而得名。

《心經》一再出現的「空」，古印度文意思是「有所欠缺」，接近數學零的概念，講的是空虛、虛無。

《心經》「空觀」主要是否定一切定型的事物與想法，認為宇宙一切皆由因緣起而成立，但由緣起而成立的實體卻不可能永遠獨立存在且不變，一切終將歸零。

這樣的空觀進入中國，中國人首先用老莊的「無」來理解。後來佛教逐步中國化，產生禪宗這種新教派，「空」全面取代「無」，成為佛教核心用語，禪宗佛教徒特別喜歡說「一切皆空」。

《心經》有關「空」的最有名一句話，就是「色不異空、空不異色、色即是空、空即是色」，亦即「五蘊皆空」。

「色即是空」給人的直覺是，「色」容易想到色情或僧侶犯「色戒」。確實，僧侶若犯「色戒」，當然是「一切皆空」。而且，「女色」也可能「傾國傾城」，任何人都須小心謹慎，不可陷入女色。但《心經》所謂「色」，主要還是指「物質」、「實體」，「女色」只是次要解釋，我年輕時就常聽到這種說法。

《心經》的世界觀與人生觀，乃是所謂的「空觀」，但「空」如何理解、實踐，印度、中國與日本高僧與知識界，都有非常多的詮釋與論述。梵文「色」的含意是，「做為一種物質現象的實在物體」，指人們看得到、有形狀的東西，而眼睛看得到、有形狀也就是有「色」的東西，必定會壞，佛教「色即是空」和老莊主張相近，「空即是色」，也是再次強調這種虛無感。

佛教認爲，世界的一切都是因緣而生、因緣而滅，世間無常，萬物不斷流轉、變化。要了解「空」的眞意，須掌握因緣之內涵，即「色不異空」、「色即是空」。事物不可能憑空、無緣無由地出現，眼前看得到的東西，將依因緣法則毀滅、消失，與「空」無異。總之，「空」的主張希望我們不要侷限在任何物品上。

梵文「皆空」意思原本就是「一切的一切都沒有固定本質」。所謂「五蘊（＝色〔身〕、受、想、行、識〔心〕）皆空」，乃是「我們所有的意識與感受，內容無非是空」。

梵文「空」這個字，自古以來哲學界與學術界有「空的哲學」、「空的思想」、「空的論理」等討論，梵文「哲學」的定義是「觀看、觀察」，這類討論因此又稱爲「空觀」，「諸法空相」的意思是，觀察「諸法」，發現其本質乃是「空相」。

⑨本居宣長所宣揚的日本美好道德

我個人也是來到日本之後才發現，討論「是善還是惡」不夠，最重要的還是如何

「超越善惡」，也就是如何進入「非善非惡境界」。得此發現，我不只興奮，而且震驚，堪稱是個人思想鍛鍊的「哥白尼轉換」（譯按：德國哲學家康德所創哲學用語，指認識論方面最初一般認為，認識乃是追隨對象而生，但後來觀念改變，變成對象追隨認識而生，改變之大彷彿天文學從「天動說」變成哥白尼的「地動說」，因此，後來思想界常用「哥白尼的轉換」，比喻觀點完全改變）。

我並非修行者，但前述「發現」仍大大改變我的歷史觀、價值觀與人生觀。日本國學四大家之一、激烈批判儒教的本居宣長認爲，「教育是需要的，但絕對反對儒教那種過於人爲的德育」。宣長認爲日本古代社會存在著毫無污染、純潔的「眞心」，那就是最好的狀態，承認每個人都智、愚、巧、拙、善、惡，這才是我們的本來面貌。

宣長指出，古代日本人所擁有的這些純粹心靈，反倒被儒教與佛教給摧毀、剝奪了。自從漢文典籍進入日本，日本人的腦袋逐漸漢化，到了奈良時代，已經被漢人的思考方法與想法全面污染。

漢人的思想無非形式主義，只會讓每個人喜歡虛飾僞善。

宣長一針見血指出中國「理學」的錯誤與不當，「我們的社會太多人不只喜歡漢國典籍，不只尊敬那個國家，還囫圇吞棗、毫無分辨地接受他們是非論斷的標準與看法，一切以漢文經典爲尊。而且，不只知識分子閱讀漢文崇拜漢人，即便不識字的日本人，也同樣受影響，認爲凡是漢國的一切都好，一切都值得學習，這種想法累積千年，日本人的心靈與腦袋深處，都已完全漢化，認爲凡是和漢國不一樣的都無價值，都不合理」。如此反省之後，宣長發現，古代日本人的純眞其實更加可貴，他從「記紀」（《古事記》、《日本書紀》二古書的合稱）以及《萬葉集》、《源氏物語》等，都一再發現日本人原本具備非常可貴的心靈與想法，反而儒教與佛教經典過於牽強附會，不值得日本人重視。

「漢人所講皆對，日本學者總崇敬唐國儒佛等教誡，到處宣揚。然而，儒道與佛道理論未掌握眞理，不過重複古代觀點，實在沒必要永遠追隨其後。」（《古事記傳》）

總之，宣長認爲，日本人過去太重視儒佛「理」之教誡，並不可取，其實應回歸日語，從古代日本人留下的經典尋找「眞言」。亦即「和心」比「漢意」更重要，畢竟漢人經典所傳播的無非「詐」之道，絕比不上日本古代經典所傳承的「誠」之神道。既然如此，當然應以神道爲尊，復興日本古代「美風」。

宣長認爲，和歌內容超越善惡，具備最高價值。持類似看法的還有西行和尚，他認爲，和歌堪稱日本的「眞言陀羅尼」。

「日本和歌雖使用日常遣詞用語，其所描繪內涵卻是非常深刻，探及佛法本心，與陀羅尼無異」（《沙石抄》五）、「倭歌之道，探則見深理也」，空海和尚也認爲「和歌可堪稱陀羅尼」。

西行「和歌即陀羅尼」的看法，與當時日本盛行密教有關。密教重視陀羅尼（真言陀羅尼），認爲所有眞言都包含眞理，反映我們內心狀態，以及世上各種現象。所以西行說，「和歌入澄靜境界，無惡念，應力習，傳之後代」（西行上人談抄）。

古代日本詩歌作品是藝術，同時具有宗教內涵，日本人在歌唱過程中，深化、提升了信仰境界。

對於日本人而言，「和歌」不只「美」，同時擁有超越善惡的價值。

⑩日本社會所定義「惡的範圍」

一般人都用超感覺或先入爲主的方法判斷善惡，比如，父母指正孩子可做哪些事，不可做哪些事，以及各種習俗、傳統文化與社會規範等。

英語、德語與法語所謂的「惡」，指「有害的」、「劣等」，且其所指涉不只人表達的意思或行爲，還包括疾病、天災等生理、自然現象，乃至於政治、法律與制度等等。原始時代存在惡魔、惡女與惡靈等超人類事物，都是西歐文明認定的「惡」之象徵。

「惡」的範圍包括「惡害」、「罪惡」、「惡德」、「惡劣」、「醜惡」等，有道德不佳之意，但也指美學層次低劣。

《說文解字》對「惡」的解釋是「過也」。《通論》則說「有心之惡謂之惡，無心之惡謂之過」。

「惡」不只是倫理判斷，也包含生理、心理惡的概念，佛教有所謂「惡香」、「惡相」、「惡露」（不淨的月經）、「惡趣」（六道輪迴的惡鬼、畜牲等）。

諸惡中最大的是「罪」，亦即罪大於惡、惡大於過。

日本人有時認爲，做事能力太差也是「惡」，比如，集體行動慢吞吞拖累大家行程，或者大家一起做事某人卻總是凸槌，都是令人厭惡的「惡」。日本人喜歡集體行動、合作無間，拖累團體行動，會被視爲「惡」。不過，中文所謂的「獨行俠」（不和團體一起行動），在日本不算「惡」。

佛教認爲殺生、竊盜、邪淫、妄語乃是「四惡」，加上飲酒成「五惡」。爲了避免五惡，佛教徒應實踐「五戒」，簡單講就是「不殺生、不偷盜、不邪淫、不妄語、不食酒肉」。佛教認爲「身、口、意」三種機能會造成「三業」，殺生、竊盜、邪淫都是惡，稱爲「身三」；妄語、綺語、惡口、兩舌是「口四」，貪慾、瞋恚[3]、愚癡爲「意三」，三者合計便是「十惡」。與「十惡」對比，則有「十善」。

意三亦即貪慾、瞋恚、愚癡，乃諸惡根本，又稱「三毒」，乃一切煩惱根源。另外，部派佛教對「惡」還有另一種定義，亦即「隱瞞眞相」。

惡是看不見、聽不見的抽象概念，自古以來學者對惡的根源與本質探討爭論非常多，但卻無結論，有人認爲「穢」、「邪道」、「鐵石心腸」也可能是惡，但有人不同意，可見其內涵言人人殊。

「惡到底是什麼」，既有眾多解釋，值得收集，編輯成書，這便是安普洛斯・比阿斯[4]編寫的《惡魔辭典》。

3　**瞋恚**　意思是「生氣」，是佛教用語，「三毒」與「十惡」之一，指內心充滿怨恨。

4　**安普洛斯・金尼特・比阿斯**（Ambrose Gwinnett Bierce，一八四二～一九一三年）　出生於美國俄亥俄州，著名記者與專欄作家，撰寫《惡魔辭典》。

「惡」有不同型態，有人是「惡人」、「惡黨」，有人是「惡魔」、「惡鬼」、「惡役」等，這本辭典把「惡」做了非常徹底的解析，收齊各式各種奇特的解釋與描述。

古希臘雖也有「穢」的意識，但無「罪」的概念。「罪」是猶太人首見的精神意念，後來基督教繼承，變成「原罪」意識。佛教則抱持「業」觀，三者各自從不同角度，掌握惡的根源與本質。

第十一章——

重新思考道德教育

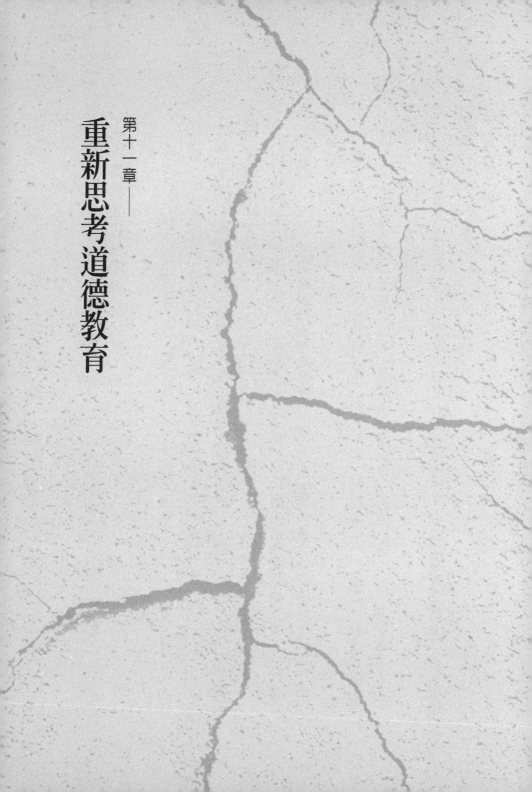

①道德教育的極限與反效果

戰後日本人道德頹廢非常令人觸目驚心，常爆發父親殺子或孩子殺害父親新聞，識者認爲，此乃戰後缺乏道德教育的結果，因此應恢復戰前的道德教育。

但我困惑，眞的只因欠缺道德教育，就造成道德頹喪、不忍卒睹嗎？不禁聯想到鄰國中國的道德教育。

相對於西洋人重視「眞」，日本人追求「美」，中國人最強調道德「善」。漢武帝以來超過二千年，這個國家實施非常徹底的道德教育，江戶儒者崇拜中國，認爲中國是「聖人之國」、「道德之國」。

但事實上，眼前的中國是名符其實「慾望最高、道德最低」的國度，就連國家領導人鄧小平、陳雲、朱鎔基與曾慶紅，都感嘆中國社會「道德崩解」、「文化退步」，不是一代、兩代反省救得回來的。

爲何最重視道德教育且中華文化核心乃是「道德」，中國卻變成如此不堪的「道德最低」？

或許，這就是兩千年「道德教育」無效、無價值的證明吧。

「儒教道德教育」值得探討，畢竟這是中國道德教育的主要結構，合理推測，應該就是中國「道德最低」的元凶。

依時間前後探索，秦帝國之前的中國，不只春秋戰國，「夏、商、周」神話時代就已出現「禮」這種社會規範。但「禮」終究只是非常形式主義的社會秩序規範，所以孔子更強調「德」。「德」是家族式、宗族式倫理，要用來規範社會秩序，當然不足，所以，當時也有其他思想家主張，「法」才可做爲社會秩序規範。這便是「百家爭鳴、百花齊放」的戰國時代。

到了秦代，秦始皇相信「法家」說法，「俠士以劍，儒士以筆，皆亂天下」，大舉「焚書坑儒」，鎮壓儒教。同時期西方羅馬帝國則推出「萬民法」，做爲維護帝國秩序的根據。

不久秦王朝滅亡，漢武帝時代獨尊「儒教」爲國教，但要用道德治國、維護社會秩序，絕不可能成功，武帝之後的宣帝就已經發現儒教道德主張的缺陷，預言「儒教亡國」。不久，王莽果眞篡奪西漢政權，建立「新」王朝。王莽企圖打造「儒教千年王國」，卻造成天下大亂。畢竟只靠「德」不可能有效治理國家，王莽提倡「德」，但實際上用來治理天下、維護秩序的，反而是「法」。這就造成兩千多年中華帝國，一貫都是「陽儒陰法」。

②道德教育爲何反而剝奪人們的道德心？

超過兩千年道德優先教育反而造成「道德最低」，中國眼前有許多令人啼笑皆非的社會現象。

紅色中國這些年流行順口溜「一切都騙人，只有騙子是真的，不騙人」，這句話具體而微顯示「易姓革命」的國家特色。中國人相信皇帝失德應推翻，由有德者繼任，但繼任來繼任去，卻變成「盜匪國家」，人們互不相信，不要說好的道德，整個社會根本就是充滿惡德。

爲何最重視道德教育的社會，反而道德淪喪、人人毫無道德？恐怕仍得從中國長期的社會背景與中國人所認定的道德內涵，進一步了解。

老子《道德經》強調，「大道廢有仁義」，戳穿「仁義道德」的必要性，他主張「棄仁絕義」，不應整天把仁義掛在嘴上。

「道德」有幾種層次，個人、家族、社會以及國民普遍的道德，不同時代人們重視的道德項目不同。但重視是一回事，實際上有沒有又是另一回事。早在戰國時代，墨子就批判儒教道德只是家族道德，不適合當作整個社會的倫理規範，他提倡「兼愛」（博愛），呼籲大眾抵制孔子的「仁」，因爲那是差別待遇的道德主張。

中國近代最著名的知識分子，也是戊戌維新推動者梁啓超指出，中國其實早就沒有社會道德。雖然儒家倫理政治思想主張，「有德者受天命成爲天子，統率萬民」，但觀察中國歷史卻發現，這其實是「不可能的任務」，中國數千年有哪位皇帝眞的照「正心、修身、齊家、治國、平天下」順序修行而統一並有效治理天下？事實剛好相反，中華帝國有史以來號稱名君或明君的皇帝，也幾乎都曾爭奪皇位殘殺親兄弟。

儒教道德教育的特色，不外乎強調背誦古典文學，將「三綱五倫」、「四維八德」等仁義德目掛在嘴邊。只是雖然成天講，但究竟「仁義」是怎樣的德性，卻很詭異的沒有具體定義。

比如，孔教教主孔子言論集《論語》，雖然出現近一百次「仁」，但弟子們從孔子口中聽到的「仁」的詮釋各自不同，有時說是「愛人」，有時說是「恭、寬、信、敏」，造成兩千多年來「什麼是仁」、「義是什麼」等，論爭不斷，只好下結論：「見仁見智」。你講的「仁義」和我講的「仁義」，可能一樣、可能不一樣，這就意味著，人人都可以有自己的判斷標準，絕不可能建立普遍共識。不只「仁義」，儒教的「善」同樣模稜兩可、令人無所適從。

所以，還是G．E．穆爾說的，「善，根本是難以定義的概念。想定義善、加以說明，就是錯誤做法」。《莊子．盜跖篇》提到，「盜賊亦有其仁義道德，遵守盜賊之道德，亦可成盜聖」，這樣的逆說（paradox，表面上看起來不合理、矛盾，但其實也對，說出某些真理），給孔孟的仁義道德主張當頭棒喝。總之，中國實施超過兩千年儒家道德教育，卻變成充滿僞善與獨善的國度，也是「道德最低」的混亂社會。

大約百餘年前，在中國傳教三十餘年的美國傳教士明恩溥，觀察到中國人可說「沒有良心」。這句話一針見血，精確掌握中國人的性格。沒錯，道德教育最好有信仰做基礎，而儒教道德教育強調仁義，但畢竟是外在規範、外來強制的倫理要求，沒有人發自內心喜歡、實踐這些道德，最後就變成人人「沒良心」的狀態。

③我對重建日本道德教育的看法

不諱言，即使日本人，戰後道德頽廢也很明顯。不可否定，戰後教育一定有些問題，這種現象不只出現在日本，一向號稱「道德國家」的中國，情況更嚴重。比如二〇〇〇年之後，中國青少年犯罪案件竟超過每年四百萬件，而且持續激增；十七歲以下精神異常者多達三千五百萬人，合計成人超過一億。研究報告指出，中國精神異常者到二〇二〇年，可能來到四億這個恐怖數字。

中國如此，號稱「小中華」的韓國乃至於台灣，也不例外。從我居住的牛久市搭常磐線往南四十分鐘，即可抵達號稱「北澀谷」的柏市，入夏之後即使夜晚，仍有成千中學生半夜徘徊，巡邏警員勸告「媽媽在家裡擔心呢」也不理會。這些青少年總將「活著沒意義」的話掛在嘴邊。

這類新聞報導令人震驚，爲何日本青少年失去生命意義與生活目標？曾有雜誌做了「今年最大震撼專題報導」，針對這個題目筆者有如下探討。

戰後日本社會道德頽廢原因何在，應如何改善，必須從各種角度斬斷病根，不能一味地相信「恢復道德教育」即可解決問題，而應多角度、多面向掌握問題癥結。

比利時著名法學家拉維雷曾問二十世紀初日本農學家新渡戶稻造，日本無宗教教育，如何實施道德教育？新渡戶反省這個問題，後來撰寫《武士道》，序文一開頭明確地說，日本人道德教育的根源無非就是「武士道」。

研究指出，當時東京帝國大學工學院前身的「工學寮」，德國教師達亞（H. Dyer）寫了一本《Dai Nippon》（一九〇四年），認為日本人熱衷學習西洋文明，乃是基於武士道精神。新渡戶或許就是受達亞影響才有這種看法。

客觀而言，宗教、倫理與道德層次不同，就連「道」與「德」也不同。所謂「道」，乃是公共、社會概念，德則是個人、私生活概念。道的重點是客觀，德的本質則是主觀，因此得道即具備德。道是社會民族共通的想法、超越個人；德則侷限於個人認知。然後，不論倫理還是道德，都從屬於宗教，乃是宗教的下位概念。

那麼，讓我們探討一個問題：儒教道德教育究竟可不可行、有無效果？儒教自古以來實施的「勸善懲惡」道德教育，早就有日本學者深入探討，發現「漢意唐心」與「和魂和心」的差異與對立。

康德認為，宗教乃道德之延長。當然，宗教與道德層次不同，不能說道德拉到極限就是宗教。即便堅持道德、生活完全遵守道德，不必然能產生宗教意識與信仰。

一般而言，宗教位階高於道德，是「先驗」[1]（譯按：拉丁語*a priori*，康德認識論用語，認為有些信念與價值在經驗產生之前就已存在）的認知，亦即宗教不僅是道德的極致實現，也可能是道德被否定的狀態。比如，空海撰寫《十住心論》指出，日本人形成精神價值與哲學概念的過程中，計有十個階段，儒教道德是其中第二個發展階段，再上去是老莊思想、小乘佛教、大乘佛教，最高階段則是眞言密教。這項看法和西方宗教倫理觀類似。其中值得注意的是，爲何儒教道德位階如此之低？只要看中國歷史，就可了解眞相。

中國人自古喜講「道德」，卻反而出現「三武一宗」殘酷摧毀佛教的事件，也曾屠殺回教徒，號稱「洗回」。近代義和團之亂，更是見基督教徒就格殺勿論。到了紅色中國，宗教被定義爲「人民的鴉片」，完全禁止，在這個不斷「作踐文化、屠殺文化」的國度，宗教與道德之本質矛盾，已完全展現。

不同時代、不同民族與不同社會，都有不同的道德觀念與標準。以日本道德發展史

1 **先驗**（拉丁語 *a priori*）意思是「原本就存在的事物」，中世紀經院哲學認為，所有事物都有原因，必須從原理進行認識，認識方法是掌握真理的重要一環。康德之後，近代認識論不重視經驗，認為真理先於事物存在，這便是「先驗」。

爲例，江戶時代、明治維新與戰後三個時間點，呈現不同面貌，不論國民道德、公民道德還是個人道德，改變都非常大。戰後日本人道德頹廢，顯然就是因爲戰後無法建立適合自己的道德價值觀。

④用尼采道德觀解釋戰後日本人道德崩解現象

數十年來我一貫認爲，戰後日本最大敵人乃是公民主義與和平主義，禍因則是社會主義革命運動。如果說俄羅斯革命是第一革命、中國革命爲第二革命，日本革命便是第三革命。若日本革命成功，社會主義社會革命就大勢底定，這是廣爲人知的毛澤東世界革命論，而掌控日本戰後教育、媒體與工會運動的「反日日本人」，完全接受這套看法，長期受其薰陶。

前述道德有各種不同層次，包括個人道德、家族道德、社會道德、公民道德、社區道德與國民道德等，不同時代與不同民族，看法都不同。至於前述社會主義世界革命運動倡導的公民主義與公民道德，目的在於否定、弱化國民道德，削弱日本主體性，社會主義世界革命運動定義下的公民道德成爲社會思想主流，理所當然就造成國民道德頹廢。

恩格斯在《反杜林論》中提出三種道德：（1）基督教封建道德，（2）布爾喬亞式現代公民道德，（3）勞動階級的將來道德。其中，勞動階級道德是眞正的道德，爲階級利益服務的階級道德才是眞正的道德，這是恩格斯一再強調的。

只是，雖然恩格斯認爲，私有社會普遍擁有「不可偷盜」這類道德觀，這在共產主義社會沒有存在餘地，因爲不可能有盜匪。但事實上，不論中國還是北韓，這兩個社會主義國家其實就是「盜匪社會」，其「革命」根本和「強盜」無異。

尼采宣揚「心的原理」思想，認爲人的心靈與意志決定其行爲，由此角度出發，進行「強者與弱者」道德分析，尼采結論是「意志決定一切」。在尼采眼中，基督教教義與道德哲學是「生之否定」思想，持續發展會造成人們對神聖事物產生敵意與反動，人們因此產生做壞事（冒瀆神聖）與「虛無」念頭。尼采認爲，人都有弱點，處於某種弱勢狀況，於是產生憤恨、想抗議的念頭。爲何人們沒辦法持續追求「眞善美」，原因正在於此。如何克服自己的弱點，是非常重要的哲學課題，尼采提出問題的解決方案，亦即所謂「超人」與「回歸永劫」的思想主張。

尼采認爲，基督教道德是「奴隸的道德」，基督教強調鄰人愛、同情、謙虛、恭順、忍耐、寬容等等，其實是以弱勢爲「善」，強勢爲「惡」，極端撩撥弱勢者的報復情緒。但尼采指出，原本強勢者就該擁有「高貴道德」與「君主道德」，亦即強者的道德才是「可創造價值」的道德，可讓當事人建立自尊、知道如何控制自我，嚴格要求自己，並且尊敬別人。此時，當事人會相信自己的力量，順心之所向而爲，因此重視「誠實」。

不過，社會多元化，善惡判斷基準也會不同，我們不免懷疑，人類是否眞有追求「眞善美」的本性，是否存在康德所謂的「善意志」（良心的聲音）、辨別善惡的道德觀或者「良心」？

戰後日本公民主義道德和社會主義革命道德、歷史觀、人生觀一樣，認爲弱勢者道德是善，絕不希望日本成爲強大國家。只要這種情況沒有改變，日本這個國家的國民道德將更頹廢。

⑤尋找超越道德的日本文化

英國哲學倫理學者穆爾指出，善乃直覺的對象，無法定義，快樂則是唯一的善。此外，政治哲學家約翰．密爾也說，任何人都有追求快樂的本性，應選擇高層次的快樂。

有道是「善無法定義」，比如，中國數千年爭論「仁義是什麼」，卻發現這種道德難以定義，鼓吹幾千年卻反而造成中國道德混亂、荒廢。

比如，我在台灣長大，高中國文課必須背誦《論語》、《孟子》，不僅如此，我從小被迫背「四維八德」，親眼所見的社會現象，都與《論語》、《孟子》背道而馳，不禁有中國人講話絕不可信、得「顛倒過來看」的感覺。柏楊先生在《醜陋的中國人》一書中戳破假象，「仁義道德根本只存在書上」，表面上重視，現實社會根本不存在。

我到日本留學，很早就注意到伊達政宗的家訓，「超仁則懦，超義則頑，超勇則暴」，以及陸奧宗光「義即利」的信念。九〇年代被允許回台灣之後，我曾當面問柏楊，中國歷史上是否有類似伊達政宗「仁義論」的主張？

柏楊先生回答，其實，伊達的看法適合拿來鞭策中國人、潑冷水，讓「滿口仁義道德」的中國人清醒一些。

七〇年代之後，我持續探索比西洋哲學更超越道德的日本傳統文化，發現日本確實存在非常多珍貴的「無形文化財」。

比如，我受到的中國教育非常強調道德，而且是孟子與荀子式善惡二元論。來到日本之後發現，日本人擺脫這種二元論，躬身實踐非善非惡的佛教「三性思想」，已進入「無記」境界。日本人重視清靜、潔白、厭惡骯髒，諸神皆兼有荒魂與和魂，這些倫理觀都令我大開眼界。西洋哲學家史賓諾莎「絕對的善惡」，顯然存在於佛教思想，那是善惡概念滅卻狀態，也是我在日本常見的。

比如，淨土眞宗開宗祖師親鸞上人認爲，我們的心無善無惡，但有時會產生善，有時會產生惡，克服的方法則是念佛，如此便能超越善惡，進入涅槃。所以，親鸞提倡「惡人正機」理論。

當然，老莊思想沒有善惡之分，尼采也主張超越既有的善惡道德。就像佛教希望人們擺脫業與緣，進入超越輪迴的涅槃。禪宗同樣主張超越道德善惡，亦即「捨善惡、離俗塵、超越今世與來世之輪迴」，歸於開悟的涅槃世界。

不只日本佛教，古代日本人非常重視清明之心，因此沒必要宣揚勸善懲惡，反而正如本居宣長說的，儒教與佛教進入日本，剝奪、消滅了日本人的「誠心」。除此之外，空海和尚、西行上人與宣長都主張「和歌即陀羅尼（眞言）」，西行強調「和歌常心澄故無惡念，思後世則心進」。包括福田恆存在內，幾乎所有日本國學者都主張，「美與和歌已超越善」。

⑥那個大家都很重視「眞善美」的時代

戰後日本人幾乎都不談「眞善美」，但事實上，過去日本人很喜歡討論這三個字。戰前日本人意志高昂、品行崇高，追求最高價值。比如，三宅雪嶺撰寫《眞善美日本人》、《僞惡醜日本人》（一八九一年），西田幾多郎寫《眞善美》，都從哲學角度分析日本人的國民性格，象徵那個時代日本人的意識與精神品質崇高。

眞、善、美早在蘇格拉底與柏拉圖時代，就討論很多。這是人精神、魂魄與心靈最理想的狀況，如何建立「眞善美」的秩序，便是所謂「理型論」。亦即，打造世界秩序，須從掌握人的內心開始，實踐極致目標則是「眞善美」。

「眞僞」、「善惡」、「美醜」是不同層次的價值，貪心不足蛇呑象之人有時也會追求「眞善美」，新興民族進取，「眞善美」也是社會主流價值，時代精神生猛有力。

大體上，西洋人最重視「眞」，中國人在乎「善」，日本人喜歡「美」，印度人認爲「聖」最崇高。

德國社會學者馬克思・韋伯指出，人們進行價值判斷有幾個基準，首先時間方面是考慮現在感情還是未來結果？其次，社會面是考慮自己的意義還是對社會造成什麼效果？兩者交叉分配，就會形成四種基本判斷基準。

若以現在為中心、以感情為本位，「美」會成為最高價值，「鑑賞」成為重要的行為。

若以未來為中心、以理性為本位，會強調「眞」的價值，最重要行為是「認識」。

若以自我為中心，追求「幸福」為最高價值，最重要行為會是「滿足慾望」。

若以社會為中心，認為「善」是最高價值，最重要行為是要求「遵守規範」。

從馬克思．韋伯這種行為模式與價值基準類型可知，日本人擁有與眾不同的強烈美學意識，也就是關心「美」，這是日本文化的特色，認為醜陋、髒污與不潔比「不道德」更糟糕。不過，這不意味日本人對道德全無關心，比如，戰前西田幾多郎撰寫《善的研究》風靡一世，可見大家關心道德問題，而且許多人目前主張，日本應恢復戰前的道德教育。

「道德教育」眞的可培養有德者嗎？我不只悲觀，可以說已絕望。日本其實就有很多超越道德的傳統文化，日本若要強大，早就具備社會基礎，又何必強調道德教育呢？

⑦美學與道德有何關連？

雖然「眞、善、美」乃不同次元，但從宗教、倫理、道德論角度討論，美是否能超越德，是幾十年來最令我好奇也百思不得其解的哲學與倫理學課題。

自古希臘蘇格拉底以來，「眞、善、美」持續被討論。古希臘人認爲，「美」與「善」乃相同概念，因此又稱「美善」。柏拉圖討論眞、善、美，認爲三者具有相同內涵。戰前日本人喜歡「眞、善、美」，戰後反倒不喜歡這三個字。西方哲學中的胡塞爾現象學，否定認識、客觀與眞理之存在，反而強調主觀，「眞、善、美」不受重視。難道這是時代潮流？

基督教神學認爲，追求善，以及堅守正義、擁護愛的倫理觀，是美的根源。黑格爾指出，奴隸制度與人身買賣等絕不可能滿足美的標準，只會讓我們憤怒、痛苦。同理，種姓制度既違反自然，當然稱不上美。這就像懦弱、邪惡凶惡、卑劣、憎恨、忌妒等，不屬美的範圍，和美正好相反。亦即，美的事物必須用心體會，而且帶有理想色彩。

康德區分美爲崇高美、調和美與閑小美三種形式，認爲美麗事物的重要特徵是具有道德善的價值。此外，人類社會存在各種道德法則，那是意志的表現，無非希望人們追求「最高善」。這種「最高善」，其實也就是追求神性、往神靠近。

西田幾多郎對「眞善美」頗有討論，他認爲，道德性行爲具有實在性目的，藝術創造具有非實在性目的，道德行爲必須純化人生、藝術化人生，純化的生命皆美、皆善。亦即，當我們用純潔的心靈觀察事物，所見所聞無非都是美，無非都是善。

確實，美與德關連很深，但美自身不可能擁有追求善的意志。約翰·拉斯金（John Ruskin，一八一九〜一九〇〇年）在其所著《風景之思想與道德》中認爲，人間乃善惡混然，美的世界則存在三種理想主義。有些理想主義選擇善遠離惡，是純粹追求者；能同時接納善惡雙方，是自然追求者；選擇惡而遠離善，則是官能追隨者，是所謂的「醜陋」。

日本人對美醜感受細膩，美醜效果如浮世繪畫家寫樂專長的臉部特寫，甚至給人妖豔感，令人心動。可見事物的魅力超越美醜，在產生美醜感覺之前就已具備。

⑧美學可以超越道德嗎？

中國人雖視道德爲最高價值，以德教化也已二千餘年，眼前卻變成「慾望最高、道德最低」的國度，傳統文化崩潰、面臨消滅危機，這是中國政府要員公開承認的。

危機元凶是二千年來的道德優先教育還是儒教道德教育？或者是其他政治、經濟、社會、文化、生態原因？也許答案單一，也可能眾多元素所造成，總之，目前這是個熱門話題。

與此同時，二十一世紀初日本暢銷作家（數學家）藤原正彥推出超暢銷著作《國家的品格》，席捲日本。藤原在書中指出，國家要各領域都有人才，必須具備三大條件，亦即「美的存在」、「虔誠的心」、「尊重精神價值的風氣」，日本三項條件具足，因爲日本人自古道德心高尚，之所以人格優雅，則是因爲國土充滿田園之美。

但說日本人三項條件具足，恐要引起中國人不快，刺激中國人的忌妒心。中國知識分子喜歡記恨，時事評論家甚至宣稱，「光藤原那張臉，就覺得日本人根本沒有品格」。同樣狀況，西方重要文化評論家傅高義（Ezra Feivel Vogel，一九三〇年～）撰寫《日本第一》轟動全球，中國文化界人士立刻宣稱，「傅高義一定收了日本政府賄賂」，可見中國文化人品性低劣。

我在日本住了近半世紀，關於日本人與中國人的品格差異，我的直覺是，日本列島乾乾淨淨，中國黃河濁流滔滔，風土條件差異，所孕育的人性可能也大不相同吧。

著名國學者久松潛一研究日本人的國民性格，發現其特質在於「誠」。美學方面，日本民族特質則是古代日本人強調「明淨直之心」，中古時代「物哀」、「幽默」，中世紀喜好「幽玄」，近世以來熱愛「純眞」、「寂靜」、「靜雅」等「偏自然概念的美」。可見，不同時代的日本文化，以及日本人的心性、美感都在改變，追根究柢仍歸於「誠」。換言之，「誠」是日本國民根本性格，同時也是審美、美學趣味最重要的要素。「誠」不僅代表美，同時也是眞、善，是藝術、道德與宗教的最高境界。

某個角度看，道德與文化類似，都具有民族特色。藝術（美的價值）則超越民族，所以黑格爾認爲，藝術位階高於道德，更具普世價值。

當然，「美」不只追求德與眞，甚至超越善惡眞僞，因此，「迫眞」（做得很像、畫得很像）的作品，反而有損藝術價值。即便美女寫眞集，也不是「露得多」、「拍得仔細」就好，還得具備藝術氣氛與技巧。此外，戲劇與魔術不講求「眞」，眞眞假假的模糊地帶更受好評。戲劇同樣超越善惡，演壞人的演員反而令人印象深刻，演技受好評。

美的鑑賞通常是一種無私的態度，習慣鑑賞自然之美，可培養道德感。美感與道德一體兩面、難以分割，道德概念終究是以情感做基礎，唯有如此，人們才能形成歌德所謂的「美麗靈魂」。

藝術美感有助於心靈成長。培養美醜認識能力，除了審美觀、美的感覺、美意識與美的判斷力，提升道德判斷力，也是不錯的方法。至於如何提升道德理解能力，除了遵守倫理規範、實施勸善懲惡的道德教育，培養美與德其實更重要且不可或缺。

⑨佛教明快的善惡判斷基準

善惡判斷基準多元，有時可根據良心，有時根據理想與目的。功利主義者認爲，最大多數人能得到的最大幸福，就是善惡判準，簡單講就是「多數」。反之，儒家倫理規範的仁義道德含糊曖昧，善惡標準既不明確，就會引起爭議。

究竟怎樣是善、怎樣是惡，善惡如何區分，不同時代看法不同。環境會改變，人們的價值觀跟著變化，善惡判斷更加困難，最後變成以個人或集團利益爲判斷基準。

佛教認爲，做了「十不善」的人是「惡人」，勸別人爲「十不善」，乃是「比惡人更惡」。做「十善」是「善人」，勸其他人也行「十善」，則是「比善人更善之人」。如此標準，也算是簡單明瞭。

佛教將爲非作歹分爲「五逆」與誹謗正法兩大類。所謂「五逆」指殺父母、殺聖者、傷佛、破壞教團。誹謗正法指曲解、攻擊佛法眞理。五逆與誹謗正法必須受的處罰是「無間業」，亦即墮入無間地獄。

當然，「無間業」之人犯「五逆」、誹謗正法者不在少數，無間地獄因此人滿爲患，開創日本淨土宗的法然上人因此宣揚「專修念佛」法門：信徒只需專心唸阿彌陀佛佛號，即可藉由阿彌陀佛本願慈悲得救。後來親鸞上人宏揚法然思想，進一步開創淨土眞宗，提出「惡人正機說」。

親鸞發現人們意志力不足，人心本無善無惡，卻會爲善造惡，人心總受「業」與「緣」影響，沒有人能靠自我意志與努力，出生即爲「善人」，即使出生是「善人」，也可能後來做錯事而淪爲「惡人」。

人世間「惡人」遠比「善人」多，甚至可以說，人們內心充滿虛僞，好像浸泡在污水中，但卻無法察覺骯髒，須由「他覺」也就是別人提醒，才會產生惡的自覺。至於如何超越善惡達到至善，並且否定、超越善惡二元論，最好且唯一的方法，法然和親鸞都認爲是「念佛」。

親鸞上人在《歎異抄》一書中強調，「善人皆可往生，更何況惡人。只可惜世間人總說，惡人都可往生，更何況善人」、「所謂惡人成佛，乃是惡人只能依靠他力，當然更是往生最重要原因。所以我才說，善人都能往生，更何況惡人」。

親鸞所謂「惡人」，指有煩惱活不久之人；「善人」則是活著能自力修養，表面做了許多功德，但其實是僞善者。

親鸞的師父法然上人認爲，「彌陀的本願是罪人都可往生極樂淨土，那就更何況惡人」。但親鸞不同意這種看法，他認爲宗教所要拯救的應該是惡人，「越是極惡之人，越應稱頌阿彌陀佛之名」。而專心稱唸阿彌陀佛佛號，即可得阿彌陀佛本願之力往生極樂世界。

世間的善惡觀主觀且相對，會受時代左右，我認爲善的事情，別人未必同意。資本主義國家善惡觀和社會主義國家善惡觀多有差異。善惡判斷標準可能只有一個，某些人尊爲「人類救星」的人，在另一群人眼中卻可能是罪大惡極的壞蛋。同一個人物評價極端不同，這種狀況在各國都越來越明顯。

正因爲不同的人、不同環境、時代，善惡觀都會變化，不同宗教看法也有差異。總之，判斷善惡不能只看一個面向，拘泥於性善說或性惡說，難以掌握善惡本質。

有個日本近代思想家、禪僧值得注意，那就是深入反省日本人善惡觀、提出精湛看法的鈴木正三。

日本古代佛教徒與儒教徒強調「貧樂至上」，鈴木和尚卻認為，「貧樂不好，福樂才好」，他認為，「利」比「義」更重要。他將「善」區分為「有髒污的善」（有漏善）與「無髒污的善」（無漏善），為了公眾或他人利益努力做生意，乃是無髒污之善，也是更難能可貴的善。

⑩深入了解古代日本人的「眞心」

在古代甚至可以說太古時代，日本人就非常重視清淨、無慾則剛與純潔，卻反倒不是那麼在乎善惡，換言之，當時日本人的觀念與想法，已相當接近佛教的無記與業報觀。不過，最早日本人的心性有兩種面向，一是激烈衝撞，另一是平靜無波，前者是所謂的「荒魂」，後者為「和魂」。「荒魂」代表摧毀、破壞大自然的力量；療傷、重建的力量則是「和魂」。日本古代人兼具這兩種性格，率直而純潔，面對一切事物，都直來直往眞心對待。不論面對戀愛還是戰鬥，他們不是很重視善惡，反而最在乎自己是否保持清明之心與眞心。

後來好講勸善懲惡的儒教思想進入日本。受「漢心」影響，日本人心靈產生變化，變成和中國人一樣喜歡怨恨、憎恨別人，好鬥之心變強。

古希臘諸神之間常有戰爭，神話時代的日本諸神卻無善神與惡神之分，根本就沒有惡神。比如，「須佐之男命」（譯按：伊藏諾、伊藏冉之子，天照大神之弟，乃農耕之神）雖調皮搗蛋，但絕稱不上是惡神。他只對大國主命等八十個神明惡作劇，卻一點也不邪惡。日本諸神的性格很像大自然，大自然給人類恩惠，但也帶來災禍與考驗。

日本人重視傳統信仰，諸神概念與古代相去不遠，當今科技發達、合理主義精神普及，日本人的信仰態度顯得與眾不同，外國人也常覺得日本人難以理解。或許這是因為，日本人意識最深層處保有祖先留下來的「重視潔淨」、「厭惡骯髒」觀念，即便來到富裕的現代，仍堅持相同觀念。

日本人認為，重視清淨與厭惡骯髒並非同層次問題。重視清淨是根本，從而產生厭惡骯髒的概念枝幹。日本「農民曆」也標示日子吉凶，通常好日隔天就是壞日，可見清淨與骯髒、好與壞只是一牆之隔，今天盛裝祭典，明天可能工作服下田，或喪服送葬。

古代日本人尊崇柔和之心與優雅態度，生命的最高境界乃融入自然。遵從自然法則，讓自然進入自己靈魂，與自然合為一體而共生。古代即已建立的這種觀念，日本人至今仍遵守不渝。與此相對，中國人自古以來強烈區分善惡，當然，這是孔孟仁義倫理學盛行的結果。值得注意的是，中國人的善惡意識強烈，卻幾乎沒有罪的意識。中國人頂多想到「天譴」，卻沒有發自內心、重視反省的「罪的意識」。

和中國人相比，日本人擁有明顯「罪惡意識」。日本人的罪惡感主要是「乾不乾淨、骯不骯髒」。日本人喜歡「乾乾淨淨」，最討厭「骯髒」。

既然罪惡主要是骯髒概念，清除髒污即可恢復乾淨，這種罪惡觀和基督教「人天生有罪」（原罪思想）不同。總之，日本人無荀子「性惡論」與基督教「原罪說」概念，也沒有中國持續數千年的「性惡性善論爭」。

日本古老神話故事集《古事記》記載神明誕生過程，首先是「日本人的祖先」伊藏諾與伊藏冉夫妻生了眾多神明，最後伊藏冉生火神時難產而死。伊藏諾追隨妻子來到黃泉國，發現妻子醜陋無比，傷心驚嚇之餘逃回現世，拚命洗身體，試圖清除黃泉國沾到的髒污。

日本人最喜歡「祓禊」的宗教儀式，用水清洗，洗去髒污，洗去罪惡。

⑪日本人以「美」爲最高價值，中國人最重視善

世界各國人民多認爲偷竊是罪惡，吉普賽人卻認爲偷竊是爲神奉獻應做之事，甚至視之爲使命。日本人厭惡說謊，認爲「說謊是小偷的第一步」，不像中國「孫吳兵法」主張「兵者詭道也」，稱許爾虞我詐。

偷竊當然是罪惡，但中國「雞鳴狗盜」成語卻顯示，某些情況下當小偷應加以稱讚。

當然，不同文化、文明以及民族、宗教，善惡觀念也不同。比如，中國人認爲「勝者爲君，敗者爲寇」，日本也有所謂「勝者爲官軍，敗者爲賊軍」，善惡以勝敗做標準：當小偷罪惡，但若能偷到國家當皇帝，卻是「眞命天子」。當然，中國人自古以來就是如此做，其理論基礎是「易姓革命」，以及陰陽五行的「讖緯說」。所謂「強盜也有他的道理」，日本諺語也說「小偷也有三分理」，和《莊子・盜跖篇》異曲同工。

道德標準會改變，比如，長期被認爲罪大惡極的唐末黃巢與明末李自成，都因發動叛亂，殺人無數而受譴責，不料中華人民共和國吹捧農民革命，連帶平反黃巢與李自

成，還爲兩人建紀念館與博物館。中國人如此沒有原則，眞叫人傻眼，但他們卻煞有其事地宣稱「以史爲鑑」，硬要日本人建立「正確歷史認識」，眞是莫名其妙。

中國人眞能「以史爲鑑」嗎？我懷疑。

儒教思想強調勸善懲惡，這種是非分明的概念之所以只侷限於儒教國家，無法影響其他文化圈，毋寧是因爲中國人的善惡概念，其實混沌不明。

世界上各民族都有其民族性，價値觀與世界觀也不同，中國人重視「善」，西洋人在乎「眞」，印度人以「聖」做爲最高價値，日本人則喜歡「美」。當然，可能還有不同見解，但大致如此，至少根據我個人近半世紀的生活經驗，日本人確是「唯美」的民族。

日本人最重視「無慾則剛」與「頂天立地」，簡單講就是「乾乾淨淨」、「武士道精神」。確實，即便現代化工商社會，日本人仍最重視無慾則剛與乾乾淨淨的人格價値。

對於日本人而言，乾乾淨淨、無慾則剛以及頂天立地，超越所有的眞與善，可視爲眞善美的昇華。此外，日本人看待事物總抱持美的角度、美的感覺，說重視美乃日本人的精神核心，並非過言。

近代文化人福田恆存的看法值得參考：「日本人道德觀的根底乃是美學觀，其美學最低標準是厭惡骯髒、追求潔淨。可以這麼說，不希望骯髒乃美學最低要求，但其實也是最高價值與目標。」（《思考日本》）

不只福田，江戶許多國學者認爲，日本人心目中之美與和歌呈現的文字，都顯示超越善的價值概念。反之，中國文化的儒教與道教都欠缺美的感性，不像日本人那麼厭惡骯髒。儒教強調「敬鬼神而遠之」，骯髒東西推得遠遠視而不見。中國人在現實生活與美無緣，甚至根本與骯髒爲伍。

第十二章——

儒教與佛教所形成「心」的文化

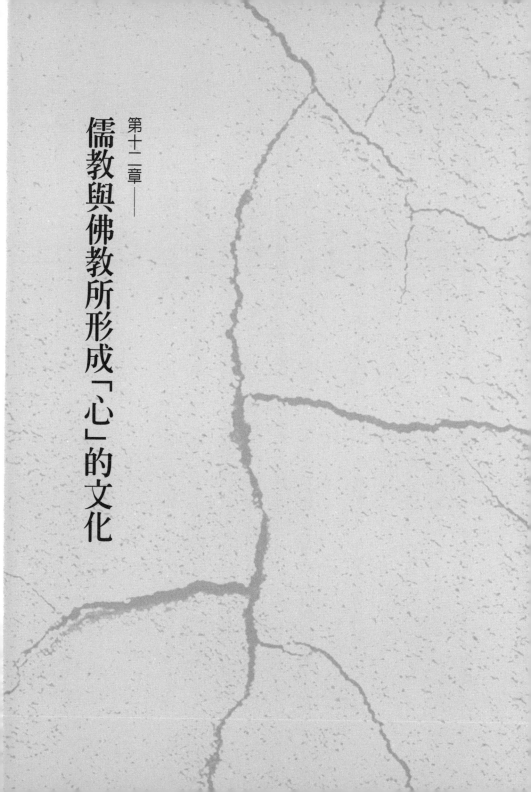

①在「心」基礎上成立的佛教國家

釋尊和佛教高僧認爲，草木山川乃至於整個宇宙，都是「佛」的顯現。日本人也有「山川草木國土悉皆成佛」的本覺思想。

佛教認爲，宇宙一切都是佛的顯現，天地自然運行就是彰顯佛法，鋪陳眞理法則。因此，世界所有現象都是「佛相」。這是關鍵，無法理解、抱持這種信念，就無法掌握佛教精髓。有這種睿智的人不多，畢竟人性有太多弱點。

人心微妙多變，難以捉摸，這是佛教所要處理的課題：多變的心思如何掌握，怎樣才能導引到正確方向？

佛教把人的言行與生命活動統稱爲「業」，細分則有「身業」、「口業」、「意業」。「身業」指身體的行動；「口業」指言語行爲；「意業」則是思考。這三者有互動、連動的因果關係，效果不斷累積，就是所謂的「累業」。有「業因」就會有「業果」，也就是「業報」，亦即「善因善果」、「惡因惡果」。

常聽說日本人與中國人最大差異是，前者重視「誠」，後者重視「詐」。確實，我個人幾十年的生活經驗正是如此。

前述佛教「三業」概念無非希望，信徒注意自己講話、想法與行爲是否合理正當，這些都是修行的基本要求。中國人卻相反，他們內心想什麼難以捉摸，心口不一、口是心非。整個中國社會充滿「詐僞」，更是叫人難以適從。

比如，中國政府管制言論，介入竄改希拉蕊與李光耀中文版回憶錄，就連歐巴馬就職演說翻譯成中文，也有部分內容遭竄改。中國政府如此舉世譁然的勾當，根本原因恐怕和儒教擺脫不了干係。中國數千年來以儒教爲基本思想，儒教最重視仁義道德等倫理規範，成天掛在嘴邊，但這些規範都屬外在強制，中國人並未眞心接受，久而久之失去良心，都變成僞善與獨善者。聰明的老子早就說「大道廢有仁義」，戳穿儒教的虛張聲勢。

日本絕非儒教社會，二十世紀初學者津田左右吉點出這項事實。古老神話時代的日本人就最重視「誠」，因爲有這種概念，後來佛教信仰進入日本「無縫接軌」，日本人很自然就接受「三業」觀，並且眞心實踐，不像中國人那樣心口不一。

日本人與中國人的根本心性截然不同，雖然同樣吸收佛教，但顯現出來，卻是一個高尚、一個低劣，天壤之別。

②佛教闡述的「心」十界說

佛教不是那麼愛講仁義道德等倫理，反而最關心如何去除煩惱，如何得到解脫。佛教認爲，我們內心同時存在煩惱與菩提兩種可能性（種子）。

「煩惱」導致內心困惑、混亂，而原因是人們有慾望，慾望不滿足卻又執著。去除煩惱須依靠智慧，亦即「菩提」（般若）開悟。佛教無非希望信徒都能去除煩惱妄念，回歸佛心（本性眞心）、有智慧地判斷，人間自然完美。

去除煩惱還有另一種方法——禪修，透過修行拿掉物慾我執、排除不安與煩惱，進入眞心菩提世界。

追根究柢，導致人心煩惱的亂源，便是「貪、瞋、癡」等所謂的「三毒」。人們內心總是充滿這「三毒」，言行失當，經常犯錯。就現代心理學而言，這其實是人類本性，但若完全按照本性行動，必導致社會混亂，因此佛教主張，應修行，找回本性眞心所含的智慧與慈悲，斷除三毒，恢復佛心。

針對修行方法，佛教有非常精細的論述，比如「五慾」與「十戒」。「五慾」乃財、色、食、名、睡，是一般人最容易產生的毛病。「睡」指「貪睡」，不認眞、懶惰的意思。

中國人看法則不同，告子說「食色性也」（《孟子．告子上》），中國人最期待財、子、壽具備，喜歡說「恭喜你發財了」，總愛祝福別人「百子千孫」、「壽比南山」。不只長壽，中國人甚至希望長生不老，歷史上出現過非常多「成仙術」與「昇仙術」。關於「名」，許多人認爲中國是「好名之國」，愛面子，喜歡受恭維。與此對比，文化人類學者潘乃德（Ruth Benedict）寫《菊花與劍》，精準指出日本文化與西洋文化的差異，前者是「恥的文化」，後者是「罪的文化」。可見，雖然追逐慾望乃人類本能，但不同文化仍發展出處理慾望的不同方法。

佛教注重處理內心思緒變化，有人認爲佛教應稱爲「佛心教」，尤其禪宗處理心性問題細膩，可稱之爲「心教」。佛教將人複雜細微變化的心理狀態分爲十大類，即所謂「十界」：「地獄界」、「餓鬼界」、「畜生界」、「修羅界」、「人間界」、「天上界」、「多聞界」、「緣覺界」、「菩薩界」、「佛界」。

其中，「地獄界」到「人間界」是「向下門」，人心處於失控、做錯事狀態。反之，「天上界」到「佛界」是「向上門」，若能進一步修行，可具備類似佛或菩薩的人格，進入「佛界」，擺脫所有煩惱，體驗悟道的佛心境界。

佛教徒相信，不斷修行，如此可以往佛界前進，與「佛心」融爲一體。空海寫《十住心論》，指出心的發展階段及精確有效的修行方法。空海認爲，修行的最高境界乃是眞言密教。總之，深入解析心理作用、提供建言，是佛教最重視的宗教哲學課題。

③十界佛心的「佛行」

佛教稱人的本性爲「佛性」，佛性所發揮的心理作用，則是「佛心」。不只佛教，孟子與荀子對人性有「性善論」與「性惡論」的不同主張。西方哲學家與宗教家也沒缺席，各有不同看法。佛教認爲，人有時會處於既非惡也非善的「無記」狀態。尼采主張應超越善惡，走向「善惡的彼岸」。

佛教所謂「宿業論」，認爲人做錯事乃前世造惡業所致，亦即前世是因、今世是果，有「命運註定」的味道。所以，雖然人性並非本惡，但人們前世都會造業，因此某種程度而言，佛教可說持性惡論。

人爲惡，多因貪、瞋、癡，合稱「三不善根」。「癡」乃缺乏智慧、迷惘而無法正確下判斷，大致等於亞里斯多德所謂的「無知」。此外，佛教「三不善根」和康德「根本惡」概念頗類似。

佛教最有特色的思想，可能是因果報應主張，照佛教三世觀也就是「業」的說法，「業」因果作用下，行爲善惡的效果不只今世，還會擴及來世、影響來世，所以，佛教要求信徒珍惜今世，好好作爲，來世有好報。

佛教「業」的善惡因果報應理論認爲，沒有人天生是好人或壞人，一切好壞須自行負責，爲善作惡以後就會受善報或惡報。總之，佛教強調「業報」、「善因樂果、惡因苦果」。

前述，佛教「業」善惡觀認爲，人性既非善也非惡，而是善惡一如。亦即，善與惡表面上看起來對立，但其實表裡一體。了悟善惡不二眞理，就能看清現實世界的善惡其實善惡一如、沒有差別。

佛教認爲，善有「不思善」與「不思惡」兩種面向，人們會產生是非、眞妄、善惡、美醜等價値判斷。不過，人的本性乃是不思善不思惡，那是一種禪定狀態。

善惡終究是相對概念，有法與因緣作用才成其善或惡，善惡本身則是無定，是短暫現象、相對的世間概念，超越善惡即可進入彼岸無漏界涅槃境界。

佛教修行當然不是爲了世俗善惡的功德利益、追求這類有漏輪迴，而是超越輪迴的涅槃因果，亦即超越道德善惡的境界，那是一種「捨善惡、離俗塵、了知今世與來生、超越生死」、不受善惡侷限的「佛」的境地。

只可惜，人們原本擁有的「佛心」，受世俗煩惱干擾與汙染，總是隱而不顯。去除這些干擾與遮蔽，則需佛法修行，遵照釋迦教誨，體現成佛之心，躬身實踐、努力修行，具體做法則是「禪」。

④受儒佛思想影響的古代日本人清明之心

日本人的精神性格有幾個關鍵字，即「物哀」、「無常」、「侘」（閑靜）、「寂」、「幽玄」等。這些都是日本古典文學的常見用語，具有感傷厭世情緒，但日本人的精神特質與性格，原本並非如此。

前述，古代日本人擁有「清明之心」，相當開朗，爲何到了文學時代變成感傷、厭世？

日本人產生無常觀，乃是受佛教影響。八世紀之前的大和朝、飛鳥朝與奈良朝，即使佛教與儒教思想陸續進入日本，日本人仍維持「清明之心」，同時接納外來佛教，建立多元價值觀。

日本倫理思想史學家相良亨指出，文武天皇（西元六八三～七〇七年）的「宣命」（天皇曉喻臣下的話）強調，「吾等皆應懷抱光明潔淨誠直之心」，千百餘年來，日本人最重視的個性與修養，也仍是「清淨澄明之心」、「正直之心」、「忠誠與赤誠」等。易言之，最重要的是「純潔的心」。

桓武天皇（西元七三七～八〇六年）之後，宣命最常使用字變成「正直」，取代「清明」，成爲日本人性格的主要特色。附帶一提，七、八世紀之後日本民間流傳諸神託宣（神諭），常用辭彙是「清淨」（八幡大菩薩）、「慈悲」（春日大明神）、「正直」（天照大神宮）。

禪僧夢窓國師在《夢中問答集》中說道：

> 所謂「正直」，有深有淺，其極致乃遠離虛妄之見，了悟眞道。正直之人了知無常之理，不求名貪利，好學仁義之道，不殺生。不枉理，此亦正直之人。

此外，日本南北朝時代北畠親房撰寫《神皇正統記》，針對三種神器之一的八咫鏡，有如下詮釋：

鏡不蓄一物，無私心有以照萬象。是非善惡之姿無不顯現，從其姿而感應德，乃正直本原。

換言之，日本人認爲，正直即是照映人們善惡的鏡子，是道德之鏡。

到了近世，日本人開始援用儒學「理」的概念，江戶幕府甚至將朱子學視爲官學，但學者山鹿素行與伊藤仁齋等人抨擊，主張回歸朱子學之前的儒學，日本人應重視忠與信的實踐性倫理，「誠」更是日本思想哲學的精華。

中國哲學史研究者武內義雄教授在《易與中庸之研究》卷末，做了一篇「日本儒教」附錄，指出中國儒學分「敬」爲中心及「致良知」爲中心兩種派別，後來，「誠」爲核心的一派沒落，這部分反而在日本延續下來，成爲日本儒學特色。

受武內教授影響，持相同觀點的相良認爲，「誠」實是日本倫理史的重要課題，山鹿素行等人乃否定朱子學價值，轉而強調「誠」的重要性。朱子學重視「理」與

「敬」，但素行認爲，日本人應追求的並不是「理之誠」，而應回歸自然，從大自然找尋身心安頓根據，讓自己融入自然的「誠」，才是最可貴。

⑤從講「理與敬」的儒學到重視「誠」的儒學

中國儒教「五倫」與「五常」乃至於「四維八德」各德目，都不包含「誠」。反之，江戶儒學特別強調「誠」，堪稱思想核心。

相良教授研究發現，日本近代以來持續發展「誠」這種倫理的論述，雖已讓人們再度重視日本古代的清明之心，了解中世日本人的「正直」，但整體而言倫理意識尚未成熟，仍停留在情緒、心情的階段。

相良發現，山鹿素行「誠」的見解非常透徹。素行認爲，「誠」乃內心幾乎壓抑不住的激動。

「不得已，此謂誠。純一而無雜，古今上下不易也。此天命穆穆未已也。聖教未嘗不以誠，道者、德者、仁義者、禮樂者，人之不得已乃謂誠，如父子之親，此非假合附會。」

素行的意思是，「誠」這種德行或概念，乃指人們內心懷抱激動心情，須克制忍耐，以此心情面對君臣、父子、朋友與夫妻關係，即可守理遵道。

總之，素行認爲，「誠」是「不自欺」的態度，認眞面對自己，表現出來就是「至誠」，眞情之流露。總之，最好的道德應像親子間如如自然、毫不做作。

「誠」與「忠、信」的差異，素行的說法則是：

誠者天道、自然實利、人人不得以之底也。忠信乃就事實上說，故誠乃就一切論來。

這句話的意思是，「忠與信」講的是具體言行事物；「誠」代表普遍不變倫理。

號稱日本近世儒學之祖的藤原惺窩曾拋棄佛教信仰，改宗儒教，他在《惺窩先生行狀》中，對此有所說明：

我久已從事釋氏，然內心有疑。讀聖賢書信而不疑，道果在此，豈人倫之外耶。釋氏已絕人種又滅義理，此爲異端所以也。

惺窩認爲，佛道乃「絕人種、滅義理」，他才追隨儒教倫理。但他追隨的並非孔孟儒學，而是宋之後已佛教化的朱子學。當時日本所謂「江戶儒學」，乃朱子學者林羅山、山崎闇齋所創，核心思想強調「敬」的概念。

不過，林羅山與山崎闇齋的儒學詮釋不同，林羅山具官學色彩，伊藤仁齋持市井觀點，仁齋曾批評官派儒學太重「敬」，「唯拘泥於外威儀，過重武士之矜持，只知嚴格要求自己與他人，卻疏忽內在修行」。仁齋此看法與素行頗接近，意思是「誠」並非外表禮儀周到莊嚴即可，重點是內心是否尊重、如履薄冰。

⑥朱子學與陽明學在日本變成市井民眾的精神涵養

伊藤仁齋與荻生徂徠等，批判江戶幕府官學朱子學，主張徹底遵循《論語》，這便是所謂的「古學」。仁齋又認爲只重視《論語》還不夠，須汲取其精髓，從日本人的角度詮釋。

比如，他從孔子強調的「忠誠」，找到「誠」這個可讓日本人遵循、依靠的道德德目。仁齋認爲徂徠過於保守，不敢跨出孔子主張。

受到批評，徂徠反駁，「若成惡習，惡亦誠也。此非先生所教之誠也」（《弁名》）。徂徠弟子太宰春台也爲徂徠叫屈，「誠乃不分善惡之德，善有誠，不善亦有誠」。

可見徂徠這派看法是，「誠」無非指人的本性，即天生自然的心性，可善可惡，只靠「誠」無法自律，還得禮樂導向正途，或以政刑防範惡事。

「誠」雖有此爭議，但到了幕末，日本武士普遍重視「誠」。當時日本武士有點過度重視形式禮儀，但仍認爲，「誠」乃內心與禮儀合而爲一，是武士道的極致表現。換言之，內心最重要。

一八五三年美國培理艦隊闖入，日本舉國震動，有志之士吉田松陰上書萩（長州）藩，提出舉國禦敵之策，他在這篇「將及私言」中提到，「天道與君學皆不外乎一誠字」。松陰認爲，不管探索自然之理還是君主尋求治國之道，都應以誠爲本。此外，他說：

> 而誠一字，中庸顯以此爲先發。謹考其說，一曰實。二曰一。三曰久。

松陰認爲「誠」須深入討論，其最重要精神乃「實、一、久」。亦即首先努力實踐，持續貫徹。孟子所謂「至誠不動者，未之有也」，松陰也努力實踐，他憂國憂民，絕不光說不練，而總是毫不遲疑地東奔西走。後來松陰與幕府對立被捕，獄中仍寫信給弟子們，「吾平生學問淺薄，難謂已以至誠感銘天地」。松陰反省，自己有關誠的實踐，還不足夠。受松陰無私心的「誠」精神感召，幕末志士前仆後繼投入改革，形成沛然莫之能禦的「明治精神」。明治時期著名哲學家西田幾多郎在《善的研究》中指出，最可靠的道德乃是「至誠」。

眞正重視誠，不論面對他人還是面對自己，都努力尋找眞相。仁齋與松陰認爲，與其追求客觀規範，不如重視主觀心情，才能天地人倫一體化。

只是，但徠與春台指出，要了解什麼是眞正的誠，什麼是善惡，只靠「誠」恐怕仍不足。這也就像黑格爾批判康德過度重視主觀。

日本人容易感受美，喜歡實事求是，但只靠誠與眞心，終究無法完全掌握知性，只能停留在感性水準。

⑦滅私奉公才是眞正的清明之心

萬世一系的日本天皇制度，堪稱人類史上唯一例外，幾乎不可能卻變成事實。帝王當然都希望「萬世一系」，秦始皇自己命名「皇帝」，被稱「始皇帝」，無非希望二世、三世以至於永遠。

前往宋國留學的日本東大寺僧侶奝然晉見宋太宗（宋太祖之弟），太宗從他口中了解日本萬世一系的天皇狀況，頗有羨慕。在不斷爆發「易姓革命」的中國，就連皇帝家族也可能被殺，太宗本人也是殺兄滅兄族才得以登基，最講究忠孝與宗族主義的中國尚且如此，可見皇朝永續之困難。

明遺臣朱舜水亡命日本，出仕於水戶藩，驚嘆道：「中國人憧憬的周代封建制度，竟然被保存在日本。」

爲何中國人所希望的「君民共治」，只出現在萬世一系的日本？如前述，中國有識之士也承認，日本天皇體制堪稱最接近理想天國的國度。那麼，日本人爲何能實現這樣的理想？

日本人心目中的神和基督教、佛教不同，神非個人之神，而是共同體之神，小到村落共同體，大到國家，都有守護神，神的價值不在於拯救個人靈魂，即便個人參拜，也是代表共同體的心意。

共同體之神與共同體同存亡，共同體消滅，神也消滅。日本人認為，他們信奉的神，只存在於日本這個特定空間。

佛教與神道原是性質不同的宗教，卻在日本「神佛習合」（合而一體），形成既可拯救個人靈魂、也能拯救共同體靈魂的宗教。

日本人重視信仰，特別是「清明之心」，哲學家和辻哲郎認為，此清明之心最重要的涵義是，必須絕對崇敬追隨天皇，因天皇是日本共同體的最高象徵。早在《古事記》的宣命之中，就可看到古代日本人厭惡「私」，看不起「私心」。

日本人重視「清明之心」，希望「滅卻私心」，這和中國最高倫理道德的五倫與五常，完全不同。日本人的價值觀是，否定私價值，對共同體或天皇全心全意奉獻，「清明且公正之心」是日本最高的美德。

古代日本人希望建立「無穢」國度，要在現實生活之中實現這種理想，方法是「祭」，也就是「政」，如此便可清除人世間的「穢」。

中國人對「政」的看法不同。中國人認為，天下大亂之因必定是因為天子失德，而非國家本身存在著「穢」，撥亂反正的唯一法則是「易姓革命」，讓有德的「眞命天子」承天命統率萬民。其理想做法是「禪讓」。中國人總說古代堯舜實施「禪讓政治」，儒家宣揚這種價値，但兩千多年易姓革命憑藉的卻是武力，全是打殺與放逐。

佐藤榮作首相說過，中國政治人物最不需要的是「心如明鏡止水」；田中角榮首相也指出，「中國政治人物身上最不容易找到的特質，乃是如五月晴空萬里的磊落光明」。

日本人喜好晴空無雲，也希望人格清明磊落，毫無骯髒，實際狀況接近於此，和中國人形成對比。

⑧「誠」與「詐」只在轉念之間

日本人與中國人差異何在？就文化與精神層次而言，簡單講就是「誠」與「詐」之別。日本人充滿好奇心，喜探求眞理，杉山徹宗寫《為何中國人說謊不臉紅？》說：「爲何中國人愛說謊？難道其傳統文化已經變成不說謊活不下去嗎？我不信。」但很不幸，研究結果發現，事實正是如此，中國已變成說謊「無所不在之國」。

道家元祖老子早就點出這問題，「大道廢有仁義，智慧出有大僞」，正因爲儒教倫理成爲中國社會基本規範，結果造成中國人僞善與獨善。

中國近代文學之父魯迅曾留學日本，讚許日本人誠實認眞，絕不像中國人「馬馬虎虎」、「投機取巧」。

日本人討厭說謊，父母親總告誡孩子「不可說謊，小時說謊，長大一定變成小偷」。

佛教思想家夢窓國師也說，「想活得長久，先得不說謊」。說謊的人受良心譴責，睡不安穩，自然不可能活得愉快、活得長壽。反之，正直之人問心無愧，安心常樂。

筆者小時候，懂日語的家母教我一首童謠「花咲爺爺」，至今仍常吟唱。這首童謠提到，一般人都認爲正直之人「笨蛋」，但其實貪心、壞心眼才是糟糕，定會遭報應，「花咲爺爺」就是這樣的故事。

話說，古代有兩位老爺爺，一位正直爺爺，一位壞心眼爺爺。正直爺爺讓枯木開花得到城主獎賞，壞心眼爺爺見狀也跟著模仿，不料花沒開成，反讓城主滿臉沾灰，結果被罰。這童謠傳達善因樂果、惡因苦果觀念，此外，《日本靈異記》與《今昔物語》等日本古代民間故事，也都強調行爲端正之重要性。可見，日本人自古喜好天眞浪漫的童心，追求清明之心。

⑨「漢意唐心」與「和魂和心」

為何日本沒有變成儒教國家，而成為聖德太子口中「三寶之奴」的國度？因為十二、三世紀鎌倉佛教誕生，這個國家就已經變成「佛教國家」。

為何日本會變成佛教國家？原來與「遣隋使」、「遣唐使」有關。話說，中國漢朝最盛期人口六千萬，加上奴隸，推估約一億人。漢末天下大亂，三國時代剩七百萬人左右，五胡十六國加上南北朝四百年，加上隋唐合計七百年，整個中華世界乃是由北方夷狄統治，連語言都夷狄化。當時佛教由西亞進入東亞，成為主流思想，儒教幾乎消滅，奄奄一息。主要也是因為儒者被殺的殺、逃難的逃難，能與佛教相抗衡的，只剩新興的土俗道教。

奈良平安時代（八～十一世紀），中國大陸傳入日本的宗教思想，不是儒教，而是佛教。日本人大量接觸儒教，乃是江戶新儒學，也就是朱子學。但因抱持與眾不同的世界觀與價值觀，且只能存續於皇帝制度、科舉制度、宦官制度等環境，因此朱子學進入日本即使曾盛行，也終究水土不服，不可能生根發展。「朱子學」因是宋朝遭北方夷狄威脅而誕生的「新儒學」，特別強調華夷之別，極端排他、唯我獨尊。事實上，許多人推崇的《資治通鑑》，也是在相同時代條件下誕生，強調中華思想，呈現極端排他的中華史觀。新儒學的陽明學也不例外，認爲殘殺夷狄乃「天殺」，將屠殺少數民族行徑正當化。這種「屠殺哲學」當然不可能受日本人普遍歡迎，所以，後來日本人即便喜歡儒教，也只限其中的「革命哲學」。

日本朱子學者崇拜中國，說是「聖人之國」、「道德之國」。只可惜，他們被儒教經典迷惑，誤以爲儒教經典的「理想」已成事實，但事實完全相反。當時日本也有聰明睿智的國學者，雖和儒學者一樣不曾親眼見識中國實況，國學者卻一眼就看出儒教有問題，儒教根本思想「勸善懲惡」，本質缺陷非常嚴重。

所謂「勸善懲惡」，現實難以實現，更不可能有承天命統率萬民的「有德者」君主。歷史證明，中華帝國歷代王朝即便號稱「明君」的皇帝，幾乎都曾父子相殘或兄弟相殺，才能登上「天子寶座」。儒教教主孔子所謂「正心、修身、齊家、治國、平天下」，不過是只知講好聽話、癡人說夢，現實中國和「德化」根本就是天壤之別。總之，中國掌權者表面上大力宣揚儒教主張，實際上卻不信這套，政府治理採行「法家」，形成「陽儒陰法」、掛羊頭賣狗肉現象。正如前述，兩千年掛羊頭賣狗肉的儒教中國，早已變成人人陽奉陰違、「沒有良心」的世界。

中國人說謊不臉紅，和溫文純正、誠實的日本人不同。這也是日本成為佛教國家，卻不可能成為儒教國家的主因所在，本居宣長等有識之士與國學者都認為，日本人的精神品質「和魂和心」，遠高於中國的「漢意唐心」，因此沒必要追隨中國人成為儒教國家。

⑩為了對抗「唐心」而出現的「和魂」

日本九世紀思想家菅原道真強調「和魂漢才」，認為日本應吸收中國的優點，但日本平安期（八～十一世紀）重視「大和心」，隱約與「和魂漢才」區隔，加以對抗。換言之，雖然吸收了中國人的優點，日本人仍不忘國魂本質與特色，保有與眾不同的「大和心」。

江戶時代，荻生徂徠與伊藤仁齋等儒學者崇拜中國，主張日本應全面學習、模仿中國。只可惜，這些儒學者不了解日本文化的優點，甚至輕蔑地說，凡詩文與書畫不染唐風，皆爲「和習」、「和臭」。

所幸後來仍有本居宣長等國學者，挺身而出宣揚「大和心」與「大和魂」，對抗徂徠與仁齋等人極端崇拜中國的錯誤。當然，這才是合理潮流，如前述，「大和心」與「大和魂」優於中國的思想主張。

比較文學者平川祐弘在《和魂洋才的系譜：由內由外看明治日本》（平凡社）一書中指出，日本進入十九世紀，立刻建立以「和魂」及儒教倫理爲基礎的價值觀。

津田左右吉與亘理章三郎認爲，日本平安期的文藝作品就已經出現「大和心」一語，《源氏物語》也提到「大和魂」，「有才華之人，才能在重視大和魂的這個社會受重視」（乙女卷）。

亘理撰寫《日本魂的研究》，說明近代日本人建立大和魂與大和心所根據的學說，強調日本人學習外來文化時常見的「尊外卑內」態度並不恰當。比如，平安時代日本人重視漢文與漢詩，知識分子都以熟悉漢文、漢詩爲高尚，是所謂「和魂漢才」的時代。然而，表面上「漢才」高高在上，但章三郎認爲，「和魂」才是最有價值。相對於「漢才」養成，只要努力學習漢學即可；「和魂」卻是日本人天生特有的才華與氣魄，而這正是日本國民特質所在。

和辻哲郎與津田左右吉都同意，日本平安時代就已出現的「大和心」與「大和魂」用語，明治二〇年代大量盛行，成爲「國粹」與「日本主義」的核心內涵。率先使用「大和魂」一詞的，是幕府末年的革命志士。此外，「日本精神」一語，也在大正民主潮之後，成爲日本人琅琅上口、最喜好的詞彙。

平田篤胤與大國隆正等平田流國學者認爲，《源氏物語》就已出現的「和魂漢才」一詞，完全彰顯日本人的心靈與思想特質，幕末則變成喜歡說「和魂洋才」、「士魂商才」。

從這些口號的更替，可以看出日本人不同時代「文明改宗」的決心。近代西方船堅炮利叩關、西力東來之前，日本人就很重視「和魂」。爲了對抗西方，幕末開始強調具有「和魂」意義的「日本精神」、「日本主義」、「大和主義」等，於是誕生具有「漢魂」涵義的「東洋精神」。

⑪「和魂洋才」與「脱亞入歐」

《源氏物語》顯示，當時日本知識分子認爲，最有教養的日本人應兼具「唐智慧」

與「大和魂」。「唐智慧」指具備漢才，能閱讀漢籍與漢文學；「大和魂」則是處理事物的日常智慧與才能。

後來實施「大化改新」（大化革新，西元六四五年），引進隋唐文化、實施「文明開化」，日本成爲律令國家。但當時首屈一指的漢學者、同時也是地方首長的菅原道眞主張，日本人不應過度憧憬隋唐文化、向中國傾斜，而應堅持、發揚日本特有文化，至少政府必須表態。他具體建議廢止遣唐使，長達近二世紀的隋唐文化學習風潮結束，日本文化自此走上獨立發展道路。

江戶時代，日本盛行「漢魂漢才」，認爲中國什麼都最高尚，這讓賀茂眞淵與本居宣長等國學者憂心不已。如前述，這些國學者大力宣揚「和魂」的重要性，強調「和魂漢才」，也就是「和魂先於漢才」才合理。後來面對西方要求日本開國的壓力，日本有識之士喊出「和魂洋才」，也就沒有人說「和魂漢才」了。

本居宣長強調日本固有的「古意」優於「漢意」，並非排斥外來文化。他所謂「漢意」，也不單指中國文化。宣長在《玉勝間》有如下說明：

「所謂『漢意』，不單指喜好唐國文學、尊崇唐國，而泛指世間之人喜好的善惡是非道理以及物之理。只是，過去日本人認爲，所有道理都可從漢籍之中找到。」

本居宣長強調，日本人學習中國文化無妨，但不可盲目，更重要的是先了解日本文化、強化大和魂，然後才學習外來文化。

宣長大力提倡「物哀」的概念。「物哀」乃是日本人自古具有的敏感與優雅心性，能細膩感受大自然與外在事物變化，察覺人心幽微，體悟悲歡離合。

古代日本把「物哀」概念詮釋得最淋漓透徹的文學作品，乃是《源氏物語》。這本長篇小說，大量出現各種不倫戀，充滿罪惡感，也備受儒學者與佛教徒抨擊，但宣長卻獨排眾議，認爲《源氏物語》的價值超過想像，這本書精確細緻地表現日本人的心性與品格特質，也就是自然率眞，融愛情於悲哀的生命情調，如如自然，而不像中國人那樣成天把「善惡」掛在嘴邊。

後來幕府結束，明治政府宣稱接受本居宣長等國學者意見，卻推出廢刀令與斷髮令等歐化政策，許多知識分子反彈，熊本地方的「敬神黨」（神風連）甚至公然叛變。敬神黨成員似乎和清朝義和團一樣，頑固地抱持國粹至上主義，但事實不然，敬神黨領導階層都是喝過洋墨水的飽學之士，他們反抗明治政府，乃是因爲明治政府「只知學習西洋文明皮毛，卻摧殘、毀壞固有文化之神聖價值」。他們造反理由充足，判斷也很科學，明治政府確實不該盲目推動歐化。

話說回來，明治維新獲攘夷派支持，才能扳倒幕府。所謂「攘夷論」，其實和復古主義表裡一體，主張日本建立自信，不可對洋人自卑，日本不可全盤西化，而應回歸王政復古，恢復平安朝天皇親政，甚至更早神武天皇建國的傳統。

內閣成立太政官與神祇官等官職，但不久，攘夷論者思想主張轉向，改強調富國強兵、極力推動近代化。這種「開國主義」與「文明開化論」認爲，只靠國學與漢學無法跟上時代，必須連政治架構都向西方學習。

學者葦津珍彥深入研究這個過程，發現當時日本領導階層無法抗拒西洋近代化的原因，乃是「看到甘地那樣爲亡國的印度奔走、努力復興東洋，日本復古主義者雖感動，但也深深警惕，日本得先免除亡國危機才行」（《明治維新與東洋之解放》，皇學館大學出版部）。

努力學習洋學之際，有識之士佐久間象山提醒，日本人須堅守「東洋道德、西洋藝術」立場，橋本左內也強調「器械藝術取彼，仁義忠孝存我」，吸收西洋學問、知識與技術、制度無妨，但須抱持「和魂洋才」的基本態度，才能吸收外國文化與文明。當時日本知識界共同的意見是，非擺脫被殖民危機不可，因此必須脫亞入歐。

⑫ 打造「和魂洋才」國度的大日本帝國

明治時代，日本知識分子喜歡談論「和魂洋才」與「洋魂和才」，如前述，該口號最初是江戶末期佐久間象山的「東洋道德、西洋藝術」。明治維新後，推動文明開化，重點放在殖產興業，富國強兵論也受重視，但許多人爭論「應歐化還是堅守國風」，「和魂洋才」、「和魂和才」與「洋魂洋才」，各有支持者。

一般認爲，明治維新成功，日本快速完成近代化，「和魂洋才」的信念功不可沒。或許這也是日本二十世紀文明史與文化史最值得討論的課題之一。

西洋爲何能率先完成近代化？德國社會學、經濟學者馬克思・韋伯認爲，關鍵原因是基督新教徒倫理觀具有資本主義精神。

早期天主教徒認爲，慢慢累積功德，便能獲得神拯救，反之，新教徒主張，人爲不重要，神意才是關鍵，神覺得信徒有價值、值得感動，就會救他。爲了確保獲得神拯救，新教徒全力工作，認爲工作是神給的使命，必須做到最好。話說回來，韋伯所推崇的資本主義精神，和日本的武士道精神頗有類似。

比如，日本武士強調自尊，「武士即使餓肚子，也要刁著牙籤」，這個諺語精準表現武士「忍人所不能忍」之精神，其「禁慾特質」和新教徒的「新教教義」、「新教信念」（Protestantism）非常類似。明治思想家福澤諭吉也稱讚，三河（德川）武士為典型的日本武士道精神，最令人敬佩的是「即使餓肚子也不可失去榮譽感」。

就像新教徒相信，把天職亦即自己的工作做好，是服侍上帝、尊榮上帝的最佳方法，日常生活抱持合理主義態度，日本武士也不是只知戰鬥，其生活內涵具有高度合理性，只不過充滿勇氣、覺悟與冒險精神罷了。

可以說，日本能成功吸收資本主義精神、完成近代化，關鍵因素是日本人具備武士的忍耐力與自我犧牲精神。這其實比「新教理念」更崇高、強度更強，因此讓日本短短幾年內轉型成功。

與此對比，面對西方強大壓力，中國清朝堅持「中體西用」，認為固有文化與精神是最重要的「本」（體），西方文明與文化不過是「末」（「用」，枝葉末節），即使鴉片戰爭之後改革，務實派官僚推展洋務運動，仍甩不開傳統包袱。

清末的改革做法是，堅持傳統精神文化與價值觀、生活習慣，只向西洋學習技術文明，亦即「中學為體、西學為用」，所謂「自強（洋務）運動」，不過爾爾。於是不久，清法戰爭與日清戰爭全面挫敗，富國強兵運動徒有虛表，不堪一擊。

中國的「中體西用」概念，和之前日本的「和魂洋才」相同，都認爲精神面應堅守傳統，物質面則向西洋取經，中國雖購買、打造西方近代武器，但缺乏組織與訓練，精神渙散不振，士兵聞砲響魂飛魄散、四處奔逃，不僅如此，半吊子學習無法同時發展產業，堅守「中華思想」的改革，終究只是蓋在沙子上的堡壘，一震即垮。

⑬日本成功融合「洋魂」與「和才」並加以修正

思想大師福澤諭吉宣揚「洋魂和才」，而非「和魂洋才」。他在所著《文明論之概略》中指出，「日本有政府而無國民」，應加強個人鍛鍊，「一身獨立，才能達成一國之獨立」。換言之，維新建國必須發展文明，拋棄私德私智、追求公德公智。日本若希望永久太平，須脫離亞洲、全面吸收西洋文明。

後來二戰結束，日本人再度喊出「和魂洋才」，順利達成經濟高度成長，甚至有傅高義撰寫《日本第一》，揚威國際的風光令中國報紙酸溜溜地批評，「日本政府拿錢請傅高義寫書，大力吹捧日本」。

傅高義該書序文盛讚日本人擁有眾多美德，包括勤勉、忍耐力、克己心、體貼心，又說「深入研究、了解日本人的組織、財經界與官僚體制，就會發現日本的成功，關鍵並非傳統的國民性與美德，反而是他們發揮了獨特的組織能力，擬定正確計畫與政策，強力貫徹的結果。」傅高義強調，日本人成功的根本原因並非「和魂洋才」，而是「和魂和才」。早期憧憬西方、全力學習西方，但強調「洋魂」的做法後來往「和才」修正，正是成功關鍵。

總之，不同於中國僵硬、不知變通的「中體西用」，日本人學習西方優點，完全展現優異的柔軟度。日本古代就有類似成功經驗，吸收佛教、儒教精華，都抱持「習合」（學習然後融合）概念，不像中華思想那樣自我優越、排他。中國的「中體西用」注定只學到皮毛，不可能成功；日本人的「習合」做法，則讓異文明徹底成爲自己的血肉。

清末維新失敗，中國二十世紀後半還在掙扎該走怎樣的近代化路線，猶豫應「全面西化」還是「部分西化」。清末日本連續打贏日清戰爭、北清事變與日俄戰爭，西太后被迫改革，但只短暫活絡了經濟，終究因爲缺乏政治改革而挫敗，經濟成長曇花一現。

即使一九一一年辛亥革命推翻清朝，中華民國政府仍難擺脫二千年傳統，「中體西用」方針也沒有改變。到了共產政權，文革一度拋棄所有傳統文化，「中體西用」也丟進垃圾桶，結果整個國家全面倒退。

出面收拾殘局、實施改革開放的是鄧小平。但即使鄧小平也無法擺脫傳統思考與共黨包袱，其所企劃、推動的「社會主義市場經濟」，只是在「中體西用」繞圈圈。

⑭日本精神與武士道精神

台灣人至今仍盛讚「日本精神」，意思是日本人的勇氣、勤勉、誠實、清潔、奉公、守法等傳統美德，值得台灣人學習，代代流傳。

所謂「日本精神」，核心要素是「大和魂」與「武士道精神」，即便沒有武士傳統，台灣人仍喜歡講「武士道精神」，稱頌不已。日本民俗學者研究指出，或許是因爲台灣原住民精神特質類似日本武士道，因此，台灣人能毫無隔閡地接受「武士道精神」。

台灣前總統李登輝先生撰寫《武士道解題》一書，在日本出版引起轟動。從書名「解題」可以了解，不只日本人仰慕武士道，台灣人在內的亞洲人，都可把武士道當作共同精神遺產。

只可惜，眼前日本思想界並不覺得武士道精神可貴，反而將武士道精神視爲軍國主義、右翼、侵略與屠殺的代名詞，持這種自虐歷史觀的日本人，反倒不如具日本精神的台灣人，目前日文「日本精神」與台灣話發音的「日本精神」，涵義已完全不同。

另一方面，中國頂多有「中華思想」或「支那人劣根性」，從來沒有「中國精神」與「中國魂」。但中國人也不是完全沒有自己的「光榮價值」，文革中國大力推廣「延安精神」，學習國共內戰期間被逼到延安角落的共黨，艱苦卓絕、反敗爲勝。但諷刺的是，雖重視「革命精神」，把自己關在竹幕的中國企圖自力更生，高喊「農業學大寨」、「工業學大慶」，終究還是失敗，搞得一蹋糊塗。

中國共產黨發明「延安精神」，與之對抗的國民黨也標榜「重慶精神」。但可笑的是，「重慶精神」不過是「三十六計走爲上策」，只知逃跑，卻說是「精神」，眞是貽笑大方，眞應向日本武士道的「恥」學學。

精通十數國語言的中國文化界怪傑辜鴻銘，被孫文與林語堂譽爲中國人英文第一，其所撰寫的《中國人的精神》（原書名 *The Spirit of the Chinese People*）被譯爲數國語言，然辜鴻銘所謂「中國人精神」，乃是指「春秋大義」這類儒家思想，充其量只是傳統文化與社會道德層次，並非民族所應擁有的品格、氣度與胸襟，而且正如文化評論家柏楊先生說的，「那些美德其實都只是書上嚷嚷，現實生活的中國人，絲毫不存」。

⑮武士道必須有儒教倫理學嗎？

提到倫理道德，日本人大概會馬上聯想到儒教。不過，津田左右吉教授認為，儒教並未在日本生根。相對於佛教在日本已完成「土著化」，產生鎌倉佛教這種具有日本特色的佛教，儒教卻無此成果。原因當然與日本風土有關。除此之外，八～十世紀遣隋使與遣唐使時代，東亞盛行佛教導致儒教沒落，也是重要因素。

雖然江戶時代儒教一度獲得接近國教的地位，當時日本盛行極端排他的朱子學。只不過，和當時的支那與朝鮮不同，日本是多元社會，朱子學之外，國學、佛教、陽明學與蘭學（荷蘭學）都很盛行。儒教認為人治社會乃人類的最高理想，強調仁義道德，但卻造成人們失去原本應有的良心，中國因此變成偽善的國度，中國人更是「慾望最大、道德最低」。

日本軍事小說《太平記》（譯按：成立於約一三七〇年，紀錄日本鎌倉幕府滅亡與南北兩朝爭亂過程）流行的時代，日本武士就非常重視「義」；然而，「仁」與「義」難以定義，中國對這兩個字的概念爭論超過二千年，也只能見仁見智。換言之，「我可以尊重你對

『仁義』的定義，但我的『仁義』也請你尊重」，難以建立共識。

後來江戶時代，武士道思想吸收儒教倫理主張。但當時天下太平，武士無用武之地。關鍵人物是山鹿素行，他撰寫《山鹿語錄》，將戰國時代已出現的「武士道」，發展成和平時代的「士道」。針對「士」如何立身處世，素行的《士鑑用法》有如下說明——

「凡云士職者，顧其身，得主人而盡忠奉公，交朋輩而篤信，愼獨而專義」，山鹿認爲，武士職責已經不是作戰，而是遵守忠、信、義等儒家倫理。此外，中江藤樹的《翁問答》也弘揚「仁義」，將傳統日本武道擴大解釋成中國的「士道」。照中江說法，武士無仁義難以立身處世，一味強調武勇與強盜無異。熊澤蕃山也在《集義和書》中說明，武士天職乃「愛人」。不說「仁愛」或「博愛」，卻說「愛」，然而，武士和「愛人」有何關聯，蕃山卻未清楚說明。

總之，江戶時代日本知識界討論「武士道」，多半否定「武」性而強調「文」性。之所以呈現這種趨勢，可能也是因爲天下太平，原本爲戰爭存在的武士，不得不轉換立場。

和辻哲郎認爲，井原西鶴撰寫《武道傳來記》之中所謂的「武道」，和山本常朝

《葉隱》、大道寺友山《武道初心集》、以及中江藤樹等人心目中的「士道」不同。中江認定的「士道」，反而比較接近「君子道」，武士的鬥爭性已完全去勢。

⑯文武兩道的走偏鋒

江戶時代儒學盛行，獲得接近國教的地位，日本社會所重視的倫理乃是「維持體制穩定」，武士道當然也得轉換角色，變成「武」與「士」混合。總之，原本對立的「文武兩道」，被視為本質相同。

中國道家不認同儒家主張，反而追求「絕仁棄義」的「大道」。道家認為應捨棄人為的「仁義」。但日本人終究沒有完全服膺儒教倫理，而是用「武士道」超越儒教倫理。

比如，伊達政宗家訓強調，「超仁則儒、超義則頑、超勇則暴」，雖然也接受儒教部分主張，但身為武將的他，顯然對於儒教倫理頗多戒忌。

江戶時代日本武士道重視的道德項目，多與儒教特別是朱子學、陽明學有關。即使激烈批判朱子學的山鹿素行與山本常朝，乃至於明治時代撰寫《武士道》的基督教徒新渡戸稻造，也都以儒學用語闡述武士道思想。

日本武士道與中國思想有何關聯？武士道是以中國思想爲基礎形成的嗎？中國二千多年來強調五倫（父子有親、君臣有義、夫婦有別、長幼有序、朋友有信）、五常（仁、義、禮、智、信）以及四維八德（四維即禮、義、廉、恥，八德即仁、義、禮、智、忠、信、孝、悌），與此不同，武士道精神在於「誠」、「眞」、「美」，最重視名譽，時時抱著必死覺悟，這種精神性在中國思想並不多見。中國人擅長紙上談兵，話講得漂亮，卻總缺乏實踐。

日本武士道的基本理念，在中國歷史可說未曾出現。因爲中國人讚許「文士之道」與「文士之德」，從來不推崇軍人與武將之德。

江戶時代儒者討論「武士道」之前，早在源平時代（一一八〇年源氏與平氏兩大武將家族展開全國性勢力範圍爭奪戰）日本武士道精神就已形成，其根本思想與內涵乃日本人所擁有的特質，非儒教倫理所能證明。

與西洋騎士道類似，武士道也是在日本的特殊風土中形成，受神道與佛教影響。

日本武士最重視「不可說謊」、「必須正直」、「應對人體貼」、「不可膽小」、「需照顧弱者」，這樣的觀念與想法，顯然也是來自神道與佛教。

雖然武士道核心精神在於維護主從關係，但也不能只從維護主從關係的角度理解武士道。畢竟武士道最重視個人的生命意義與價值，強調不可矯飾，而須彰顯自己的生命意義與價值，表現自我風格，才是武士道追求的目標。當然，如此高層次的武士道精神，不只適用於戰國時代或封建社會，即便今日的民主社會，仍值得重視。武士道的核心要素與主張乃是，人要活得有尊嚴。

⑰ 武士與武士道

古川哲史撰寫《武士道思想及其周邊》，仔細研究「武士道」的產生過程後發現，日本戰國時代末期開始出現「武士道」三個字，但明治三〇年代也就是十九世紀末，才全面流行。

確實，早期《今昔物語》提到「兵之道」，《平家物語》則說「弓箭之道」、「弓馬之道」，尚未出現「武士道」說法。

當時所謂「弓箭之道」與「弓馬之道」，似乎不具備倫理道德的意涵。大概是到《太平記》才加入倫理道德。《太平記》「弓矢之道乃以輕死、重名爲義」開始強調名譽，指出武士必須重視、追求「義」與「名」。

德川時代的武士無法再像過去那樣充分發揮戰士角色，也不是社會核心階級，取而代之掌控更多社會發言權的，反而是「町人階級」（住都市的工商業民衆）。因爲權力失落感危機，逐漸沒落的武士們爲了自我認同、建立向心力，於是純化觀念與思想，更深入、有系統的論述「武士道」。

當時，「武士精神」是武士階級有識之士普遍重視的形而上課題，許多人撰寫闡述武士道的書籍，比如山鹿素行的《武教要錄》、大道寺友山的《武道初心集》、澤庵的《不動智神妙錄》、山本常朝的《葉隱》、宮本武藏的《五輪書》、柳生宗矩的《兵法家傳書》等，都成書於江戶初期，反映戰國時代以來武士階級的想法。

宮本武藏是當時日本首屈一指的劍道高手，但生在和平時代，他無法再像戰國時代梟雄齋藤道三與豐臣秀吉等人那樣建立功業，只能到處找人挑戰，並且著書立說，告訴世人什麼才是眞正的「武士道」，並在說明「如何戰勝對方」過程中強調，「眞正的武士道，不是暴虎馮河勇敢就好，而是必須活著打贏對方」。當然，這只是宮本的看法；撰寫《葉隱》的山本常朝主張，「武士道，尋死之道耳」。前述《武道初心集》第一章也開宗明義說，「武士常抱必死之覺悟」。

山鹿素行認爲，「武士過度逞強、害主君失去可用之人，並不可取」，批判傳統武士隨主君殉死做法，認為殉死不代表正義，現代武士不可盲從不良傳統，應有意義的活下去。

總之，即便承認武士應有必死決心與了悟，眾多論述武士道的作品，都從不同角度細膩討論「武士之死」課題，武士道不再只是武術、戰鬥技術層次，而具有高度道德、精神價值，是生活與生存信念的代名詞。武士道最核心內容是，面對戰爭必須賭上生命之際，當事人應抱持怎樣的心態與想法。除此之外，武士應如何扮演好自己角色，這是「社會責任」問題，武士道論述聚焦所在，包括遵守禮節、給人信賴感、重視名譽、堅守信念、發揮勇氣等，都是公認武士須具備的德性與信念。整體而言，武士最重要的，須具備崇高人格與嚴格自我精神鍛鍊，而不只是早期武士蠻勇打敗敵人即可。

⑱文化與文明所誕生的「心」

眾所公認、短短二百多字就將大乘佛教精華闡釋清楚的《般若心經》，印度人用「空」的概念理解，中國人卻用「無」加以詮釋，日本人則從「心」的角度掌握《心經》。印度佛教與中國佛教乃至與日本佛教風土不同，解讀方向也有差異，並不奇怪，這部分我在二〇〇六年撰寫一系列「日本人之心探訪」，做了全面解析（《新日本學》，日本拓殖大學，平成十八年春季號至二十二年秋季號，計十九期）。

英國歷史學家湯恩比的「文明論」主張，文明的核心要素乃是文化，特別是「宗教」，主要外延則是政治與經濟。既然文化的核心要素是宗教，宗教心當然也就決定文明與文化的「形式」。

中國人常說「物以類聚」，不同族群常鉤心鬥角，中國成語說「非我族類、其心必異」，不僅是中國人對人性的深刻洞察，並且也是中國人長期的習性與「經驗」。這些成語頗具「經驗科學」價值，可做爲「歷史之鑑」。

中國人所謂「非我族類」，不單指同宗同祖之外的「外面的人」（圈外人），而是多半指夷狄。中國從孔孟時代一直到朱子王陽明時代，都抱持「漢人至上」觀念，蔑視異民族，王陽明等「新儒學」儒學者更極端仇視、虐殺異民族。王夫之宣揚「仁義道德論」，卻將異民族視爲「獸」，遠較早期南非實施的種族隔離政策更甚。

佛教重視「無常感」與「無常觀」，印度人、中國人與日本人因此都有這種觀念，只是日本人這方面的感情和信念更強烈。原因是，日本人早期在大自然生活，便產生很強烈的「無常感」，因此後來能接受外來佛教的「無常觀」，佛教因此土著化，發展出具有日本特色的內容。

代表中國世俗文化的儒教文化無法在日本生根，和日本風土所形成、日本人獨特的「無常感」與「無常觀」有關。江戶時代朱子學曾被定爲國教，但究竟無法進入日本人內心，原因也在於此。

比如，日本人最重視「物哀」、「寂靜」、「雅肅」，喜好「水之心」與「森之心」（內心像水、像森林那樣沉靜，人與水、人與木一體一如），「武士道」精神內斂、與大自然融合，這些都是中國人身上找不到、不存在的。

日本人重視「誠心誠意」，言行舉止念茲在茲。當然，這是日本風土與文化文明誕生的修養與信念，而且和日本人信仰「佛教」有關。日本人多半將佛教理解成「心教」，最重要的不是「信」，而是在信仰過程中鍛鍊、修養自己的「心」。亦即，日本人不只把佛教當作宗教，更將佛教視爲引導、開啓悟性、提升精神品質的方法。

早期日本從中國與朝鮮引進包括佛教在內的文化與文明，受其影響頗深，但十九世紀「文明開化」後卻發現，「大中華」與「小中華」猥瑣不堪，於是有「近朱者赤、近墨者黑」想法，不想和這些「壞朋友」繼續交往，努力「脫亞入歐」。

中華文明核心要素乃是儒教與道教，日本文明則是佛教與神道，中國人和日本人都使用漢字，有人稱之爲「漢字文明圈」，但日本人更重要的還有和字（仮名）文明，因此，雖也是「東洋文明」，但內涵不同。

中國人世俗化原因，在於儒教國教化，造成文化與文明墮落。文明世俗化的中國，現實主義與實利主義橫行，早已變成「沒有良心」的社會。儒教並未發揮正面價值，反而帶來禍患，這是比較日本與中國文明時不可忽略的。

⑲魅力文明與暴力文明

文明有各種不同「形式」，歷史學家喜歡歸類，比如，以「文明衝突理論」聞名的美國學者杭亭頓認爲，現存的世界文明有七、八個集團；湯恩比則認爲，已開花文明與夭折文明在內，人類社會計有三十個以上的文明。幾乎所有文明論者都同意，大文明都會和周邊文明、衛星文明交流、對話乃至於衝突，但我反而更喜歡從「比較文明」的角度，探討「文明自殺」的原因與過程。

文明都有其性格與擴散方向，西洋文明北向擴散，印度文明與中華文明南向擴散，筆者多年來從地理學、地政學與生態學研究日本與中國兩個文明，發現文明有共生文明與寄生文明之分；從力學角度看，則有「魅力文明」與「暴力文明」之別，這類討論可幫助我們用更正確態度來面對不同文明。

中國毛澤東名言「槍桿子裡出政權」，顯然和近代國民國家擁護的自由民主主義制度倫理背道而馳。當然，近代國家也只有中國這種「政體」或「國體」的領導人會堅持這種信念，做爲其「普羅獨裁」（人民專制）的建國理論基礎。

進入二十世紀的中國，不只辛亥革命與社會主義革命，「馬上取天下」的「易姓革命」與「易族革命」，仍是國家運作的主要原理。

「易姓革命」的基本概念是，君主失去「德行」，就得依「天意天命」，將天子寶座交到另外的有德者手上。但這種理想，現實世界不曾出現也不可能，中國人雖吹捧「德化」、「王化」，但終究只是好聽話，光說不練。

中國人認爲，執政者應從「王道」「霸道」二擇一，但事實上他們一直在「易姓革命」，根本是「盜國」理論，搶到政權的人宣稱自己「有德行」，即便「人民專政」其慘無比，卻仍硬拗是有「中國特色」的體制，不僅自我吹捧，還擴張軍備。即便中共黨大會一再決議「創造社會主義新文明」，但文明哪是「決議」就能實現？不只八千多萬共產黨員，超過十三億的中國人都了解這項事實。中國文明欠缺「魅力」軟體，目前大張旗鼓向西方推銷「孔子學院」等新興儒教，也是了無新意，死胡同一條。

與此對比，誕生在列島「限定空間」的日本文明，千年來發揮「習合」能力，參考、吸收外來文明與文化，創造新的文明，化危機為轉機，確是非常有魅力的「文明軟體」。特別是「萬世一系」的國體，不僅不是物理暴力產物，更是日本人的精神支柱與瑰寶。如果將來全世界各種文明會衝突，主軸應該是魅力文明與暴力文明的對抗吧。

⑳宗教與世俗呈現的「心」

關於文明的核心要素，學術圈有各種不同看法。湯恩比認為，政治經濟是表層要素，文化尤其宗教才是核心要素。他觀察人類文明史發現，大多數文明都走向世俗化與沒落，宗教心越來越淡薄，這是舉世共通現象。但世俗化不代表就是已經現代化或近代化，和基督教、伊斯蘭教等一神教相比，中國與日本多神教色彩濃厚，民眾信仰心淡薄，中國人更是最世俗化的民族，文明近代化最落後。中國早在周代就已世俗化，孔子「未知生，焉知死」、「敬鬼神而遠之」，完全反映這項事實。如前述，主導中國思想的「儒教徒」，原本是主掌婚喪喜慶的「禮儀人士」集團。

一開始，亞洲各地文化主要是薩滿教[1]，日本原始神道應該也是從薩滿教「繩文文明」（譯按：西元前三世紀以前的日本史前文明）產生。後來薩滿教理論昇華，出現「長江文明」，也就是老莊主張回歸自然的道家思想，以及「黃河文明」、否定自然而重人爲的儒教思想。中國到戰國時代爲止，「百家爭鳴、百花齊放」，便是從不同角度、用不同方法進行薩滿教昇華。

只可惜，進入秦、漢等中華帝國時代，中國人開始不在乎「自然」，卻重視「人爲色彩」超濃厚的儒教思想。當然，這也可以解讀成，中國自然環境改變，儒教才會主導中國人腦袋。但到了六朝時代，佛教進入中國，很快擠壓儒教生存空間，儒教幾乎滅頂。中國人改信土俗道教。道教是中國人自創的宗教，或許就是爲了抵抗佛教，但中華文明與隋唐文明因此變質，中國人成爲全世界最迷信、最喜歡講妖魔鬼怪的民族。中華帝國時代堪稱不斷在世俗化。

中國盛行宗教鬥爭，「三武一宗」毀佛滅釋，以及「洗回」（屠殺回教徒）、「義和拳亂」等，一再爆發迫害佛教徒、回教徒與基督教徒事件，至今仍有西藏及維吾爾民族受迫害問題。可以這麼看，中國內部持續存在宗教文明衝突，西藏問題其實是「釋迦」與「孔子」的衝突，維吾爾問題背後則是穆罕默德與孔子的激烈對立。

爲何只有中國人殘酷壓迫甚至屠殺佛教徒、回教徒與基督教徒？無非是因爲這個民族喪失宗教心、早已墮落，低級的世俗化成爲自我中心、「沒良心」的民族。

日本人則不同。日本人最重視神道共生與佛教眾生思想。日本人享受充滿活水與森林的國土，敬重、愛護自然。至於日本人的思想與心性如何形成，受儒教、佛教、神道與道教什麼影響，應從精神發展史深入探討，聚焦宗教心與世俗化對文明發展的影響。

---

1 **薩滿教**（Shamanism）「薩滿」指人們可用意志、意念和神、佛以及其他超自然存在體進行直接接觸、交流。在此過程中，人們不僅掌握神意，也能進行預言，甚至治療疾病等。進行這項活動的主要是類似巫師的「薩滿」。薩滿教可視為一種宗教型態。薩滿能在特定時間內變身成神、佛或祖靈，代表神靈或精靈回應人們的祈求。薩滿變成超自然狀態而直接與神、靈交流接觸，一般稱為「神靈附身」，細分又有兩種狀況：

〔1〕脫靈（ecstasy）：文化處於單純階段，宗教原始的部落民族，巫師與神靈溝通時進入的狀態。

〔2〕憑靈（possession）：擁有進步文化、信仰佛教等高度宗教的社會，部分基層民眾的信仰形式。

這兩者都以相信靈魂與精靈存在為基礎，薩滿教制度化、體系化之後，信仰者仍經常抱持精靈崇拜（animism）觀念。

・石田梅岩對「心」的解釋

日本傳統社會特別是武士社會重士輕商，而不是重農輕商。只是江戶社會穩定，幕藩體制下武士的社會地位低落，為了建立自我認同，只好逆向宣揚武士道精神。江戶時代，社會穩定經濟蓬勃，商品與貨幣經濟發達，町人（工商業民衆）地位提高，於是模仿「武士道」，提倡「商人道」也就是商人倫理，代表人物是江戶中期的梅岩（石田梅岩，一六八五～一七四四年）。

梅岩探討商人的角色與價值，認為商人要活得有意義，須了解自己的身分特質，掌握「商人之心」與「商人之性」。

話說，儒教理論核心是忠孝仁義等五倫與五常學說，重點是家族倫理與「治國平天下」的政治理論。但六朝之後儒教沒落，大約宋朝時代，儒教受強調「緣」、「恩」、「輪迴」與「悟性」的佛教影響，產生弘揚「理」與「氣」、朱子集大成的理學，以及與之對抗的明代陽明學。

所謂「心」，乃「理」與「氣」相合而成。「心」與「理」並非兩物，「心」就是「理」。朱子學認為，人人都有類似赤子之心的「心」，是既非善也非惡的心理狀態。

諷刺的是，朱子學持排佛立場，但其對「心」的解釋，卻與佛教一模一樣。

梅岩心學強調，做學問應從了解自己的「性」著手。他的《都鄙問答》進一步指出，了解自己的「性」，得先掌握「心」。後來梅岩弟子手島堵庵，將「石門心學」核心的「心」論述，進一步發揮，提出「本心」說。手島宣揚梅岩思想，認爲人人都應修行，據天理、排私慾，培養「正直」心性，放棄私心，追求「仁義良心」與「正直」。

文化評論家認爲，梅岩思想具有「唯心論」色彩，但也有人認爲，梅岩主張一點都不唯心。針對「物」與「心」的關係，梅岩說「心」就像鏡子，我們須鏡子乾淨，才能將照射在鏡子上的「萬物」如其所如、毫無偏差的反映出來。梅岩強調，「若你不能承受萬物而加以涵化，又如何能產生你的『心』？」可見，梅岩理論表面上著重精神與內心要素，但其實從物質面出發，最重視掌握物質價值。

梅岩提倡「開悟體驗」，與天地合爲一體，感覺天地就是自己。他強調，「開悟」不能只靠文字，不能只讀經書，還必須修行。亦即，做學問不應只靠「文字」，言語互動才更有效。

梅岩對「文字」持徹底不信任態度，認爲文字形成之前就有「名」（語言）；「名」形成之前就有「物」與天道（天地形成的原理）。「文字」既是後代便宜行事的產物，只能扮演傳達「器」的角色。梅岩信守這項理念，畢生不重經書，而專注於「講釋」，透過口語傳播其學問與思想主張。梅岩的演講與上課內容，後來被整理成四卷的《都鄙問答》。

・梅岩的商人倫理觀

馬克思・韋伯論斷，西方社會能快速完成近代化，乃是新教徒倫理具備資本主義精神所致，許多學者用相同模式認爲，日本等東亞國家在二十世紀經濟快速成長、社會近代化，與日本佛教乃至於儒教倫理關係密切。

甚至有人宣稱，東亞國家能完成近代資本主義，乃是儒教所賜。這些學者的結論如此天馬行空，令人傻眼，證明他們不了解儒教本質。孔孟一向蔑視勞動價值，將人區分爲君子與小人兩種階級，抱持絕對文化主義，重農輕商、反商，漢代以儒教爲國教，兩千多年中華帝國史已證明這項事實，如今卻有人宣稱近代東亞資本主義勃興乃儒教所賜，眞是無知至極。

話說回來，石田心學強調正直、簡約與知足安分、去私、勤勉、忍耐等。去私奉公的「勤勉」與「知足安分」，則是石門心學職業倫理的核心主張。

老子《道德經》說「足者富」，意思是知足就是富有，梅岩的「簡約」與「知足安分」理念與此類似，影響所及，日本至今還有許多努力做好本業、不隨便擴張的「老鋪」。

日本傳統商家最重視「始末」（自己該做的事做好，不可造成別人的麻煩），這也是「簡約」信念的實踐。梅岩認爲，簡約與正直不可分，而安守本分、不奢想妄想，便是簡約。當然，這和「吝嗇」不同，因爲「簡約」具備基本規範與道德操守，也可說是「仁」。總之，梅岩提倡的商業倫理，和馬克思・韋伯所謂「新教徒禁慾職業倫理」相當類似。

實踐道德方面，梅岩認爲應先回歸天地之心，得天地之心就可去私心，實踐仁義。梅岩道德論述最後聚焦「正直」二字。日本神道最重視正直，「商人道」若放棄正直，也將一無所有。梅岩強調，「商人須有正直口碑，犯錯就萬劫不復，爬不起來」。

韋伯在《基督新教倫理與資本主義精神》中指出，新教徒節儉、禁慾與勤勉的習慣，形成「資本主義精神」核心。在那之前天主教徒認爲，信徒累積功德即可獲天父拯救；但新教徒看法不同，做善事未必能獲救贖，最重要的還是神是否願意救你。

天主教徒累積功德即可獲得救贖的看法，和佛教因果報應思想類似，新教倫理觀則強調，人們努力做好神所賜的職業，便可確保神的救贖，和梅岩的「商人道」接近。

梅岩認爲，士農工商即所謂「四民」，職業雖不同，但人人都應站在自己崗位上做好份內的事。職業無貴賤，只有分工，任何職業都很重要，缺一則天下大亂。

梅岩論述商人立身處世之道，指出商人與農民工匠不同，不靠勞動而用「以有易無」的方式，讓天下人取得其所需物品，避免生活遭遇困境。經商當然得獲利，梅岩強調，商人獲利和武士領俸祿具有同等正當性，完全心安理得。

梅岩認爲士農工商職業乃天命、天職，絕無上下之分，町人（商人）既是天職，面對武士當然不必自卑。梅岩提倡「商人道」，商人獲利之正當性不下於武士俸祿，但也不主張貪心，最重要的是勤勉。在梅岩提倡之前，日本人其實自古重視勤勉與正直，堪稱日本人最重要的性格。

日本古老神話的諸神之中，天照大神住在高天原，自己織布。「御歲之皇神」、「神漏岐命」、「神漏美命」等神，也都認眞務農。日本原始神道，明顯有「神人共同勞動」現象，連天照大神、土地神與各種祖靈、穀靈等，也都得勞動。秉持這種信念，上至天皇，下到士農工商，都須努力勞動，正是日本人的基本性格，近代西方國家說日本人是「工蜂」，也不是沒有道理。

梅岩的商人倫理觀，與幕末二宮尊德提倡的「經濟倫理」一脈相承。日本人安於狹窄房屋卻仍勤勉工作，完全符合馬克思・韋伯所稱頌的新教徒資本主義倫理與禁慾精神。至少可以說，日本人的勤勉勞動習慣，和中國人好作夢成仙、雲遊四海以及輕視勞動，完全相反。

不過，梅岩運用儒教的「仁義禮智」倫理，充實其「商人道」論述，指出「仁乃體貼他人之心」、「義乃正直對人之心」、「禮乃敬重對方之心」、「智乃了解商品、使其發揮作用之心」，認爲商人具備這四種「心」，就能獲得客人信任，生意繁榮。

哲學家和辻哲郎認爲，梅岩的「商人道」強調正直，乃是參拜伊勢神宮得到的概念，亦即受《皇大神宮寶勅》啓發所致。總之，梅岩心學承繼日本自古重視「清明之心」的道德傳統，神道色彩濃厚。梅岩思想無疑正是神道思想的展現。

・日本人的求道心

日本無萬能之神，神道與佛教都是多神教，而神道的神都擁有才藝、做一份工作，天照大神也不例外。不只神，日本人相信，人人都應堅守本分，做好份內工作，像聖德太子與弘法大師這類多才多藝之人，反而不多見。

日本人的「求道心」為何如此強烈，學術界有各種解釋，有人認為與佛教信仰有關。日本人重視開悟與涅槃，但早在佛教盛行之前，日本人就普遍呈現強烈的求道心。八世紀日本一再派遣隋使與遣唐使，前往中國學習。日本人重知識，江戶時代國民識字率遠高於當時東西方各國。此外，明治維新文明開化以及下決心脫亞入歐，日本人做事認眞且追根究柢，無非是佛教求道精神之延伸。唐代三藏法師天竺取經以及鑑眞和尙千辛萬苦來到日本，都顯示佛教最可貴精神之一，乃是認眞求道與傳道。

儒教精神則不同。儒教持尙古主義，固執的向後看，即便受佛教影響的宋明理氣之學，仍走不出死胡同。儒教之外，道教同樣重視「成仙術」，並不可取。

儒教國家除士大夫與讀書人、兩班階級之外，幾乎都是文盲，因此，津田左右吉教授反對「日本也是儒教文化圈一員」的說法，認為「日本文化與儒教不相干」。雖然江戶時代曾尊朱子學為國教，但當時的「獨尊」其實失敗，日本人並未眞心接受儒教。

早在遣唐使時代，前往中國學習的僧侶與留學生，就展現不輸唐人的高度文化素養，受中國朝廷稱許。後來菅原道眞「已無必要再向唐國學習」的建議，並非日本人自大或自戀，也可能當時唐朝開始內亂，沒什麼好學習。中國唐代時的日本，已擁有蓬勃而有特色的佛教文化。

總之，外國研究者盛讚日本文化，日本文化如此優質，無非是因爲日本人自古知識慾旺盛、求道心強烈。

・儒教的「道」——對「仁」的追求與其侷限

儒教也有努力追求的「道」。孔子《論語》所謂「朝聞道，夕死可矣」的「道」，指人們社會生活所需遵守的仁義與各種倫理規範，這就像江戶時代《葉隱》所強調的，「武士道，尋死之道耳」。「道」不只是個人生活規範，同時也是「齊家治國」乃至於「大同之道」的根據。

孔子又說「危邦不入、亂邦不居」，意思是未實踐「道」的國家，不可住。發現各國幾乎都是「亂邦」，《論語》又說，「天下無道久矣，天將以夫子爲木鐸」。「木鐸」是古代官員召集民眾宣傳法令時的敲鐘，這句話意思是孔子將撥亂反正、爲天下示範。

但雖一再強調「道」很重要，但「道」究竟是什麼？

君子之道有三，我無能也。

智者不惑，仁者不憂，勇者不懼。

在此，孔子對「君子之道」做了明確定義，但卻說「我無能也」，孔子認爲，自己既非君子也不是聖人或得道者，而是持續鑽研的「求道者」。

道之將不行乎，命也。道之將廢乎，命也。

這句話可以看出，孔子的企圖心不是那麼強，不認爲靠強烈意志即可披荊斬棘、打開通往「道」的路，道之興廢乃取決於天命。亦即，所謂「聖人之道」與「先王之道」，能否實踐都得看天意安排。這是儒教的根本思想，認定「道」來自天授，透過先王在人世間發揮作用，所有制度都須照天所設定的模式，儒家認爲這種「天命」或「天道」，便是「仁」之道、仁的實踐。

只是，說「先王之道」的根源是「天」，未免太深奧，人們實在難以了解，儒教經典卻從來不曾講明白、說清楚。

子曰，述而不作、信而好古。（中略）默而識之、學而不厭、誨人不倦。

這說明孔子好古、喜歡教導學生不厭煩，並且只傳述道理，不創造學說。孔子是非常典型的「尚古主義」，同時顯示《論語》自我設限，理論價值與高度有限。

・難以理解的儒家道德仁義主張

老莊的「道」，主要概念是「無」、「無爲」以及重視萬物自然，抽象且具哲學特質。和道家相比，說不定提倡仁義道德的儒教，一般人還比較容易了解。

吾十有五而志於學，三十而立，四十而不惑，五十而知天命，六十而耳順，七十而從心所欲，不踰矩。

這可能是《論語》最有名的一段話，我們不免好奇，孔子眞的「五十知道天命」、「七十歲從心所欲、不踰矩」了嗎？弟子問朱子這個問題，朱子沉默了一會兒，回答：

孔子說五十而知天命，當時他尚不滿五十，因此應該尚未掌握天命。不過孔子自信，五十歲時應可了解天命，那是他的使命。

這段話實問虛答，朱子顯然也不是很有把握。

孔教教主孔子同樣喜歡「模糊話題」，有人問他「仁」是什麼，一會兒說「愛」，一會兒說「忠恕」，每次都不同。儒教雖宣稱「仁」是最高眞理，卻不曾說清楚「仁到底是什麼」，至今仍充滿爭議，甚至出現「仁學」，每個人都有自己的解釋。

儒家所謂「道」，指社會生活規範，會隨時代與不同人產生各種解釋，乃是理所當然，但「仁」這樣重要的主張，儒教徒卻爭論不休、遲遲無法達成共識，最後只能各退一步，「我有我對仁的看法，你也有你的主張，我們都承認對方的正當性」。這是打迷糊仗，「警察有警察之仁，強盜也有強盜之仁」，倫理道德還存在嗎？人世間還有正義與是非嗎？

第十三章——

儒教優勢地位的動搖

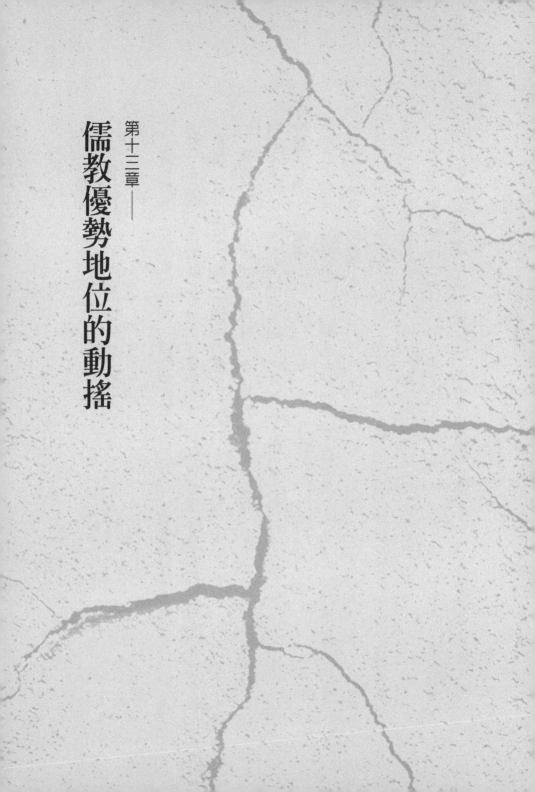

①受質疑的孔子有關禮的學說

春秋時代，諸子唯一強調「禮」學說的，只有孔子。與此對比，老子重視「道」與「德」，「道」指公眾社會的眞理與規範；「德」則是應用於私領域，所以，《老子》（道德經）分「德經」與「道經」兩部分。

戰國時代，中國「百家爭鳴、百花齊放」，言論爆發。其中孟子認爲，對抗百家，儒家不只「仁」，還須強調「義」，後來孟子像宮本武藏「一天二刀流」闖蕩江湖，隨時將「仁義」掛嘴邊。

孔子堪稱「推銷員」，主要產品是「禮」，魯國出身的他帶一大群弟子周遊列國，尋找出仕機會，卻遲不得志。

孔子並非名門之後，出身貧且賤，據說母親是女巫。按理說鄉下女巫專長村落祭典儀禮，孔子卻宣稱熟悉周禮，連夏、商、周「三代之禮」都透徹了解。

夏王朝離孔子已一千五百年，孔子卻宣稱熟悉夏禮，並了解一千年前的商朝儀禮以及五百年前的周禮。卑微出身的他，獨學掌握這些「學問」，但孔子眞的這麼厲害嗎？

孔子並非王侯與卿、士大夫，不是貴族當然無法參加宮廷宗廟祭拜天地、山川與祖先的儀禮，也無法參與天子即位、諸侯葬禮以及使節外交活動，如何能熟悉各種禮法，但孔子卻宣稱完全了解夏商周三代儀禮，未免可疑。

當然，照日本民俗學開宗祖師柳田國男的看法，可能性還是有的。柳田發現所謂「歷史學」，講的都是帝王、英雄與豪傑，與常民史無關；考古學也從死人骨頭或金石類遺物研究上古社會，卻無法呈現精神與想法。反之，儒學從祭典活動評論人們的想法與精神特質。

夏朝與商朝遠在孔子一千年前，而且是考古學也不太了解實況的神話時代，孔子宣稱了解那個時代的禮，恐怕是「一知半解」、憑空猜測。反正死無對證，夏商朝的人不會跳出來反駁他充滿想像力的「創作」。

更何況即便夏、商、周有各種「禮」，遠古時代的「禮」多徒具形式，是所謂「虛禮」，儒家要建立人群和諧、國家長治久安的規範，還是靠「德」。只是，德的感化有限，最終仍須萬人共同遵守的「法」。

②所謂「有德者受天命」根本是癡人說夢

日本圍棋界有「棋聖」，中國則無。中國「聖人」包括「至聖孔子」、「亞聖孟子」，以及「詩聖」、「書聖」等，儒家主張，有德者才稱得上是「聖人」。聖人承天命統率萬民，這種「德治主義」或「人治主義」，與「法治主義」成對比。

儒家定義下承天命統治萬民的「聖王」，包括堯、舜、禹、湯、文、武、周公等，但李宗吾寫《厚黑學》，說這些「聖人」都是「大壞蛋」。

比如，孔子尊爲道德典範、「聖人之首」的周公，言行眞的足爲人群典範嗎？周公旦是魯國開國之祖，有關他的歷史記載，和孔子所述頗多矛盾。

《論語．述而篇》強調「吾不復夢周公久矣」，對周公抱持最高敬意，仰慕至深。只是，孔子極力美化、禮讚的周公，眞的是「聖王」嗎？不妨看司馬遷怎麼說，《史記．魯周公世家》指出，有人告密，說周公意圖篡奪周王位，周公被迫逃亡楚國。

《荀子．儒效篇》「武王崩成王幼，周公退成王繼武王登基，諸侯堂下驅走」，這段話說明，武王過世後，周公旦趕走武王的繼承人成王，篡奪王位。《禮記．明堂位》也記載，「周公踐天子位，以治天下」。《禮記．文王世子篇》也說「仲尼曰，周公執政、踐阼，治」。

由以上史料可知，儒家說周公輔佐成王，完全是捏造故事。春秋時代，下剋上、君主常被推翻，有人認爲，孔子畢生求官，但其實他曾夢想成爲天子，只是不得志，長年奔波，被封「素王」。

儒家主張，有德者受天命，代替天子統率萬民，但不只春秋戰國，兩千年中華帝國史以及二十世紀的中華民國與中華人民共和國歷史，都證明儒家所謂「受命說」乃癡人說夢，和中國歷史發展相反，中國帝王幾乎都是「馬上取天下」，武力取得政權，如果不是心狠手辣，絕不可能坐上王位。

③孔孟憑空想像的「儒教千年王國」

秦漢之後二千餘年中華帝國，天下大亂的分裂時代除外，主要政治形態就是郡縣制爲主的中央集權體制。

秦之前稱爲先秦時代，包括春秋戰國時代以及之前的夏商周「三代」，乃至於更早傳說中的三皇五帝。中國歷史約三千多年，有些中國歷史學家宣稱四千餘年，先秦時代所佔比例相當大，若再加入「先史時代」也就是石器時代，比例更高。

當然，先秦時代中國頂多是原始部落型國家，後來周代成爲封建制城邑（都市）國家。春秋戰國時代，諸侯獨立、出現上千國家，最大的是「戰國七雄」，國家形態從城邑國家逐漸往領域國家發展。

孔孟時代是春秋末期到戰國初期，孔子的夢想不是像秦朝那樣武力統一天下，而是希望恢復早期周王朝封建體制，孟子也追隨這種思想主張。

孔子對國家的想像，無法超越周代封建體制，認爲君王不可一味依賴武力統一天下，「一行不義、一殺無辜而得天下，不爲也」，強調必須先有德行，才能受天命執掌天下。孔子希望天下分裂的春秋時代結束，國家統一。諸侯仰慕新國王德行、忠誠追隨，就像早期周朝諸侯崇敬周王。

孔子這樣的政治理想，不禁令人想起日本萬世一系的天皇，受諸侯與人民崇敬。

孟子追隨孔子的政治思想與主張，認爲「五霸三王乃罪人也」（告子下篇），他批判春秋五霸武力割據、稱霸，認爲統治者應行「正道」（王道），才長可久。

中華帝國兩千多年實施郡縣制中央集權體制，紛亂不斷，所以，漢朝、晉朝與明朝，也實施地方分權，堪稱「一國兩制」。孔孟心目中理想的儒教國家，中國未曾出現，未來也幾乎不可能實現，兩千多年的歷史早已做了最好證明。王莽「新朝」是純度最高的「儒教國家」，卻造成天下大亂。

日本特有的封建體制，從鎌倉（一一八五～一三三三年）、室町（一三三六～一五四七年）到江戶時代（一六〇四～一八六七年），逐步發展出可以說不輸給美國、非常接近聯邦制的「幕藩體制」。明末亡命日本的儒學家朱舜水作客水戶藩，目睹江戶初期日本政治制度完備，驚讚的說，「理想的周代封建體制，已在日本生根實現」。

④尊孔運動自古陰魂不散

大約西元前三千年殷代結束，進入周代，中國人不再像殷人那樣重視鬼神崇拜，春秋戰國時代的世俗化狀況則更明顯。

當然，世俗社會的人們重視現實與實利，對宗教不投入但卻迷信，於是舌燦蓮花的禮儀集團崛起。

前述，儒教集團最初是一群婚喪禮儀業者，能言善道、會察言觀色，逐漸打入政壇。

春秋時代中國人已職業分工，各成集團，不同職業都有類似工會的組織，比如，墨子集團是工匠所組成。

儒教教主孔子據說「貧且賤」，歷史上記載不詳，只有《史記・孔子世家》與《論語》概略說明，其餘有關孔子的生平記載，多半是後人所捏造。

孔子相信，只要各國國君用他的「禮」主張執政，就可統一天下。孔子風塵僕僕、用超過三十年時光推銷這套政治主張，希望各國國君重用，卻一再吃閉門羹，乏人問津。

《史記・十二諸侯年表》記載，「孔子干祿適七十余君，莫能用也」，意思是孔子拜訪多達七十幾個君王，卻沒有人接受他的政治主張，給他一官半職，自認「懷才不遇」的孔子，內心充滿怨恨。

研究指出，孔子口口聲聲推崇周公與早期周王朝，但他心中最想實踐的，卻是建立孔王朝。

孔子這項「夢想」被眾多孔門徒眾繼承，漢代儒家公羊學派終於化暗爲明，尊孔子爲「素王」。

儒家在中國數度受踐踏，秦始皇實施「焚書坑儒」，儒家組織遭遇毀滅性破壞。隋煬帝認爲儒教妖言惑眾，下令焚燒緯書。梁武帝與元朝初期，是儒家最黑暗的時代。不過，整體而言，漢武帝獨尊儒術之後，許多王朝都以儒家爲國教，地位崇高。

歷代許多君王給孔子封爵，比如，唐玄宗追贈孔子「文宣王」諡號。雖然明世宗因「大禮問題」剝奪孔子王號，但中華民國政府仍尊孔子爲「至聖先師」。

⑤集中國謊言大成的儒學

中國人與日本人的民族性（國民性）有何差別，很簡單，就是「詐」與「誠」之別。「詐」與「誠」二字，如實反映「漢意唐心」與「和魂和心」的差異。中國與日本的「國學」本質，最大差異也在於此。

儒家、儒教與儒說，一言以蔽之，就是「詐」。「儒學」說穿了，乃是「中國謊言大全」。

爲何「儒教」徹頭徹尾「詐」？得從各方面考察論證。

儒教有其教說與經書，被認爲儒教聖典的「四書五經」，核心主張是「禮」、「仁義道德」與「德治」。儒家這些主張在「百家爭鳴、百花齊放」的戰國時代，就已受老莊、墨子與法家等諸子抨擊，漢末佛教進入中國，釋道一再論爭，儒教思想備受質疑。後來朱子學與陽明學興盛一時，但二十世紀再度爆發「打倒孔家店」與「批林批孔」（批判林彪與孔子）。

站在宗教與意識形態的角度，宗教與教派都有其主張，難分優劣與正誤，但至少可以確定，儒家謊話連篇。

比如，孔子說「述而不作」，弟子們卻將孔子講的話編成《論語》，宣稱儒教聖典「六經」都是孔子所作。考證學史學大家章學誠研究發現，「六經皆先王之政典」、「集大成者乃周公」，拆穿儒教徒謊話。

再舉例，中國最古老經書《尚書》（《書經》），在漢代出現今文與古文兩種版本，各有支持者，激烈論爭。清代考證學者閻若璩證明，《古文尚書》乃孔子後代孔安國僞作，令人不齒。

儒教史上的僞經與僞作多不勝數，考證學在清朝成爲顯學，研究對象幾乎都是儒教經典。儒教經典有太多謊言，得一一考證才能還原眞相。

漢代儒教國教化之後，儒者創造各種妖言緯書，隋煬帝不得不下令燒毀緯書。清代考證學興盛，了解儒學虛假、詐僞特質，所以即便朱子學與陽明學興盛一時，清朝卻不獨尊這些學術，儒家沒受最大重視。畢竟儒教有太多妖言與僞經。

孔教教主孔子的一生，甚至堪稱中國歷史最大的「謊言」。前述，學者考證發現，孔子其實想玩「易姓革命」、成爲君主，只不過無成功機會，儒教教徒卻把孔子裝扮成謙謙君子。

⑥中國歷代出現的不同儒教面貌與各種批判

儒教、儒家乃至於孔學與孔孟之學，常被認爲是中國思想、中國學核心，和中國畫上等號。

但我認爲，吹捧儒學與儒家的人，多半心口不一，即便儒教曾成爲「國教」，中國人自古「陽儒陰法」，沒有人日常遵守儒教規範，大家心裡喜歡的其實是道家思想主張。

儒教思想觀念的核心特質是「人爲」，硬套框框「身爲一個人應當如何如何」。與此相反，老莊「道」思想主張「去除人爲」，回歸自然。

有人主張「儒道同源」，深入研究發現可能是事實，殷周時代或三、四千年前的古代，確實可能同源，但儒家與道家差異頗大，前者是北方思考，後者是南方思考。也可說前者是「黃河文明」，後者是「長江文明」，完全是不同文明的產物。

也有人認為，原始儒教與道教都屬薩滿教與精靈崇拜，思想昇華才形成孔孟儒家與老莊道家。

原始儒教信徒是一群認為天地萬物皆有神的「薩滿教」信徒，專長婚喪儀禮，針對儀禮提出詮釋，舌燦蓮花。原始儒教集大成者是眾所周知的孔子，春秋末期到戰國時代所謂「百家爭鳴」的時代，孔子與孟子等儒教人士汲汲營營、勞碌奔波地遊說當權者，卻無法取得言論主導權。孟子感嘆「天下非楊即墨」，可見當時中國人比較喜歡主張「人不為己天誅地滅」的楊朱，以及宣揚「博愛主義」的墨子。當時道家也很受歡迎，人氣在儒家之上，更何況後來爆發秦始皇「焚書坑儒」，將儒家踩在腳下。

好不容易秦朝結束，到了漢武帝時代，儒家終獲國教地位。但其主宰地位不久被佛教取代，其時大約中國六朝時代，同時間西方羅馬帝國宣布，以基督教為國教。當時中國天下大亂，佛教為民眾安慰痛苦，拯救靈魂，逐漸取代儒教，成為實質「國教」。六朝到隋唐也就是大約六〇〇~七〇〇年期間，不只中國，東亞都盛行佛教，大大壓縮儒教的言論市場。

即便前漢時儒教成爲國教，後來企圖建立純儒教千年王國的王莽「新朝」，卻很快大亂。儒教王國垮台證明，政治體制按照儒教主張，絕對行不通。儒教之後沒落一段時間，宋代才出現「理氣之學」。這種所謂的「新儒學」，集大成是朱子學。新儒學究其內涵，乃是用佛教語言詮釋儒學經典，朱子學與陽明學頂多也是講一點倫理學，多帶一點哲學色彩而已。

話說，十七世紀明末清初的儒學者，特別是陽明學者，也有不少人反省、批判儒教。

號稱中國「盧梭」、主張「民權」優於「帝權」的黃宗羲（一六一〇～九五年）與李卓吾（一五二七～一六〇二年），是代表性思想家。

因爲日清戰爭敗北，康有爲與梁啓超等人於一八九八年發動戊戌革新，希望學習明治維新，改變中國，結果卻失敗。核心人物之一的譚嗣同（一八六五～九八年）被朝廷追捕卻不逃，選擇死刑。

譚嗣同以「台灣人所著」筆名撰寫《仁學》，委託梁啓超在日本出版，批判儒教視爲金科玉律的「三綱五倫」乃「慘禍烈毒」。譚嗣同認爲，除了朋友屬「平等關係」沒問題，其餘君臣、父子、長幼、夫婦「五倫」傳統看法，都大有問題，得拋棄。不只儒教信徒反省，諸子對儒教的批判，更是孔孟時代以來綿延不斷。儒教禁不起考驗，佛教傳入，到了宋明時代，「新儒學」其實加入佛教要素，不是傳統儒學。

和日本幕府末期儒釋道三教競爭、相互批判不同，中國鴉片戰爭敗北後，西學流入，儒學形成「新儒學」，兩者激烈對抗，但清王朝內憂外患加劇，儒教也受到更多質疑與批判。

基督教系太平天國與北方土俗系捻軍集團相繼作亂，這兩股內亂勢力不約而同批判儒教，意圖加以撲滅。

民國之後，儒教繼續受攻擊，「五四運動」主張「打倒孔家店」，後來文革也有「批林批孔」運動。

不過，也有人力挺儒教，民國初年袁世凱以及蔣介石政權發起尊孔運動，共黨中國改革開放之後推出「孔子學院」。

可見，即使到二十一世紀，中國人所能依靠的治國「軟體」與「軟實力」，非常可悲，仍只有儒教。

⑦民族主義與華夷主義

民族主義以及民族意識或民族，乃西歐產業革命、公民革命之後，近代國民國家時代的產物。當然，中國與中華民族被稱爲「中國人」，也是依據這種思考脈絡。

近代之前，中國並無民族主義。

「中華民族」與「中國人」這種近代民族意識何時產生？一般認爲是二十世紀初。不過，太平天國時代或更早的明末清初，已露端倪。整體而言，近代之前中華世界的民眾並無民族或「漢民族」（或漢族）意識，他們只有「華夷之分」的概念，自己爲「華」、異民族是「夷」。這便是前述的「華夷思想」與「華夷主義」。

但是否「華」就是單一民族？其實不然。「先秦時代」也就是春秋戰國之前的夏商周「三代」，主要民族並不相同，只是後來形成「華」的通稱罷了。

黃河中下游流域也就是「中原」地區的夏人、殷人與周人，從何處移居至此，學說不一。有人認爲，「諸夏」從來就不是相同種族或語族，而是後來使用「漢字」做爲溝通工具，才形成複合性文化集團。

黃河流域的「諸夏」與「華夏」文化集團，和長江流域下游的吳、越，以及中游的楚，乃至於上游的巴人與蜀人所建立的國家，所使用的文字不同，認為對方是不同系統的文化文明集團。

今天所謂「中華民族」的主要民族「漢族」，其實是經過上千年歷史才形成。漢族並非都擁有相同宗教、語言與血統，而是以漢字做為溝通媒介的文化集團。

被認為是漢民族祖先的華與夏（合稱「華夏」），一開始住在黃河中下游流域，也就是「中原」地區。他們自認文明開化，稱周邊民族為「野蠻人」，給予「南蠻、北狄、西戎、東夷」等名稱。但即使華夏也並非相同種族，至少夏、商、周三個朝代的民族並不相同。其中，夏朝居民，被認為是最初的中原之民，因此有「華夏」稱呼。後來商朝殷人（商人）移居中原，後來又有周人。相對於商人由東而來，周人來自於西方，原本半農半牧。「三代」民族從何而來，還有爭議，但一般認為，「華夏」或「原中國人」，應該是夏人、商人與周人混合而成。當時中國除中原地方之外，各大河流域住著許多種族，主要有以下四大集團。

黃河流域中游的華夏、黃河流域下游與淮河流域的東夷、長江中游的南蠻、長江下游的百越，「中國人」就是這些集團融合所形成。

這四大文化集團不只語言不同，文化也有差異。比如，被秦消滅的長江上游巴人與蜀人，擁有自己的巴蜀文字，以及中華文明所無的獨特祭壇文化。（譯按：西元前二千八百～前八百年，四川「三星堆文明」相當先進，工藝精湛）

華夏居民以漢族爲主，形成所謂「中華民族」的核心。漢族抱持自我優越感，認爲自己是唯一文明的種族。「中華思想」或「中華意識」，充滿自我優越感，中國早在夏、商、周甚至更早，就已形成也可稱爲「華夷思想」的中國意識。

原本秦國也是「西戎」，春秋時代才成爲中華民族的一份子。早期號稱「荊蠻」與「楚蠻」的楚人，戰國時代成爲「中華」的成員。

秦始皇統一中國，秦、漢帝國四百年持續大一統，「漢族」或「漢人」概念更成熟。

漢帝國崩潰後，北方民族越過萬里長城進入中華世界，是「五胡十六國」與「南北朝」。又稱「六朝時代」的這三、四百年間，北方胡人與漢人混合，被從北方趕到南方的漢人，則與當地百越混合，南方的「漢越」與北方的「胡漢」共同打造強大的唐朝。這些混合後的新民族，統稱「唐人」。

古代夏商周「三代」以來，中華文明發祥地中原，華夷交錯雜居。比如，戰國時代的中山王國，乃白狄所建之國。但中華文明認定，只有華夏民族是文明民族，周邊全是蠻夷，即南蠻、北狄、西戎、東夷。

孔子編寫《春秋》，主張「尊王攘夷」，他所認定的「夷」，乃是長江流域的楚。當時楚又稱「楚蠻」，在中原人士眼中，乃是化外之地。

可見中國的「華夷主義」思想，先秦時代就已出現。中國歷史上至少出現四次「華夷主義」的歷史風潮。

前述，中國統一前的先秦時代，就已形成華夷意識，可稱為「上古華夷主義」。五胡十六國與南北朝也就是六朝時代，則是「古代華夷主義」。唐之後為「中世華夷主義」（東洋學者宮崎市定稱為「中世東亞民族主義」）。元、明、清，則是近世華夷主義意識高漲期。進入二十世紀初，勃發近代民族主義，太平天國集結信奉基督教的上帝會成員，高喊「奉天討胡」。清末革命份子則主張「排滿興漢」，同樣展現華夷意識，但是否可視為近代民族主義勃興，仍有討論餘地。

十八世紀末乾隆讓位給嘉慶隔年起，清朝進入超過一世紀的內亂與內戰，白蓮教之亂、捻亂、太平天國之亂與回亂等，內部衝突劇烈。其中，義和團之亂既是農民叛變，同時呈現近代民族主義排外運動的特色。

戊戌維新之後，維新派（立憲派）與革命派展開激烈的民族主義論爭，有人抱持大中華民族主義（康有為、梁啓超等），有人宣揚大漢民族主義（章炳麟、孫文等），爭論不休。不久辛亥革命爆發，清朝結束。中華民國時代，中華民族主義躍居主流，孫文等人被迫放棄「排滿興漢」的大漢民族主義，擁護大中華民族主義。

中華民國成立後，歷經反日、排日與抗日等階段，中華民族主義高喊入雲。後來社會主義革命取得政權，企圖「世界革命、解放人類」。根據其共產主義立場，大漢民族主義與地方民族主義（西藏與維吾爾少數非漢族的民族主義），皆應抛棄。

但中國共產黨雖宣誓建設社會主義國家，卻接連失敗，只好掛羊頭賣狗肉，表面擁抱社會主義，其實卻是走「民族主義」、「愛國主義」路線，企圖「復興」大中華民族。

過程中，中國內部五十五個少數民族面臨被大漢族同化消滅的危機，出現有史以來最嚴重的民族文化摩擦與文明衝突，中華思想排他、好鬥的特質，展露無遺。

中國人數千年來一貫視其他民族爲「夷狄」，明末清初大儒王夫之、呂留年與曾靜「夷狄乃禽獸，殺之非不仁，騙之非不信不義」的激烈主張，其實早就是中國人普遍的想法。戊戌維新期間，維新派人士欲聘請伊藤博文擔任政治顧問，請教伊藤明治維新成功秘訣，伊藤列出第一條「首先，不可再稱外國人是夷狄」。但中國人並未反省、改正錯誤觀念，至今中國網路仍成天咒罵日本人是「倭寇」、「殺光小日本，是中國人責無旁貸的使命」。

中國人既敵視異民族爲夷狄、禽獸，異民族也不會承認中國人是文明人，党項族與蒙古人建立西夏與元朝，就稱漢人爲「蠻子」。

鴉片戰爭後，清朝與英國簽訂南京條約（一八四二年），明文規定，清國人不可再稱英國人爲「英夷」。但中國人並未守諾，之後爆發亞羅號事件（第二次鴉片戰爭），簽訂天津條約（一八五八年），英國再度要求中國人不可稱西洋人爲「西夷」。條約簽字後，中國人卻持續蔑視西洋人，西洋人也不認爲中國人是「文明人」，視之爲「野蠻人」或「半野蠻人」。

中國人自古認爲「普天之下莫非王土」，周邊夷狄將受華夏天子恩德感化，自願同化爲華夏之民。事實上，漢人並非一開始就是同血統所形成的種族，而是中華大地諸民族與諸種族混合、雜交，形成的文化集團。

華化的文明力量有其侷限，蒙古人建立元帝國，以其人之道還諸其人，設定民族階級，蒙古人最高上，其下依次是色目人、漢人、南人等。過去一直是漢文化核心角色的儒者，被貶抑爲第九階級，僅高於乞丐。

清初，曾靜等人的「大逆事件」發生。雍正帝（在位一七二三～三五年）爲了破除曾靜所宣揚的華夷論，寫了《大義覺迷錄》，宣稱少數滿洲人君臨中國，乃因滿洲人具有更高德行，因此能執掌天下。

中華文明與華夷思想所最重視的「德」，其實早已沒落；即便有德行，面對西洋文明的強力挑戰，也是一籌莫展。自認住在世界中心、自稱「中原民族」的漢人，遭遇西洋文明吃盡苦頭，步履蹣跚。

中國人與中華文明所謂「華夷思想」，原本就是過度自大、不切實際的想法。華夷思想和西方近代民族主義、國民主義不同，乃是中國人特有的思想概念，可稱之爲「中華民族主義」。

中國人自古好用輕蔑話語稱呼周邊以及深山、溪谷部落，夷、蠻、戎、狄或「胡虜」等等，意思是這些部落與禽獸無異。中原民族則自稱諸夏、諸華或華夏、中華等，高傲自大。

中華帝國在東亞獨霸兩千年，華夷思想主宰的人種觀，亦即華夷民族本位觀，確是東亞秩序的核心概念。亦即周邊國家必須向中華天朝朝貢，天朝給予冊封，建立天下秩序。

華夷思想正是古代中原民衆的種族觀、天下觀與世界觀。後來春秋時代，夷狄威脅中華世界安全，孔子撰《春秋》，宣揚「尊王攘夷」思想，也就不足爲奇。

當然，兩千年來不同時代，華夷思想有強有弱。比如，漢唐盛世的中國人，華夷思想不嚴重，後漢班固曾說「夷狄不過章服異於中國，習俗不同、飲食不同、言語不通，避居北陸寒露之野罷了」，語氣輕淡。前漢文帝時代的賈誼也說，「（中國的）天子乃天下之首，地位崇高。蠻夷天下之足，低人一等」。賈誼用首足上下比喻中外關係，但首足都是身體一部分，不像「非我族類、其心必異」那樣視外族爲禽獸。

最激烈的中華主義，大概就是宋明兩代的攘夷主張。明太祖宣稱，「天命漢族執掌天下」、「自古帝王望御天下，中國內以治夷狄，夷狄外而奉中國，未知有夷狄治天下者」。這當然是非常自大的主張，但還有更極端的，那就是前述大儒王夫之等人，直接視外族爲「禽獸」。

王夫之所處的時代，華夏民族被滿族統治，爲了「復興文化」，才有如此激越的言論。研究中國歷史就會發現，華夏民族面對危機特別是夷狄壓力，總會強調華夷之別，高舉反胡攘夷大旗。最典型的是晉朝江統「非我族類，其心必異」的華夷觀，經過千年薰染，早已成爲中國人的基本人種觀，以及代表性的民族心性。

中國人自大，自稱是「禮敬之國」、「禮義之邦」，其厭惡、忌諱夷狄，不單因爲血統種族習俗不同，而是基於文化立場，認爲夷狄的倫理、禮教等都遠劣於華夏民族，不夠格當「人」。

這種文化主義有其盲點。北方游牧民族重視身強體壯，老者會拖累大家遷移，因此絕沒有「敬老」想法，父兄過世，其妻變成其子、其弟的老婆，在中華之民看來，簡直就是不知禮教、禽獸不如。

中國人所謂的王道與王德，乃是唯我獨尊的倫理主張；更何況中國人言行不一，卻鄙視異族，認爲異族不符禮教，與禽獸無異。

這也是中華思想「特色」之一。

⑧中華民族主義與大漢族主義論爭

十九世紀末、二十世紀初中國爆發維新運動前後，立憲派與革命派激烈對立，知識界不斷爭論「民族」與「國家」等定義。

「民族」與「國家」其實是明治維新的日本人創造的，亦即「和製漢語」。十九世紀末大量清國留學生、考察者與政治亡命者前往日本，將此二詞帶回中國，成爲中國近代最重要的思想概念之一。在那之前，正如梁啓超與汪兆銘（汪精衛，孫中山秘書）所述，「中國開國以來，並無『國名』」。

中國從秦漢到明清，儘管不同王朝，卻無國名。梁啓超認爲，中國人認定中國本身代表「天下」，不只是國家，因此不像英、美、日等國早就有國名。

到了新時代，特別是革命成功，革命同盟會當然得討論新國家名稱，內部卻爆爭議，遲無定案。

中國人這才發現，歐洲近代文明國家幾乎都是「一民族一國家」，自己如何定義「民族」，維新派與革新派各擁主張，毫無共識。

唯一包括孫文到蔣介石都認同的是，「中國人有家族與宗族意識，卻無民族（國家）意識」。

前述，維新派與革命派針對「民族」的定義激烈論爭，康有爲與梁啓超等立憲維新派主張「中華民族論」，希望包容滿族等非漢族。反之，革命派抱持「大漢民族主義」，高喊驅逐韃虜，代表性人物有章炳麟、陶成章與孫文等人。

一八九四年孫文在夏威夷成立（參加）革命興中會，入會誓詞便有「驅除韃虜、恢復中華」字眼。一九〇五年三個革命派系在東京聯合成立「革命同盟會」，同樣以「驅逐韃虜」爲革命綱領。一九〇六年十二月機關報《民報》創刊一周年，孫文發表紀念演說，強調「應排斥少數異民族（滿洲人）統治，奪回漢族政權，讓中國民族主義從種族革命出發」。孫文主張成立「漢族國家」。

但這種主張受到戊戌維新領導者兼保皇派康有爲抨擊，康有爲宣揚中華民族主義，認爲「滿洲人與漢人都是皇帝子孫」，不可區分彼此。

康有爲認爲，「易姓革命之下的中國，已保存超過五千年的文明禮樂文章與世俗教化，只有姓氏與王朝更替，亦即只有君統滅亡，中國並未亡國」、「中國既非亡國，滿洲人也非異類，主張民族革命、鼓吹光復漢土完全沒有根據」。

康有爲的弟子、思想大師梁啓超也認爲，「中國民族原本就是複數民族混合而成」，但這種看法不被革命派接受，陶成章反駁：「中華民族的別名，就是漢族。」

革命派《民報》等媒體一概不認爲滿洲人是中國人，「滿人是我們的敵人，各國是我們的朋友」（陶成章）、「滿洲人並非中國人」、「中國歷史是漢人的歷史」、「中國是中國人的中國，不是滿洲人的中國」（鐵生）。

章炳麟則說，「華、夏、漢三個字各有涵義。漢乃族名，華既可視爲國名也是種族涵義，將來應將新國家稱爲『中華民國』」。章炳麟以「鐵生」筆名主編《民報》（一九〇七年七月十六日），「中國是中國人的中國。誰是中國人？那就是漢人種！」、「中國是漢族的中國」、「中國大帝國萬歲！」

朱執信更主張「驅除滿人乃革命第一目的，消除暴政是革命第二目的」、「革命本質就是民族革命」。

不過，辛亥革命後，新軍與各省立憲派掌控不同地方政權，「漢、滿、蒙、回、藏五族共和論」的「中華民族論」變成主流。

一度被革命同盟會放逐，辛亥革命爆發時滯留美國、讀報紙才知道消息的孫文，繞道歐洲回國，發現中華民族論已成主流，只好放棄漢民族主義，支持大中華民族主義。

不久，孫文被拱爲革命政府臨時大總統。就國際法而言，革命新政府須繼承清朝也就是大清帝國遺產（版圖），孫文被迫公開宣示「五族一家」。革命派與知識分子不再堅持之前的民族主張，對於他們而言，眼前最重要的是「怎樣才划算」。

孫文第二次革命失敗，被迫讓出總統寶座成爲革命浪人，重新擁抱漢民族中心主義。

一九一九年他進行系列「三民主義」演講，反對五族共和，「革命成功許多無知蒙昧之人，擁抱漢滿蒙回藏五族共和說，官僚追隨，讓清朝一品五色旗成為中華民國國旗，說五色代表五族」，孫文主張，應讓非漢族同化為漢族，「漢族之外的民族人數實在太少，容易被帝國主義利用」。

孫文革命論的核心主張是「保國保種」，所謂「中華民族」必須是以漢種為核心的「國族」。

國民政府時代視孫文「三民主義」為聖典，台灣戰後高中生都須熟讀，宣稱「民主」的台灣國民政府如此做法，充滿矛盾。畢竟「三民主義」特別是民族主義，思想混亂且違反民主潮流。

孫文在《三民主義》「民族主義」第三講提到，「所有反對革命很厲害的言論，都是反對民族主義的。再推想到幾百年前，中國的民族思想完全沒有了。在這幾百年中，中國的書裡頭簡直是看不出民族主義來，只看見對於滿洲的歌功頌德」，於是他強調「何以外國亡國，民族主義不至滅亡，為何中國兩度亡國（宋被元朝消滅，明被清取代），民族思想就滅亡呢？」孫文找出原因，「中國沒有亡國以前，已由民族主義進於世界主義」。

亦即，中國人失去夷狄與華夏之別，已變成沒有民族與國境之分的「世界主義（天下主義）」。滿洲八旗軍只有十萬人，卻能征服數億漢人、統治二百多年，無非是因爲大多數漢人已改抱世界主義，歡迎異民族皇帝。

只是，中國眞的亡國之後民族主義消失了嗎？究竟民族主義內涵如何？

孫文《三民主義》「民族主義」說道：「那遜（nation）這個字有兩種解釋，一是民族，另一是國家」，「基於王道自然力結合者爲民族，基於霸道人爲結合者爲國家」。但大概只有中國人用「王道」與「霸道」的標準區分民族與國家。更何況孫文的「民族」定義，和他所抱持的「民族主義」，存在巨大矛盾。

比如，孫文所謂「五族共和」，乃是希望漢族之外的民族強制融入漢族，成爲「中華民族」。這和「王道自然力」背道而馳。

總之，孫文的中華民族主義，本質上是漢化（華化）主義，企圖同化周邊民族的「同化主義」，可說是比大漢民族主義更極端的「超大漢民族主義」。

一九二四年國共合作，國民黨召開第一屆黨大會，承認各民族平等自決權，抱持大漢民族主義的孫文卻公開宣稱，少數民族人數太少，應同化於漢族。

漢族與非漢族紛爭不斷，不久抗日民族主義意識抬頭，大中華民族主義水漲船高，內蒙古與青海很快內地化，西藏人雖抵抗，但東藏很快分離出來，成為中華民國「西康省」。

一九三八年四月國民黨臨時全國黨大會發表宣言，「中國領內各民族藉由歷史進化，已融合成為一個國族」。

問題是，蒙古人與西藏人真的已融合成中國「國族」了嗎？這點姑且不提，蔣介石《中國的命運》（一九四三年三月）一書指出，「中華民族因其宗（族）、支（系）不斷融和，人口亦次第增加，終至如此強大」，「融合之動力為文化，而非武力；融和之方法為同化，而非征服」、「我各宗族實乃同一個民族，且是一體系一種族」、「五族區別乃地域與宗族，並非因種族與血統關係而區分」。「一民族一國家」是近代國民國家的理想模式，中國國民黨描繪的「中華民國」理想，顯然希望融合多民族，同化成一個中華民族。所謂中華民族，本身就是一個大「民族」，漢族與滿族等不過是中華民族底下的「宗族」與「支族」。

只是，說西藏人、維吾爾人與漢人不論從血統還是從人種角度看都是同「宗族」，除蔣介石政府之外，恐怕沒有人會同意。

事實上，對於非漢族而言，漢人千百年來都是「敵人」，明末漢人大舉遷入西南雲貴高原，和當地原住民族激烈衝突，引發暴動。當地少數民族有句諺語，「不可把石頭弄成灰，不可和漢人做朋友」，其對漢人的不信任，由此可見一斑。

⑨今文經學與古文經學論爭始末

「四書五經」等中國所謂「故典」或「經典」，多半不是孔子或某個人編寫，幾乎都是集體創作。這些創作反映當時中國人的想法，同時也可由此看出其侷限。

這裡所謂的「侷限」，與文字形態及表記方法有關。最初中國文字由龜甲或牛肩胛骨而來，是所謂的「甲骨文」，後來雕刻金石，是「金石文」。這兩者的語意與文體都極簡略、難以判讀，後人進行各種注解與詮釋，這部分就已「汗牛充棟」。金文之後，木簡、竹簡及較輕的紙張成爲書寫材料，文字量爆炸增加，多到幾乎難以消化。

最初，中國文字用來記錄巫師或占卜師講話，不久出現負責書寫的政府官僚與知識分子特權階級，即孔子所謂的「君子」。反之，不識字民眾是「小人」。在大部分中國人心目中，君子與小人的區分標準是「有德行否」，但一開始兩者的區別很像「白領階級」與「藍領階級」。

古代故典與經典需判讀與解讀，加上思想傳播過程難免誤傳或僞造，久而久之出現怪現象，中國故典與經典其實幾乎全是僞經、僞作，清代「考據學」與「辨僞學」蓬勃，不是沒有原因。

當然，考據、考證與辨僞的對象，並非中世、近世以來的僞作與僞經，而是古代經典。比如，公認中國最古代「書籍」《尚書》（《書經》），在漢代已出現今文尚書與古文尚書兩派，激烈對立。兩千年後學者才確認，「古文尚書」是孔子後裔（孔安國）僞作，時間既久，僞造經典早被視爲眞品。古文尚書與今文尚書的眞僞論爭，延續到二十世紀初辛亥革命。論爭焦點也不是經典「眞僞」，而是思想與意識形態。

以清末辛亥革命爲例，當時中國國學者分爲兩派，康有爲等擁護今文尚書，是爲維新保皇派。章炳麟等擁護古文尚書，則是革命派。古文派大將另有崔適、吳承仕、錢玄同，今文派大將也有廖平等人。雙方從十九世紀末論爭到二十世紀初，是中國文化思想界核心議題之一。如前述，西風東漸、西力東來，鴉片戰爭敗北，西洋勢力長驅直入，中國與日本都承受開國壓力，日本實施明治維新，走上「文明開化與殖產興業」，中國模仿，也推出自強運動（洋務運動）。但中國模仿日本維新不徹底，只推富國強兵與「殖產興業」，卻忽略日本更重視的「文明開化」。

中國爲德不卒，乃是因爲抱持「中體西用」觀念，認爲只需模仿西洋硬體，軟體中國原本齊備，不需向西方取經。

西方勢力進逼東亞，知識力量滲透，江戶雖鎖國，卻仍有荷蘭人長期住在日本，傳播「蘭學」，同理，明末西方耶穌會傳教士帶來各種西學。清朝禁止西方傳教，對鴉片戰爭後中國的「洋務運動」頗有影響。亦即，抗拒西洋文明的價值體系，只學習殖產興業等富國強兵技術，結果只掌握皮毛，終於失敗。

中國人看到西方優點，經過反省，國學價值開始受懷疑，一九〇五年廢除「科舉」，超過二千年的皇帝制度也動搖，參考日本維新開國，戊戌維新後發起立憲運動，希望以立憲君主制取代帝制。

持續主宰中國思想界上千年的儒學，十九世紀末日薄西山，只剩下少數人在爭論今文尚書與古文尚書優劣，以及該「尊孔」還是「批孔」，大多數知識分子關心的是自古以來的諸子、佛道思想，以及受西洋影響的民主民權主張，乃至於社會主義、無政府主義等。

十九世紀末儒教快速沒落，扮演「護教」角色的，就是擁護今文尚書的康有爲等立憲保皇派。其中廖平甚至宣稱，中國人不只要擁護孔子思想，還應弘揚光大，讓孔子思想平定全球亂局。更有同派知識分子異想天開，說孔子不獨是中國與地球的「萬世師表」，若外星人攻擊地球，所有地球人類都應擁護孔教，才能抵抗外敵自保。

與今文派對立的古文派，領導人章炳麟年輕時激烈批判孔子，民國成立後反而向今文派靠攏，成爲孔教護教派，反對、批判孔子的，則是新文化運動的李大釗、陳獨秀與胡適等人。

梁啓超曾指出，清末思想界有四大潮流勢力：

（1）梁啓超等改良（維新）思想，主張適度吸收外國學說

（2）章炳麟提倡的考證學，主張發動種族（大漢民族）主義革命

（3）嚴復引進西方功利主義等思想主張

（4）孫文提倡的三民主義（社會主義）

中國傳統孔學（儒學．經學）到了清末，被視爲封建意識形態，無法和西洋資本主義歷史產物所謂「民權、平等、博愛」的意識形態對抗，今文派康有爲與古文派章炳麟等國學大師，在中國對決西學的思想戰場幾乎無任何發言權，只能死守護教（儒教）立場。

不只今文派康有爲與古文派章炳麟，即使主張「舊學爲體、新學爲用」、融合經學與西學的湖廣總督張之洞，乃至於宣稱儒學可拯救全地球、全人類的廖平，也都無法對抗民主平等的意識形態，只能在一旁納涼，看著符合時代潮流的「新學」席捲全國。

⑩科舉制度的扭曲演變

中國人自古重視師徒關係，這種現象在科舉考試更明顯，中舉者認主考官爲「恩師」，終生追隨，歸爲一派。派系政治成風，激烈傾軋與貪贓枉法不斷。

比如，明朝正德三年（一五〇八年），宦官劉瑾爲擴張閹黨勢力，運作進士主考官，讓五十名同鄉考生全部上榜。此例一開，有力朝臣紛紛賄賂主考官，讓同鄉考生過關。比如，河南泌陽出身的內閣大學士焦芳，聯合劉瑾，將嚴嵩所推薦的五十名江西籍考生資格取消，集團鬥爭明目張膽，而且慘烈。

中國歷代科舉考試賄賂傳聞不斷，最著名的是順治十四年（一六五七年）北京與南京兩考場爆發的貪污舞弊。

當時北京考場十幾名主考官，都收考生賄賂，主考官李振等人將賄賂名單帶進考場，一一點名。結果，五千七百名考生只錄取二百零六名，三品以上京官子弟全部及第，消息公佈全國譁然。

「財力不足」的考生全落榜，紛紛投訴官府，消息傳到順治帝耳中，下詔嚴查，斬首七名考官，其餘考官免職。

南京考場同樣賄聲賄影。舉人中第者一二〇人，都提供賄賂，落榜者激烈抗爭，主考官都被順治下令絞首。

舉人以下「鄉試」在各地舉行，進士考試即殿試，皇帝是最後主考官。當然，並非所有皇帝都有能力主考，也有宋太祖令考生角力決定狀元的例子。

中國科舉以作詩、作文判定才能與否，考生所讀無非四書五經等聖典，十、二十年苦讀，倒背如流，實力難分軒輊。明代則流行形式比內容更重要的「八股文」，字句排列巧妙優美，就可獲青睞。

⑪科舉制度的禍害

明清科舉考試分「童子試」、「鄉試」、「會試」、「殿試」四階段。童子試有縣試與府試，及格稱爲「秀才」。秀才可進入府、州、縣學「進學」。鄉試與會試三年一次，鄉試考官由皇帝指派，通常是大學士、都御史、尙書與侍郎級中央高官。鄉試及第者爲「舉人」，放榜由皇帝賞賜「鹿鳴宴」，新舉人與主考官同受款待，皇帝會恩賜新衣冠，當場送給中舉者。

殿試及格分三等，一等三名爲「一甲」，第一名狀元，第二名榜眼，第三名探花，都稱「進士及第」。二等爲「二甲」，是「進士」。三等爲「三甲」，「同進士出身」。狀元及第者，多先供職翰林院（負責撰寫皇帝詔勅等文件），任「編修」。榜眼與探花也入翰林院任職，其他進士擔任「庶吉士」（翰林院官職名）或成爲候補知縣（縣長）。

明代首輔（宰相）總數七十餘人，九〇%出身翰林院，對於殿試及第者而言，翰林院堪稱通往宰相一職的登龍門。

當時中國乃典型的學歷社會，出任官職有嚴格學歷限制。比如，舉人（地方鄉試及第）與貢生（地方政府推薦到中央太學就學的優秀學生）出身者只能做到知縣（縣長）。舉人任官升遷不易，《明史》記載，舉人獲官職者人數稀少，太祖十八人、成祖二十一人、神宗二十人，天啓與崇禎朝都只有十八人。中國「讀書人」只會背誦「四書五經」，稱不上是眞正的知識分子。漢武帝君臨天下，爲了確立帝權一統思想，採納思想家董仲舒建議，排斥諸子百家學說，獨尊儒術。儒家思想持尙古主義，否定創造價值，後漢更出現讀書人「師承」概念，弟子門生不可批評老師主張，超越老師思考範圍。隋唐實施科舉，到了宋朝，文章成爲經國大事，官吏都得通過考試，於是民眾紛紛讓孩子從小背誦四書五經，長大還得背諸家「注釋」，年年挑戰科舉，耗掉一生時光。

明代重視朱子學，朱子所寫「四書五經」的注釋《四書集注》，成爲科舉的標準答案，不可提出不同見解主張，就連文章形式也定型，稱爲「八股文」。

科舉考試官定文體八股文，由八個章節（八股）構成，包括論旨如何展開、章句、字數等，都有嚴格規定。

科舉考試題庫不過四十題，名門家族子弟不必認眞讀經書，聘家庭教師背答案、不斷模擬考即可。

熟讀、背誦經書得耗費十年，但八股文要領一年即可速成。只是，錄取名額有限，大多數讀書人即使耗費一生、反覆參加科考，也未必能及第。

現代人看古代這種科舉考試，難免覺得滑稽，但對於當事人而言，卻是殘酷無比。背誦而不需理解，也不必任何主張，根本就不是眞正的學問，人的主體性被忽視，中國人也因此思想扭曲，變成很奇怪的民族。

難怪清初大學者顧炎武感慨說，「八股危害之深，猶烈於秦始皇焚書坑儒」。秦始皇活埋儒者不過四百六十人左右，受科舉八股文所害的讀書人，卻超過百萬。

終章——現在是非了解儒教災禍不可的時候了

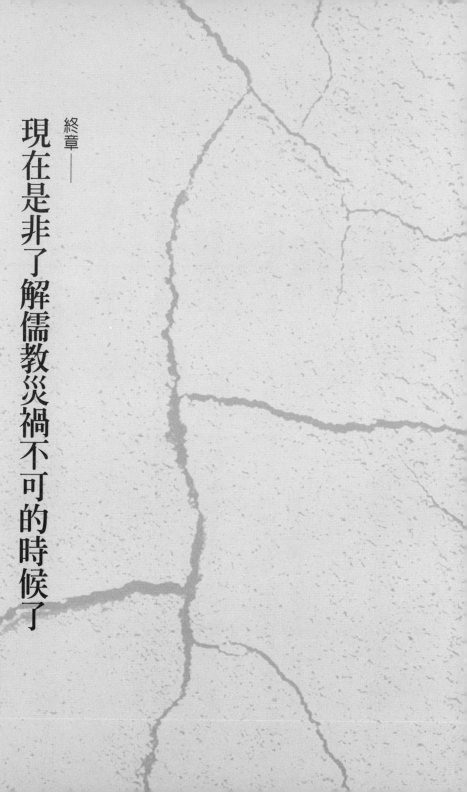

◎墨守尚古主義的儒教與往前看的社會科學之差異

世界上沒有任何民族像中國人那樣擁護尚古主義，至少和日本可說完全相反。中國人數千年形成的思考模式是，先人經驗比自己經驗更重要，所以，「學習」得先知道先人怎麼想、怎麼做。正因爲如此，中國社會幾千年來的結構與型態都沒有明顯變化。

中國文化重視古代的思想主張，因此社會發展停滯、文化思想有如一灘死水，也就不令人意外了。

中國人深受古典制約，特別受「五經」影響更深。中國人認爲，生命道理都包含在「五經」之中，「五經」乃先例之先例，一切法則、規範與眞理都來自於此，地位甚至比基督教的「聖經」還崇高，還絕對。

中國人的日常生活規範，來自三千年前的周代。比如，《春秋左氏傳》尊崇《詩經》與《書經》，孔子更宣稱「述而不作、信而好古」，中華文化完全沒有創造力與自主性，只知覆誦古人與聖人的言論主張。

生活規範應貼近社會現實，從現實社會建立規則，但儒家反而認為尊崇古例才正確，儒者的任務在於注釋古典。只是，已經反覆注釋超過二千年，注釋正誤優劣的爭論卻沒完沒了。相同模式也可見於二十世紀的社會主義中國，馬克思列寧主義教條解釋各說各話，中國人的尚古主義已完全病態。

這種「病態」其實是後漢（西元一～二世紀）規定的「師承」所造成，中華文明也註定走向衰亡。所謂「師承」，就是「學生的言論主張不可超過其教師」，政府既然這樣規定做學問，超越老師範圍的思想言論都違法，知識界當然失去活力。

絕對崇拜古典權威的尚古精神，讓人們失去批判古典文獻的合理思考能力。而政權執政者規定這種學習模式、將儒家權威絕對化，則是為了剝奪民眾懷疑權威、反抗權威的能力。尚古保守主義精神形成，古代社會與政治制度都最好，人們也就不必求新求變，也沒有理由推翻現行體制。如此一來，皇帝的封建統治就能永遠持續。

總之，尚古主義與現狀維持主義本質相同，中國人無法產生自由思想，元凶在此。中國人已變成一切「遵古」的超保守主義民族。

中國人的思考模式是，古代的一切乃最高理想，眼前無非墮落，對於未來更是悲觀、不抱希望。思考失去活力，注定這個民族走向沒落與衰亡。

始作俑者儒教與儒學，堪稱化石人生觀，讓中國停留於原始社會，毫無進步。儒教與儒學屬思想領域，但其本質更接近考古學，腦袋已變成「化石」的中國人，即便擁抱新儒學，也是換湯不換藥，不可能從此活潑自由地思考。

中國人所尊崇的古文，非常精簡，「四書」早期文體、道具大都由甲骨文、金石文字乃至於木簡、竹簡等等古文寫成。正因爲精簡，不要說日本人，就連多數中國人都得參考注釋才能讀懂。

正因爲如此，古典作品須有人注釋，但注釋同樣以古文寫成，還需「注釋的注釋」，沒完沒了。

既有那麼多注釋，誰的最正確？這就更難拍板定案。不只儒教經典有數不清、爭議不休的注釋，老莊道家經典以及《孫子》、《吳子》等兵法書，都有類似現象。

我高中時代國文課須讀古漢文，國文教師逼我們背誦《論語》、《孟子》，閱讀朱子學、理氣之學、陽明學與考證學相關文章，注釋與讀解成爲國文課最重要課題，考試也鎖定古文及注釋。但即使如此反覆閱讀、背誦，我們對古文的理解也未必可靠，反而後來學習日文才了解，日本人用訓讀方式閱讀中國古文，比長期受漢文教育的中國人，還更能掌握中國古文要領。

中國人即便是漢族，即便擁有共同漢字，卻沒有共通漢語。南方諸漢語、北方漢語不僅文法與漢字排列順序不同，人們用母語解釋漢文，意思也經常差異頗大。

總之，不僅古人對古文的理解產生爭議，甚至可以說任何時代的中國人，都對漢字特別是古文一知半解。

畢竟古代漢文句逗點省略，因句逗點位置不同，就常造成解釋上的差異與爭論。

比如，《論語・泰伯第八》有段文字，「子曰民可使由之不可使知之」，中國與日本有不同斷句方法。當然，意思也因此改變。

（1）民可使由之，不可使知之。（老百姓只要讓他們遵守命令即可，不必讓他們了解為何必須那樣做）

（2）民可使，由之。不可使，知之。（可以命令人民做什麼的時候，就要求他們去做。不可讓他們做什麼事情的時候，則要讓他們了解理由）

（3）民可，使由之。不可，使知之。（若覺得老百姓可以做某些事情，就讓他們自由地做。如果覺得他們不可做某些事情，則要讓他們知道）

（4）民可使，由之不可。使知之。（可以命令老百姓做一些事情，卻不可讓他們自由決定要做什麼。這樣的道理必須讓他們有所了解）

由此可見，正確解讀漢字眞是困難，尤其漢文有非常多「四字成語」與「詩文」，意思模稜兩可。儒學所重視的經典，「四書五經」等漢文幾乎都語意曖昧，不要說日本人，就連中國人也看法不同，讀漢文好像在猜謎。

所以說，儒教思想是中國思想與思考變態、僵化的元凶，稱之爲「儒禍」，一點也不爲過。

補述

一、針對「仁」這個字，孔子的答案因人而異，有時告訴對方「克己復禮爲仁」，有時說「剛毅木訥近仁」，卻無概念規定與定義。所以，與其說「仁」是個德目，倒不如說意思接近老子所謂的「道」或「德」，簡單講就是必須做「善」、「正義」、「道義」的事情。

孔子回答學生樊遲「仁」的疑問，說是「愛人」，孔子不主張「以牙還牙，以眼還眼」，但也不推崇類似基督教「愛你的敵人」的「愛」。他所謂「愛人」，當然也和佛陀「慈悲」眾生的看法有所不同。

二、孔子將民眾分爲「君子」與「小人」，卻非傳統的身分差別，而是看對方「有無德行」。孔子認爲「動腦袋的」是君子，「用力量的」是小人，若以今天的標準，就是白領與藍領之分。亦即，讀書人是「君子」；「可使由之，不可使知之」的一般民眾則是「小人」。具體的說，「農工商」是「小人」，「士」等知識分子則是「君子」。孔子又說，「君子喻於義，小人喻於利」，君子能掌握義的重點，小人擅長謀利。現在中國人常說「先君子後小人」，意思是，人與人互動講求「道德」或「道義」，接下來毫不客氣甚至不擇手段爭奪利益。佛教有尼僧，基督教也不忌諱女子，孔子三千弟子卻沒有任何女生。孔子說「唯女子與小人難養」，認爲女子和小人一樣低劣，和家畜差不多。古代中國人觀念受限，其宗族觀與倫理觀是，女人地位遠低於男人，只是附屬，所以俗諺說，「父在從其父，婚後從其夫，夫死從其子」。

三、許多人認爲，中國是儒教國家，朝鮮、越南與日本，也是儒教文化圈、儒教文明圈成員。當然，也有人不同意這種說法。漢武帝之後，中國表面上實施儒教，但許多中國學者承認，德治不可能成功，所謂「儒教國家」其實是「陽儒陰法」。換言之，表面上是儒教國家，但實質是「法治」，靠「律令制」與「刑罰」（嚴刑峻罰）維繫國家存在。日本也有學者認爲中國「陽儒陰法」，比如小島祐馬。

四、儒教所定義的最高人格者（最高神），不是堯、舜、禹、湯、文、武等古代聖賢，而是周公。爲何不是孔子？因爲孔子自認扮演祖述周公之道的角色。

五、宋朝之後儒教復興，觸媒是佛教思想，形成所謂「宋學」（理氣之學）。後來清朝考證學的主要立場卻是批判宋學，發現古代流傳下來的經書，許多是僞造、揑造，但即使如此，考證學學者不批判孔子與儒教，十九世紀末，孔子與儒教才被全面質疑。明朝末年思想家李贄（李卓吾），批判傳統中國文人缺乏思辨能力與道德勇氣，清末信仰基督教的上帝會集團叛變，成立太平天國，並發動儒教撲滅運動。「究明妖魔爲惡由來，結論歸著於，孔教書籍盡皆錯誤」（《太平天日》），「敢將孔孟橫撐腰，經史文章盡日燒」，太平天國搗毀孔子像、燒孔子廟，將「四書五經」定義爲「妖書邪說」，全部燒光，不只嚴禁買賣書收藏閱讀，在北方叛變的捻軍，更攻入山東，撬開孔氏家族墳墓，焚燒孔廟。民國初年爆發五四運動，民眾高喊「打倒孔家店」。人民共和國成立，也有「批林批孔」運動。

太平天國內戰，呈現基督教vs儒教爭戰局面。義和拳亂（北清事變）爆發「基督教徒格殺勿論」現象，則是儒道教徒對基督教的反撲。至於五四運動「打倒孔家店」口號，象徵反傳統文化，「批林批孔」運動具備階級鬥爭性格。世俗化的中國人，表面上沒有宗教戰爭，但世俗社會與宗教其實衝突不斷。

六、中國思想自古除了重「人爲」的孔孟儒學，與強調「自然」的老莊思想二大潮流，事實上早就存在「百家爭鳴」的「諸子百家」，墨家、法家、名家與兵家等流派，都曾顯要一時。

當然，任何思想都必須配合時代氣氛與條件，才能成爲主流。比如，孟子時代有所謂「非楊即墨」現象，提倡自私自利的楊朱與宣揚兼愛（博愛）的墨翟大受歡迎，儒家則是令孟子嘆氣的不受一顧。當時也是憑三寸不爛之舌合縱連橫、改變天下大勢的「縱橫家」大行其道的時代，兵家與法家地位水漲船高，「實學」終究比較吃香，儒家自然不受青睞。後來到了漢朝初期，「文景之治」展現自由放任氣度，黃老之術亦即老莊思想扮演「國教」角色，人氣加溫。

孔孟儒家思想的生存條件其實非常嚴苛，後來只能靠「人爲」才能苟延殘喘，或許這也是其「宿命」。易言之，在自由競爭、「物競天擇」的自然淘汰下，儒家大概會被消滅，只能政治力介入、實施「獨尊」的「人爲」，才能存活。

七、號稱「民國革命」三尊之一的章炳麟（章太炎），是當時公認的國學大師，和會黨（幫派）出身的孫文，截然不同。相對於康有爲與梁啓超等人擁護今文尚書，章炳麟大力支持古文尚書，是考據學最後的大學者。

章炳麟認爲，孔子出生在中國，其實帶來禍害，中國人不思進取，清朝末年幾乎亡國，這難道不是孔子所害嗎？章炳麟指出，孔子被權威化，造成中國人普遍持守舊主義。而且，孔子的道術其實也比不上孟子與荀子。

章炳麟指出，儒家還有一項缺點，那就是貪圖富貴利祿。儒者沒有當皇帝的雄心壯志，大儒甘於輔佐天子，小儒只希望擔任諸侯大夫與士，志氣不大。

八、十九世紀末到二十世紀初，中國思想界激烈論爭孔教與儒教觀優劣，康有爲等保皇立憲派支持儒教，堪稱「極右派」。無政府主義、社會主義系統的張繼、劉師培、吳稚暉與李石曾等人，則反對儒教，堪稱「極左派」。革命派章炳麟則是中間派。

社會主義系統亦即極左派對儒教的觀點，大致如下。

獨裁統治者總是散佈恐怖氣氛，製造迷信，其統治理論是儒教。可見，孔丘思想主張爲中國專制政府鋪路，荼毒同胞超過二千年。

追求幸福得破除迷信，支那人眞要幸福，首先得革命孔丘。支那人都已中孔毒甚深，非刮骨去瘡不能痊癒。

左派中國知識分子認爲，中國千瘡百孔的元凶就是孔教，這種主張和後來的五四新文化運動乃至於共產中國的「批林批孔」，一脈相承。

九、日本文學家兼思想家德富蘇峰（豬一郎）對孔子與論語的觀點和中國學者不同。蘇峰認爲，孔子的思想主張並不令人意外，因爲「孔子也是支那人」，支那人既有那樣的民族性與國民性，自然也會有那樣的想法與主張。蘇峰此一見解與眾不同，但卻掌握要領，直指核心。有怎樣的風土，就會產生怎樣的思想主張，孔子反映支那人的心智與精神內涵，正如基督反映猶太人的觀念想法，蘇格拉底反映希臘的風土人情。類似這樣分析歸納人物思想主張與價値的方法，和二十世紀初日本思想家和辻哲郎的「風土論」非常類似。

蘇峰研究發現，支那的楚人與齊人，性格差異甚大。齊魯之人（山東人）喜歡吹牛，不只齊魯之人，支那人都有吹牛習性，堪稱民族特性。

孔子畢生追求「治國平天下」，已經不是道德思想家，根本就是政客。史書描述孔子長相奇怪，周遊列國求官卻不得志，有如「喪家之犬」。

孔子崇拜周公，以及齊桓公時代的名相管仲。《論語》記錄孔子言行，蘇峰認爲，這本書要「反著讀」，才能了解支那實況。支那人總將《論語》掛在嘴邊，言行舉止卻都背道而馳。我個人從小被老師要求背誦《論語》、《大學》與《孟子》等，如今卻深深體悟，了解中國與中國人的方法很簡單，凡是中國人宣稱擁有的德性，都應「反向解讀」。

這樣的「反向解讀」觀點，碰巧和蘇峰認爲《論語》應該「倒著讀」相同，恐怕也不是偶然一致的吧。

十、日本佛教天台宗大師最澄和尚（七六七～八二二年）認爲，儒教乃「治世之經」，佛教則是「出世之道」。反之，眞言密宗的空海和尚（七七四～八三五年）主張，道教特色在於「變轉」，儒教歌頌「綱常」，佛教則「義益最幽深」。他寫《十住心論》，深入分析三種思想的內涵要旨，指出「三教指歸」之處，並將精神與思想發展過程區分爲十階段。第一住心是異生羝羊心，乃人類出現之前動物界的倫理道德狀態。第二住心是儒教思想，第三住心是老莊思想，第四、第五與第六住心爲小乘佛教；七、

八、九住心是大乘佛教，最高階段的十住心則是眞言密宗。

這是空海對儒教的評價。

十一、日本江戶時代，朱子學曾獲得接近國教的地位，但日本人並未獨尊朱子學，反而頗多批判。

安藤昌益等學者看不起儒教，認爲儒者「不耕而食其祿」。本居宣長則批判強調理氣之說的朱子學，拆穿其哲學體系的虛構性，「只會故弄玄虛、講許多名堂，卻是一派做作」。

十二、中國人批評儒教「聖人」最激烈的，大概就是魯迅。除此之外，中國著名「厚黑學」教祖李宗吾，也批判儒教。日本最能看穿儒教虛假的學者，還有江戶時代宣揚「直耕」、「自然眞營道」的安藤昌益（一七〇三～六二年）。

昌益認爲，「世爲聖人亂，心爲釋迦亂」，認爲「儒教聖人」與「佛教釋尊」皆屬虛妄，人的最高價值是躬耕生活，不可像儒者與佛教僧侶那樣寄食於人。

儒教聖人堯、舜、湯、文、武、周公、孔丘，加上傳說的帝王伏羲、神農、黃帝三人，合計「十聖」，昌益認爲，這十人其實帶給人類禍患。這些所謂「聖人」，都有「五逆」與「十失」。

昌益定義「五逆」如下：

（1）違背自然，相對於一般民眾親自耕種，所謂「聖人」卻不耕而貪食
（2）人類社會原本沒有差別、彼此平等，「聖人」卻違反自然，立「五倫之法」
（3）這些聖人主張一夫多妻
（4）這些聖人掘地中之金而鑄造，通用於天下，令無欲清心、自然正道的人們，產生各種慾望
（5）在這些聖人鼓吹之下，人們變成喜歡追逐利益

所謂「十失」是：

（1）製造無用的樂器，致人們不思工作，只愛遊玩
（2）製作棋盤與棋子讓人們耽於遊玩、賭博，不再勤勞工作

（3）蓄養牲畜，讓人們放棄素食，變成肉食
（4）分割天下成好幾個國家，諸侯大臣居上位不耕貪食，乃天下大亂元凶
（5）成立武士階級，擔任官吏，卻自私貪慾、收受賄賂，造成國家紊亂
（6）武力控制民眾，使其無力抵抗，備受壓抑
（7）為了奢華、炫耀，獎勵手工業，大興土木，農民改行手工業，做了許多華而不實的器物，農耕人口減少，造成內亂
（8）促進商業發展、活絡買賣
（9）興建織布工廠，做了太多其實沒必要的奢華服裝，有錢有勢者打扮華麗
（10）擅長阿諛逢迎統治者的人都給予獎賞，提高其地位

昌益認為，這些所謂「聖人」，為了滿足自我虛幻慾望，硬將「五逆十失」強加民眾身上，原本和平自然的社會變成畜牲社會與亂世。

不只諸經，昌益也批判儒學「三德、五常、五倫、四民」的倫理觀與社會觀。「仁乃罪人之根，禮為亂之根，義殺人之根，智偷盜之根，信災亂之根」等，五倫無疑是天下之怨敵。昌益對儒教的批判，和老莊觀點類似。昌益不只批評，也提出替代

方案，鼓吹「發生、生育、實收、枯藏、革就」的「自然五常」。

十三、福澤諭吉（一八三四～一九〇一年）在〈脫亞論〉中強調，「眼前我們活在日新月異的文明活劇場，但教育從業者言必稱儒教主義，學校教育全都是仁義禮智，無非虛應故事，何曾眞心研究眞理、追求眞理？即使口口聲聲道德倫理，實則言行不廉不恥，卻傲然全不知反省」，透徹點出儒教思想文化與教育方法的虛假與落伍，因此他疾呼，日本文明開化，得先拋棄儒教。

十四、津田左右吉教授的《儒教的實踐道德》有如下分析：「我國長期以來知識教育幾乎都與儒教有關，但其思想主張較具體而可行的，也只有禮而已。然而，儒家的禮乃根據古老經典，與喪祭有關，卻無日常行動規範；即使喪祭禮儀，也並未眞正付諸實踐。儒家徒有孝之概念，但在我國，即便許多人口中掛著儒教言論，卻全無落實。不惟孝，儒家整體思想主張在日本都華而不實。總之，儒家道德教誨從來就沒有進入我國國民的日常道德生活。」

十五、東洋學者橘樸（一八八一～一九四五年）指出，許多日本人一廂情願地認爲中國乃儒教之國，但這種中國觀乃是錯誤空想，「澀澤榮一（二十世紀初日本首屈一指的實業家，創辦企業超過五百）寫了一本《口袋版論語》，就認爲可靠這本書實現日華親善。這種想法，未免天眞」。

橘樸呼籲日本民眾正視一項事實，那就是「中國民眾不要說今天，自古以來根本沒有眞正把儒教當作信仰，認眞地實踐」。

十六、有關性善說與性惡說爭論，王陽明晚年的想法是，心之本體乃無善無惡，不可侷限於以往善惡先入爲主的觀念，而須掌握接近無善無惡的本體，才是眞正的至善。當然，王陽明的主張不是「無善無惡」。

王陽明重要弟子之一王龍溪（王畿，一四九八～一五八三年）認爲，不只本體，就連意、知與物都「無善無惡」，此即「四無說」。王陽明另一位重要弟子錢德洪（洪甫，一四九七～一五七四年）認爲，本體雖有無善無惡，意、知與物應「爲善去惡」，靠日常修養往至善的方向努力，是所謂的「四有說」。二大弟子各有主張，請老師王陽明評論優劣，王陽明表示，四無說適合上根之人，四有說適合下根之人，二學說互補，若能兼備、調和，便是完美。這項爭議有點類似禪宗的「頓悟」、「漸修」方法選擇，王陽明過世後，相關論爭仍未落幕。

十七、日本哲學家佐藤清勝撰寫《支那哲學批判》（亞洲青年社，一九四三年），其中有一章「孔丘的思惟批判」，說明「述而不作」的孔子儒學，集支那民族傳統思惟大成，其道德觀念主要源自《周易》，政治主張因襲《書經》思惟。若要完整了解孔學，則可閱讀《論語》。

《周易》持二元世界觀，認爲人世間乃貴賤、尊卑、貧富、強弱並存的二元世界，最好能追求「平天下」，也就是世界和平。

而要實現這項理想，須治國、齊家、修身、正心、誠意、致知、格物。孔子推崇古代堯、舜、禹的政治成就，周公是政治典範。

孔子認爲，萬物生成本體與原理是「天」，此乃其思惟根據。他強調，君主須具備高度道德，用道德治理天下，法治則無甚價値。不過，孔子認爲「民可使由之，不可使知之」，不能一味地宣揚道德。孔子的道德思惟不只理論，還有實踐。

傳統支那學幾乎都是討論目的手段的行爲之學。比如，朱子持理氣一元、相互融合彼此無差異的世界觀。不論朱子學與陽明學，都將傳統行為學轉換成知識學。

王陽明思想著重探討「心」與「理」，認為「理」存在於內心，不存在於「物」。他所宣揚的「理」，主要是孝、仁等「道」，就邏輯而言，「道」便是「理」。王陽明認為，具良知的「心」與「理」，是支配萬物的根本原理。

王陽明指出，孔孟學說無非「心即道」學說，而非「心即理」。王陽明所謂「知行合一」，主要是闡述孔孟的傳統道德理論。

十八、儒教最具象徵性的特質，大概就是父權絕對化，比如，儒教道德承認「一夫多妻」的正當性，要求女性遵從「三從四德」等倫理規範。

可以這麼說，儒教女性觀認為，婦女與小孩是「家畜」。

但超古代中國信仰之中，也有所謂大地母神「西王母」概念，《西遊記》也出現「西王母」。

儒教倫理秩序卻放棄父母並重的二元價值觀，提倡父權至尊一元論，父權等同家父長秩序。

所以，中國很多民間叛變經常不只有反官方的言論，還呈現反儒教秩序的色彩。比如，清朝衰亡，超過一世紀的教匪與會匪之亂是重要原因。

白蓮教源自彌勒佛信仰，口號是「眞空家鄉，無生老母」。這八字眞訣顯示，該教派最崇拜的神是「無生老母」，「眞空家鄉」則是該教派信徒所希望建立的千年烏托邦王國。之所以強調「眞空」，無非是不滿儒教道德、對「三綱五常」造反，強調「無主無君」，平等是最高價值。

嘉慶年間白蓮教叛變，出現女性領導者，最有名的是湖北襄陽首領齊林之妻齊王（聰耳）氏。

不只白蓮教，清代重大內亂，太平天國與義和團都可見女性活躍；民國之後的無政府主義運動，也有許多不輸給男性的女性戰士。

白蓮教與太平天國叛變，可視爲中下階層中國人集體反抗儒教的家父長秩序，但持類似立場的文人也不少，他們反對儒教教義的男尊女卑，包括吳敬梓的《儒林外史》、李汝珍的《鏡花緣》、曹雪芹的《紅樓夢》，都有逆轉男尊女卑以及女性掌控大權的情節。

被民國美學家辜鴻銘讚美爲「中國國粹」的纏足，太平天國下令禁止，二十世紀之後逐漸消失。

十九、文學家青木正兒撰寫《江南春》（平凡社，一九七二年），深入分析儒教與老莊的思想性格，「上古時代漢族由北往南發展，爲了自衛，對抗自然壓力，必須做許多人爲的努力，而其所抱持信念無非是能活下去就好，這種想法後來發展成重現實的儒教思想。不過，也有一些漢族認爲，大自然力量大到無法抗拒，人人都應服從自然，這便是老莊思想虛無恬淡特質。」

《江南春》也探討「儒禍」與「道福」之差別，「儒家反映漢族爲滿足慾望不擇手段的心性，千百年來結果造成『儒禍』。反之，道家無慾恬淡，堪稱『道福』」。青木認爲，儒家與道家都是中國人面對自然環境快速惡化、嚴酷威脅的因應策略與行動方針，但整體而言，中國人抱持強烈利己主義與妥協主義，儒教與道家都不例外。

徵求2300位

（台灣人口萬分之一）

開先鋒、擧頭旗的

本土有心人

「友情贊助」

全六輯3000元

※立即行動：送王育德博士演講CD 1片+Freddy、張鈞甯主演《南方紀事之浮世光影》絕版電影書1本(含MP3音樂光碟)。

贈

第四輯

田庄囡仔紀事

1. 沿路搜揣囡仔時
2. 飼牛囡仔普水雞仔度
3. 抾稻仔穗
4. 甘蔗園記事
5. 十姊妹記事
6. 來去掠走馬仔

第五輯

田庄人氣紀事

1. 乞食：庄的人氣者
2. 鱸鰻松--仔
3. 樂--仔的音樂生涯
4. 痟德--仔掠牛
5. 祖師爺掠童乩
6. 純情王寶釧

第六輯

田庄運氣紀事

1. 印尼新娘
2. 老實的水耳叔--仔
3. 清義--仔選里長
4. 豬寮成--仔佮阿麗
5. 一人一款命
6. 稅厝的紳士

國家圖書館出版品預行編目資料

儒禍／黃文雄原著；蕭志強漢譯.
--初版.--臺北市：前衛，2013.09
416面；15×21公分

ISBN 978-957-801-719-1（平裝）

1. 儒學

121.2 102012642

儒禍

原　　著　黃文雄
漢　　譯　蕭志強
責任編輯　周俊男
美術編輯　宸遠彩藝
出 版 者　台灣本鋪：前衛出版社
10468 台北市中山區農安街153號4F之3
Tel：02-2586-5708　Fax：02-2586-3758
郵撥帳號：05625551
e-mail：a4791@ms15.hinet.net
http://www.avanguard.com.tw
日本本鋪：黃文雄事務所
e-mail：humiozimu@hotmail.com
〒160-0008 日本東京都新宿區三榮町9番地
Tel：03-3356-4717　Fax：03-3355-4186
出版總監　林文欽　黃文雄
法律顧問　南國春秋法律事務所林峰正律師
總 經 銷　紅螞蟻圖書有限公司
台北市內湖舊宗路二段121巷19號
Tel：02-2795-3656　Fax：02-2795-4100
出版日期　2013年9月初版一刷
2015年3月初版三刷
定　　價　新台幣400元

Printed in Taiwan　ISBN 978-957-801-719-1